U0825668

供应链视角下生产性服务协同产业发展与转移研究

刘振中◎著

中国市场出版社
China Market Press
·北京·

图书在版编目（CIP）数据

供应链视角下生产性服务协同产业发展与转移研究 / 刘振中著. — 北京：中国市场出版社有限公司，2022.10

ISBN 978-7-5092-2276-8

Ⅰ. ①供… Ⅱ. ①刘… Ⅲ. ①生产服务－服务业－协同效应－产业发展－研究－中国 Ⅳ. ①F726.9

中国版本图书馆CIP数据核字（2022）第188557号

供应链视角下生产性服务协同产业发展与转移研究

GONGYINGLIAN SHIJIAO XIA SHENGCHANXING FUWU XIETONG CHANYE FAZHAN YU ZHUANYI YANJIU

著　　者　刘振中

责任编辑　辛慧蓉（xhr1224@aliyun.com）

出版发行　中国市场出版社 China Market Press

社　　址　北京西城区月坛北小街2号院3号楼　**邮政编码**　100837

电　　话　编 辑 部（010）68033692　读者服务部（010）68022950

发 行 部（010）68021338　68020340　68053489

总 编 室（010）68020336

盗版举报（010）68020336

印　　刷　北京中献拓方科技发展有限公司

规　　格　145mm×210mm　32开本

印　　张　10.75　　**字　　数**　250千字

版　　次　2022年10月第1版　　**印　　次**　2022年10月第1次印刷

书　　号　ISBN 978-7-5092-2276-8　　**定　　价**　68.00元

版权所有　侵权必究　　印装差错　负责调换

序　言

产业高质量协同发展是国民经济合理稳定增长的重要路径。从产业发展的一般规律看，产业发展是实现产业基础高级化、产业链现代化的过程。生产性服务业剥离于工业和农业，并与工农业交织互补、互融共进。当前我国经济已由高速增长阶段进入高质量发展阶段，抢占产业链价值链高端是高质量发展的必由之路，而生产性服务与工农业的协同发展是推动产业向高附加值环节攀升的关键。同时，产业转移是一国实现产业升级、经济蜕变的必然过程。百年未有之大变局下，世界经济形势复杂多变，新冠肺炎疫情持续扰动全球经济复苏，我国作为一个拥有14多亿人口的大国，国内市场需求层次多样、就业群体庞大，在开放市场条件下，产业链竞争力的弱化或过快过早对外转移都可能对我国产业安全、经济安全构成重大威胁，统筹安全与发展成为未来一段时期经济工作的主题。在此背景下，如何实现我国产业高质量发展和推动产业安全有序转移，引起社会广泛关注和讨论。

本书试图以生产性服务业为切入点，嵌入供应链系统性、协同性和高效性思维，一方面，从产业发展的视角分析生产性服务业与工农业之间的历史、逻辑与现实关系，探讨生产性服务业与工农业协同互补、融合发展的取向和路径；另一方面，从产业转移的视角分析探讨生产性服务业协同制造业梯度转移的机理与路径，分析制造业转移对生产性服务业的影响，并在双循环新发展格局战略指引下，提出生产性服务业通过发挥与制造业的供应链协同效应、避免产业过快过早对外转移的路径和策略。

总之，本书希冀从学术角度讲清供应链协同效应下，生产性服务业与工农业互促发展以及生产性服务业协同制造业有序转移的理论和实践，为研究产业发展和产业转移提供一个宏观视角，同时为政府相关部门决策提供有益参考。

目　录

发展篇

发展篇

第一章　相关概念界定与文献回顾

一、供应链概念与相关理论研究

供应链一直是国内外学者研究的热点话题，也形成了较为丰富的文献资料。结合本研究的主题，本章主要从供应链的内涵、供应链的相关理论，以及供应链的发展和演变阶段进行综述。

（一）供应链相关概念的界定

经过20多年的不断发展，通过国内外研究学者的不断拓展和深化，供应链的概念已经相对成熟。早期的供应链概念主要局限于企业的内部资源流动，包括公司的规划、采购、制造、分销、退货等一系列企业行为。

学术界普遍认为，供应链首先出现在20世纪50年代，在利用系统动力学的理论模型优化行业的上下游关系时产生了供应链的概念（Jay Forrester, 1961）。已有文献的研究表明，世界范围内最早的供应链概念源于英国著名学者Keith Oliver和Michael D. Webber，1982年在接受美国《金融时报》的采访时，他们首次使用了“供应链”和“供应链管理”这两个概念。1983年和1984年《哈佛商业评论》上发表了两篇关于供应链管理的论文，被认为是该领域最早的学术文献（Kraljic, 1983; Shapiro, 1984）。Houlihan（1985）首次定义了“供应链”的概念：由供应商、制造商、分销商、零售商和消费者组成的完整系统。美国物流管理委员会（1986）认为供应链是一系列涉及消费者和供应商的物流活动。这一时期对供应链的理解还局限于企业的内部资源流动。而Stevens（1989）认为供应链始于供应源，在消费结束时结束，由增值流程和分销渠道控制，是一个从供应商的供应商到客户的流程。供应链是在将制造和供应过程的每个要素从原材料连接到最终用户，包括几个组织边界，强调组成成员之间协调的意义（Scott et al., 1991）。这些观点反映出供应链已扩展到核心企业的外部，涵盖上下游企业。

供应链是用集成化思想来管理从最终消费者的销售渠道到供应商的整个流程（Cooper et al., 1993）。美国供应链委员会（1997）认为，供应链是从供应商的供应商到客户的客户生产和分销最终产品的整个业务流程，包括计划、外包、制造、配送等。供应链包括与满足客户需求直接或间接相关的所有流程（Chopra et al., 2001）。供应链包含需求和供应两端，供应链的需求端为需求源自供应链的要素，供给端代表供应来源，例如工厂和物流。供应商提供供应链元素以满足供应链需求方的需求（Sehgal, 2015）。上述定义反映人们对供应链的认识已经从物流管理领域提升到了业务流程领域。

综上可以看出，供应链本身是一个非常宽泛的概念，不同学者基于其研究目的和研究内容，对供应链的定义也有所差异。但从已有文献可以总结得到供应链的两个基本内涵：首先，供应链的作用是实现商品的价值，即促进商品向最终消费者的交付。Chopra et al.（2017）认为，对于任何一条供应链而言，收入的唯一来源是顾客。这意味着除了物流、资本流和信息流之外，供应链还应包含业务流的内涵。其次，供应链的概念包括参与原材料供应商、制造商、分销商、零售商和最终消费者的生产、分销和消费过程的所有经济实体，也包括个体之间的物料、资金、信息、价值等要素的流动和相关的经济活动。

（二）关于供应链发展与演变阶段的研究

现有文献对供应链发展与演变主要从供应链价值、供应链企业协同、供应链目标功能等不同角度进行了阐述。

1.基于供应链价值的研究

从供应链价值发展来看，供应链发展大致可分为物流管理、价值增值和网络链三个阶段。

（1）物流管理阶段

最开始人们只把企业从采购、生产、销售、售后退货一整个物流环节视为供应链，即所谓的内部整合的供应链。例如，美国物流管理委员会（1986）认为供应链是一系列涉及消费者与供应商的物流活动。Abukhader et al.（2003）着眼于环境问题与物流的交叉，他们对供应链的评论有两个主要的局限：第一，他们只聚焦在物流管理上；其次，供应链问题被视为物流管理的一个子集。

（2）价值增值阶段

Cooper et al.（1993）将供应链定义为从供应商到最终客户的整合、管理分销渠道的整个业务流程。美国供应链委员会（1997）认为供应链旨在生产和分销最终产品，是从供应商之供应商到客户之客户的整个业务流程，包括计划、外包、制造、配送等。Chopra et al.（2001）认为供应链包括与满足客户需求直接或间接相关的所有流程。上述定义反映人们对供应链的认识已经从物流管理领域提升到了业务流程领域，进入了供应链的价值增值阶段。

（3）网络链阶段

外部整合网状供应链阶段的形成基于研究内容和重点，学术界尚未达成一致。但多数学者认为：其核心目的是连接供应商和消费者，实现价值活动与个性特征的最佳结合，实现垂直整合优化以产生更好的业务绩效。国家标准《物流术语》2006年版将供应链定义为生产与流通过程中所涉及的将产品或服务提供给最终用户的上游与下游企业所形成的网链结构。集成是一种获得效率和综合效益的行为，这种行为是基于组织内部或组织之间的有效规划、协调和资源控制，而无法通过单一行为实现。通过协调组织内部和组织之间业务流程的管理，公司与供应链合作伙伴之间的产品、服务、信息和资本流动可以实现以下目标：（1）最小化牛鞭效应；（2）最大化引导供应活动效率；（3）最大限度地减少库存量、压缩货物的周期时间；（4）提供令人满意的服务水平。

2.基于供应链目标演变的研究

Yasir Rasool提出，由于随着时间的推移，对应不同的消费者偏好，融合现代技术和市场需求的供应链应运而生，供应链的目标功能不断拓展。

（1）标准化的供应链

供应链出现的最初目标是为了满足客户的需求。标准产品需求稳定，产品特点及设计变化不大，原材料批量采购（Vonderembse et al., 2006）。这样的供应链节点由不同的企业管理，因此无法满足物流和生产的多样需求。标准化的供应链是为满足客户需求而设计的，供应和库存缺少灵活性（Lummus et al., 1999）。

（2）精益供应链

精益供应链是对客户需求的关注持续增强而开发的，消除那些没有对客户创造任何价值的活动。精益供应链可以在产品生命周期的所有阶段满足标准产品的需求（Fisher, 1997）。这种供应链的目的是缩短生产时间，减少生产过程中的活动，减少浪费和实现成本最小化、高质量和一定的灵活性目标（Vonderembse et al., 2006）。这种供应链条适用于满足细分市场的需求，但这种供应链管理的灵活性并不强，如2011年发生日本地震和海啸等事件，生产供应链意外中断导致丰田公司断供紧随其后（Babu, 2008）。

（3）敏捷供应链

敏捷供应链的开发是为了克服以往标准化的供应链和精益供应链的不足。这条供应链能够解决供应链中断或不可预测性的问题（Moore et al., 2008）。这个供应链能够根据客户的需求和市场情况进行调整，专注于管理不可预知的创新产品需求，快速交付产品，缩短交货期。创新产品是一种不断变化的产品，形状或特性要求与客户保持持续的联系，如电器产品。与标准产品相比这些产品的生命周期较短，因此可以通过使用电子数据交换管理不可预知的客户需求（Vonderembse et al., 2006）。

（4）精准供应链

个性化产品具有种类繁多的复杂部件，精准供应链的产生是为了满足个性化产品的需求，这样的供应链是精益供应链和敏捷供应链的结合。戴尔公司是精准供应链下的典型例子，因为一个客户的需求可能不同于其他人，戴尔公司通过扩展技术如根据客户的需求组装基本部件，提供其他产品和送到客户的家门口。戴尔公司通过外包零件来降低成本，并通过电子管理提高他们的物流网络反应能力。

（5）绿色供应链

最新的绿色供应链概念是从混合供应链中产生的，在任何产品设计的整个生命周期中都要满足环保要求（Srivastava, 2007）。开发绿色供应链是为了满足复杂的绿色产品需求，因为不仅仅是满足不可预测的客户需求，还要求通过环保认证。这样的供应链注重多样供给途径，并持续改善环境性能（Zhu et al., 2004）；这样的供应链考虑环境法规，在产品生产、使用、回收、再利用的生命周期阶段，以经济、社会和环境的“三重底线”为基础对其绩效进行评估（Sarkis, 2011; Pullman, 2009）。

（三）关于供应链发展趋势与方向的研究

从不同视角下的供应链发展方向研究来看，各企业组织因自身所处行业不同、消费群体以及产品特点不同，并不一定适应统一的供应链发展方向。从目前的主流企业发展情况来看，供应链的发展方向主要包括：供应链整合一体化、高效供应链、快速反应供应链、创新供应链和多态供应链。

1. 供应链整合一体化

Dyer et al.（1998）认为为了将竞争优势转化为盈利能力的潜力最大化，公司需要在其边界内外进行有效的一体化整合和协调。Lee（1997）提出原材料供应商、制造商、分销商、第三方物流供应商和零售商等独立企业之间的协调是获得必要灵活性的关键，使他们能够逐步改进物流流程，以应对迅速变化的市场条件。蒋永霞（2017）提出，鼓励批发、零售、物流企业整合供应链资源，构建采购、分销、仓储、配送供应链协同平台，引导传统流通企业向供应链服务企业转型，大力培育新型供应链服务企业，推动建立供应链综合服务平台。物流企业向供应链转型成了重要发展趋势。物流企业贯穿供应链上下游，掌握各类渠道资源，向供应链一体化服务平台转型具有先天优势。

2. 高效率供应链

目前的商业环境正变得越来越复杂、不确定、不可预测，因此，竞争也越来越激烈。随着竞争和复杂性的增加，基于灵活性的供应链管理已经成为企业日益关注的问题。供应链管理的灵活性面临的挑战是如何在最大限度地减少成本的同时，确定和实施成本最小化的策略（Saxena, 2009）。Attaran et al.（2007）提出协同规划、预测和补充是促进供应链协作、提高供应链效率的最新高产管理举措。通过遵循企业协作规则，企业可以通过需求计划、同步生产计划、物流计划和新产品设计显著提高供应链效率。

3. 快速反应供应链

快速反应供应链与客户紧密联系，在需求或供给环境剧烈变化时，仍能满足应急要求。快速了解市场的需求，与供应商一起根据需求变化，在第一时间让供应链的上下游企业做出整体、准确的反应。它的优点是可以快速地响应客户的需求，可是为了达到灵活的目的设置了更多缓冲，增加了成本。适用对象主要是设备维修、电信维修、医疗紧急救助等零部件供应或聚集灾难供应，例如丰田和戴尔（姜振海，2008）。Mehra（2000）通过对美国五家主要的超市分析，探讨了有效消费者响应作为杂货商供应链战略的问题，提出快速响应客户需求已成为企业的主要优先事项，客户满意度是保持竞争力的关键。

4. 创新供应链

温德成（2000）提出战略规划和财务分析是传统供应链管理中最缺乏的技巧，如许多公司仅仅采取了孤立的改进措施，无法取得突破性的效果。因此，创新供应链是企业管理创新的未来发展方向。创新供应链是与客户关系紧密，针对多变的客户需求进行及时灵敏反应的体系。它的优点在于可以满足客户不断变化的需求，缺点是对信息系统要求较高，需要付出一定成本，它适用于市场产品变化较快的行业，如时装、手机、汽车等的设计，例如Zara和三星电子。顺应当前“互联网+”的发展大势，利用当前以电子商务、大数据等为代表的新型技术创新供应链发展模式，重新对供应链条上的资源加以整合，从而实现整条供应链资源的优化配置和价值增值，给零售企业带来效益（孙开钊，2015）。

5. 多态供应链

多态供应链主要指同时拥有多条供应链，它可以兼顾差异化需求，但是会导致供应链过于复杂，例如通用汽车。随着科技的进步与创新，现代网络的覆盖范围不断扩大，电子商务成为企业的新营销方式。随着电子商务的覆盖范围不断扩大，无论是零售还是供销商销售，传统的供应链渠道已经无法满足现代企业的发展需求，开发新的销售渠道迫在眉睫，在这种情况下，双渠道供应链的建设满足了电子商务的发展需求，开发出了新的经济增长点（刘洋，2017）。零售商与快速消费品供应商之间应该建立一个多点接触的协作网络。零售商需要从企业各个职能上实现组织架构的对接，与供应商保证一致、稳定、高效、持续的沟通（杨青松，2006）。

综上所述，已有文献研究证明互联网、电子商务平台、大数据等新技术对供应链设计和重构策略产生了重大影响，而已有研究主要针对单一新技术的影响，鲜有文献结合供应链发展特征与目标，从互联网、物联网、大数据、云计算和人工智能等新技术革命的角度研究供应链发展。随着经济全球化加快、互联网等生产技术变革、供应链整合趋势加速推进的要求变化，传统供应链逐步陷入微利运行甚至疲于奔命的发展困境，亟待把握现代供应链的发展方向。本书认为，从供应链管理的目标出发，以科技变革为前置动力，推动供应链发展是各企业应对时代变化和自身需求变化的新式路径。

二、生产性服务业发展和演变路径相关研究

（一）关于我国生产性服务业发展路径概述

事实上，我国在新中国成立初期就已经开始对生产性服务业发展进行了布置，但进入20世纪90年代，“经济高速增长，服务业低水平稳态发展”的逆服务化趋势却引发了诸多学者关注，中国服务业比重远低于同等收入水平国家，这被很多学者称为经济服务化的“中国悖论”（许宪春，2000；江小涓等，2004；吕政等，2006）。其后，樊文静（2013）通过梳理服务业的“两波”发展模式理论，将这种“中国悖论”正式解读为“中国生产性服务业发展悖论”。回顾我国工业化发展历程就可以发现，新中国亟需改变工业基础薄弱的现状，国家的工作重心自然就转到重化工业建设上来，长期的要素价格扭曲政策造成了工业优先发展而农业与服务业发展相对滞后的现状（林毅夫等，2017）。进入21世纪以来，中国步入全面的工业化时代。随着工业化进程的加深，生产性服务业也呈现了蓬勃发展的态势，但之前存在的问题并

没有得到彻底的纠正，与发达国家差距仍大，并且地区经济差别大、工业化进程不一致等问题依然严重。贺天龙等（2010）通过实证研究认为，东部地区的生产性服务业整体水平较高，但区域分布不均衡。蔡翼飞等（2015）通过测度发现，东部地区几乎所有的服务业类型都有集聚，中西部地区只有个别生产性和公共性服务业。

现今，中国生产性服务业发展中存在的问题可梳理为三个方面：

第一，生产性服务业国际竞争力羸弱。龚静等（2018）利用世界投入产出表和全球价值链中的上游度指数测算方法，对中国2000—2014年的服务贸易国际分工地位进行了测算，结果发现中国生产性服务业的国际竞争力较弱。张昕（2018）对中德两国生产性服务贸易整体及各细分行业的国际竞争力进行了比较，发现中国生产性服务贸易总体国际竞争力处于劣势地位，与德国差距明显，并且发展不均衡问题突出。

第二，生产性服务业开放程度比较低。根据姚战琪（2019）的研究，服务业的开放有助于中国产业结构升级，但遗憾的是中国服务业的开放水平并不高。以经济合作与发展组织（OECD）公布的服务贸易限制指数（STRI）[①]为例，2017年中国各行业的STRI值基本都远远高于英国、美国、日本等发达国家。物流货运

① STRI数值越大，说明该行业的限制程度越高，开放程度越低；反之则说明该行业的对外开放程度较高。

业中国的STRI值为0.4371，而同期美国为0.2411，英国为0.1764；再比如快递服务业，2017年中国的STRI值为0.8768，同期美国、英国和日本分别为0.3730、0.1940和0.2629。总体来看，和西方发达国家相比，中国的服务业开放还有较大的提升空间。

第三，与传统产业的融合力度不够强，从国家统计局公布的数据来看，自改革开放以来，中国生产性服务业和传统制造业两者的行业增加值都呈现出明显的持续增长态势。但丁洪福等（2018）在对辽宁的样本进行研究后发现，其生产性服务业与传统制造业的综合发展处于较低水平，没有实现深度融合，无法对经济增长起到显著的促进作用。李蕾（2018）认为，与高收入经济体相比，中国生产性服务业与传统制造业的耦合程度还比较低，制造业对服务业的依赖度和供给度也都存在较大差距，尤其体现在对知识密集型生产性服务业的依赖度和供给度上。

（二）关于生产性服务业发展差异相关研究

1.行业差异

生产性服务业涵盖了多个行业，包括会计、法律、广告、通信服务、交通物流服务等，这些行业的发展和分布特征存在较大的差异（杨帆等，2013）。为科学界定生产性服务业的范围，建立生产性服务业统计调查监测体系，国家统计局于2019年4月17日发布了《生产性服务业统计分类（2019）》，但遗憾的是，当前中国对生产性服务业的统计数据还比较零散，没有形成系统性的体系。考虑数据的可获得性，本书结合其他文献和国家标准工业分类，选取“科学研究、技术服务和地质勘查业”“信息传输、计算机服务和软件业”“金融业”“房地产业”“租赁和商务服务业”和“交通运输、仓储和邮政业”这六个行业来代表生产性服务业，并把前三个归为高端生产性服务业，将后三个视为传统生产性服务业，进而展开行业和地区发展差异的研究。有学者对各行业近年来增长的质量进行了测度。王恕立等（2015）测算了2004—2012年间服务业的TFP（全要素生产率）增长率，增长率最高的行业是交通运输、仓储和邮政业，为8.8%。增长率高于5%的行业有交通运输、仓储和邮政业，批发零售业，金融业。TFP增长率最低的是房地产业，仅有1.2%。说明交通运输、仓储和邮政业的增长质量要高于其他行业，这也和相应年度行业的发展速度相匹配。

2. 地区差异

相较于制造业和其他服务业，生产性服务业的空间格局呈现出更加不均衡的特征（Moyart, 2005）。贺天龙等（2010）通过实证研究认为，东部地区的生产性服务业整体水平较高，但区域分布不均衡，生产性服务业在各城市还有较大的发展空间。蔡翼飞等（2015）通过省级层面的研究测度发现，东部地区几乎所有的服务业类型都有集聚，中西部地区只有个别生产性和公共性服务业集聚。钟韵等（2003）认为生产性服务业在不同等级的城市分布不均，并且其布局对城市系统结构有巨大的影响。除了东、西、中部地区的发展不平衡，不同等级的生产性服务业分布也有不同的特点。杨帆等（2013）利用2004、2008两年的全国经济普查数据，通过计算赫芬达尔指数表明，航空运输、计算机服务、软件服务等相对高级别的生产性服务业倾向于集中在北京、上海和广东3个省市；而像银行、邮政和通信服务等低级的生产性服务业，则表现出相对分散的分布模式。他们还表明，2009年，42个特大城市占全部城市生产性服务业就业的66.8%、GDP的61.1%、外资利用的71.1%，以及固定资产投资的57.1%。宋大强（2021）选取长江三角洲的城市样本，通过区位熵指数的计算，也得出以科学研究和技术服务业为代表的高端生产性服务业大多布局在上海、南京和杭州等超大或特大城市；而交通运输、仓储和邮政业，租赁和商务服务业属于低端生产性服务业范畴，倾向于集聚在合肥、芜湖和舟山等级别较低的城市。

与西方国家生产性服务业空间集聚和分散并存的发展态势不同，中国的生产性服务业在城市间层面和城市内部均处于向心化的空间集聚阶段（Han et al., 2009; Yi et al., 2011; 杨帆等，2013）。段杰等（2003）从地域层次上研究了粤港开展生产性服务业合作的必要性和现实性，其中就得出一个结论：中心城市的生产性服务业发展水平明显高于其他城市。钟韵等（2003）以广州为例，分析生产性服务业在城市发展中的地位及其对区域的影响，并认为广州是生产性服务业集聚的一个中心。

对于生产性服务业区位分布的驱动力，学者们已经展开了广泛的研究。陈殷等（2004）从范围经济、生产性服务业的固有特点、技术进步和跨国企业内部等级关系四方面分析了区位的影响机制。唐珏岚（2004）从有利于信息获取与创新、降低企业成本和人才获取三方面概述了生产性服务业在国际大都市集聚的优势。刘曙华等（2007）利用公司的组织结构及其变化的适应能力、区域性的服务公司接近新信息技术的机会、拥有一个潜在的适应能力强的劳动群体三个因素来解释生产性服务业的区位选择。总之，生产性服务业区位选择的动力机制十分复杂，相互交叉、相互冲突并且有自身的空间演变规律。

（三）生产性服务业与制造业之间的互动关系

生产性服务是市场化的非最终消费服务，即作为其他产品或服务生产的中间投入的服务（胡晓鹏，2008）。生产性服务业是从制造业内部逐渐剥离出来并依附于制造业而存在的新兴产业，制造业对生产性服务业的需求是其发展的决定性动力（王文等，2017）。它伴随着制造业发展与分工深化而产生，与制造业既相互独立又紧密联系。近年来，生产性服务业与制造业加快融合，两者互为支撑、协同发展、互助共生的局面逐渐形成。生产性服务业与制造业关系的问题，在学术界一直存在着“二分法”和“团块法”两种基本观点。“二分法”是将从事物质财富生产的制造业看作是经济活动的中心，服务只是附加成分。“团块法”是从产业的功能属性来界定两者的关系，并认为制造业与生产性服务业是在相互增强对方的功能（胡晓鹏，2008）。

1.基于协同关系视角

制造业与生产性服务业之间耦合日渐深化引起国内外学者的极大关注，学者们从不同视角对制造业和生产性服务业之间的关系进行了大量的探讨和分析。

（1）融合发展视角

生产性服务业与制造业融合发展的动因有：经济发展、市场需求、创新驱动和政府扶持。由于生产性服务业属于知识密集型产业，其价值链环节主要是向其他企业提供产品设计研发、物流运输以及售后服务等服务增值活动，核心价值活动为服务环节；制造业则包含生产加工环节以及服务环节，其中生产加工环节是其核心利润点。生产性服务业企业和制造业企业各自的价值链是其利用本身资源在不同外部经济环境的作用下，一切能为企业增加价值的环节和因素，根据企业文化、组织结构和经营范围等对企业价值活动进行有效支撑（刘利超，2018）。

（2）耦合协调视角

唐晓华等（2018）基于耦合协调视角，经实证分析得出：一是生产性服务业发展略滞后于制造业，两产业间耦合协调度由初始的失调衰退阶段逐步发展至良好协调阶段；二是从产业耦合协调度和综合发展指数这两个维度出发，将制造业与生产性服务业耦合协调演化发展归纳为波动同步型、衍化趋同型、单产业主导型三种耦合发展模式，其中单产业主导型的耦合发展模式由于组合内产业发展水平的不平衡制约了产业间的耦合协调程度，而组合内产业发展速度相对平稳则有助于尽快跨过耦合裂痕；三是现阶段制造业与生产性服务业的存量资源优势是促进两产业耦合协调提升的主要动力来源，积极推进制造业和生产性服务业做优存量、培育高质增量的相关产业政策，将有助于两产业耦合协调的良性发展。

2. 基于生产性服务业对制造业影响的视角

（1）离岸生产性服务中间投入对发展中国家制造业生产效率的影响

部分学者认为，离岸生产性服务中间投入对发达国家制造业生产效率的提升有显著正向影响，但对发展中国家（地区）却存在着负向影响。发展中国家（地区）低技术密集度的生产性服务中间投入增速偏高，而高技术密集度的生产性服务中间投入增速偏低，其制造业生产在全球价值链中面临“下游化”的风险，这与发展中国家制造业所处的发展阶段有关（李惠娟，2016）。

（2）生产性服务业集聚对制造业的影响

刘奕等（2017）认为，生产性服务业集聚特别是支持性服务业集聚与制造业升级之间存在高度关联、融合促进的内在联系；社会创新体系、综合交易成本、需求规模通过生产性服务业集聚间接作用于制造业升级，要素禀赋与政策环境也会对制造业升级产生正向的直接影响。依托生产性服务业集聚推进制造业升级，应积极推动支持性生产性服务业集聚，引导制造企业剥离生产性服务业；鼓励区域中心城市生产性服务业发展；促进生产性服务业集聚同制造企业的紧密联系以及同第一知识基的有效对接，减少行政管制、降低准入门槛。宣烨等（2017）认为，生产性服务业的集聚发展已经成为缓解产能过剩和环境约束、实现城市经济转型升级的重要途径。相对于专业化集聚，生产性服务业多样化集聚对城市制造业企业全要素生产率提升效果更明显；低端生产性服务业空间集聚对制造业企业生产率的提升作用更加显著；城市生产性服务业空间集聚对国有制造业企业效率提升的作用大于非国有企业；生产性服务业空间集聚对中小城市企业全要素生产率的提升作用效果不明显。

三、文献述评

随着经济持续发展，生产性服务业的地位会变得越来越重要。毋庸置疑，生产性服务业受到内部和外部两个方面因素的影响，其中内部动力技术、人力资本等对产业发展的拉动尚有缺乏，外部因素也需要继续规范引导。虽然生产性服务业目前发展速度很快，作用也越来越凸显，但仍存在国际竞争力不强、与传统产业融合力度不足、行业地区发展不平衡等问题。我国经济已进入中高速增长的新阶段，经济新一轮增长急切需要新动能。党的十九大报告指出，要加快建设制造强国，支持传统产业优化升级，加快发展现代服务业，瞄准国际标准提高水平。作为知识、技术与人才要素密集型的生产性服务业，是引导我国工业、农业向价值链高端攀升的重要抓手，如何推动生产性服务业与工农业协同增值将成为今后一段时期内的重要研究课题。基于此，本书以生产性服务业协同推进工业、农业发展为主线，探析不同发展阶段生产性服务业与工业、农业通过优化供应链组织关系，实现供应链协同的路径与方式，以期为持续推动经济高质量发展提供动力依据。

第二章　新技术变革视角下供应链发展的理论逻辑与路径

随着市场竞争日益激烈，企业追求降低内部运行成本和提高内部运行效率方面空间越来越有限，利润潜力也越来越小，企业开始迫切寻找新的利润增长点。供应链管理通过加强各成员企业的协同整合、优化业务流程、简化企业运行成本、提高整体效率、提升核心竞争力来增加企业利润（马士华等，2000），成为吸引众多企业目光的焦点，也将成为经济增长的新风口。

本章拟从传统和现代供应链特征比较出发，提出科技变革是推动供应链从传统走向现代的根本动力，进而围绕“新技术变革推动供应链发展遵循的逻辑路径是什么”，构建新技术变革下供应链发展路径的分析框架，并在框架内分析新技术变革下供应链发展的实践形态，在此基础上，结合供应链的目标功能，研判新技术变革下供应链发展的趋势以及需要配套的政策支持。

一、传统供应链与现代供应链主要特征比较

从整合范围看，传统供应链下企业对于自身整合的理念是“无所不能”，服务范围包括材料采购、信息系统、物流服务、客户服务等一系列过程。其特点是以自我为中心，推行分工明确的“纵向一体化”模式，整合内部资源拓展相关业务。与供应链中的其他节点呈点-线结构状，比如供应商、零售商、分销商和客户间，由于缺少积极的沟通和外部合作，只是点与点之间横向的单向联系，供应链效率低、成本高、弹性低。相比之下，现代供应链推行“横向一体化”的企业内外部整合模式，链条中的每一个节点企业仅关注自己的核心业务，由此产生了大量第三方供应链服务企业，供应链各节点企业可通过信息技术手段联动整合内外部资源，供应渠道由单一变为多元，供应链安全得到保障，同时强调上下游企业之间形成战略伙伴关系，以此敏捷应对市场变化，并快速响应市场需求。

从协作程度看，传统供应链由于核心企业的地位和作用并不突出，往往“以自我为中心”，在业务开展过程中，一般通过对批量产品和价格进行合同协商，由于对于市场商品供求信息掌握有限，只是注重顾客的需求和自身利益，为了减少采购、设计、生产等各个环节的协商成本，倾向于和长期供应商形成稳定的合同关系。现代供应链在信息技术支撑下，核心企业的地位和掌控能力逐渐突显，在核心企业的统筹配置下，供应链节点其他企业采用同步协同管理模式，以市场需求为导向，通过对传统扁平

化组织结构的重组达到企业核心业务的强化，明确自己在“供产销”流程中的角色，在同一信息平台和作业标准下，各个环节实现高度协同，同时，物流、商流、信息流、资金流之间也能够实现高效率协同。

从匹配程度看，传统供应链客户和供应商之间供需匹配关系模糊，生产部门不能对市场需求信息做到及时反映和充分把握，信息管理系统不完善且企业相互之间的联系减少，导致信息无法共享、重复、失真以及滞后等问题，造成企业产品供应的僵化单一。现代供应链中产品选择和供应链节点并非是一对一的关系，分散决策的多元化供应链将能够提供更完整的产品结构，复杂的供应链联系网络使得市场需求更容易得到满足，并且企业之间的技术协作使得供应商能具备更好更快的市场反应能力和产品开发能力，因而能够为市场需求提供个性化、多元化供给。

从响应速度看，传统供应链的上下游企业服务平台与电子交易并不发达，供应链中的成员之间的信息无法共享，客户的需求无法及时反馈，市场反应机制也存在时滞，从而导致供应链中的供需双方对接过程长、信息反馈慢、资源调配慢。而现代供应链模式的最大特点是建立了信息支持平台，通过提高信息的准确性和及时性，动态掌握客户需求和市场变化，并在竞争中更好地掌握对手和自己的处境。以信息技术为基础的现代供应链提供了企业信息交流平台及客户数据库，集成企业业务流程，完善供应链系统，如电子订货系统、数据交换、物流定位等，都通过减少沟通成本有效地提升了供应链绩效，实现快速交付、零库存灵活部署，从而提高企业对市场需求变化的响应速度。

从服务功能看，传统供应链模式下，供应链服务功能主要是物流服务，且物料或商品的流通过程污染重、耗能高特征突出。而现代供应链基于网络平台技术的完善，服务功能涵盖了物流、商流、信息流、资金流、知识流、技术流等多功能服务，此外，基于信息技术，现代供应链能够最大程度地减少物料浪费和库存、土地、资金的无效占用，天然具有绿色化、低碳化的特征（Ouardighi et al., 2015）。见表2.1。

表2.1

传统供应链和现代供应链的特征比较

特征	传统供应链	现代供应链
整合范围	➢ 企业内部之间整合 ➢ 本地资源利用与整合 ➢ 上下游企业与企业之间单点整合，各节点渠道单一，弹性不足 ➢ 分工明确	• 企业内外部资源整合 • 整合范围扩展到行业之间、区域之间、国家之间 • 复杂网链，各节点渠道多元化，弹性较高 • 供应链第三方服务企业兴起 • 细致分工，高效率配置资源
协同程度	➢ 无核心企业 ➢ 合同协商，在长期合作中形成协同 ➢ 采购、设计、生产、物流、销售、消费各环节之间的协同	• 核心企业地位和掌控力突出 • 技术协同，企业间同步运作，标准统一 • 供应链各节点的高度协同 • 物流、商流、信息流、资金流之间的协同
匹配程度	➢ 模糊匹配 ➢ 物料、产品单一	• 精准匹配 • 个性化、多元化供给

续表

特征	传统供应链	现代供应链
响应速度	➢ 供需对接过程长 ➢ 信息反馈慢 ➢ 资源调配慢	● 快速供货 ● 零库存 ● 灵活调配
服务功能	➢ 物流	● 物流、商流、信息流、资金流 ● 知识流、技术流 ● 绿色供应链

随着科技革命的进一步推进，传统供应链形态、功能、管理方式都发生了巨大变革，从传统逐渐走向现代，供应链开始以市场需求为导向，追求高效率、低成本、高效益、可持续的有效供给，从特征比较中不难发现，技术变革在推动供应链发展的过程中起到了至关重要的作用。基于此，我们试图回答以下三个问题：第一，技术变革对供应链发展的影响是什么？第二，技术变革影响供应链的路径是什么？第三，新技术变革下，供应链未来发展趋势又是什么？

二、技术变革相关理论研究

自熊彼特以来，经济学家一直认为技术变革是经济增长的关键驱动力。内生增长模型对于企业的总量和横截面数据都有丰富的可检验的方法，将技术前沿的改进与资源重新配置和随后的经济增长联系起来（Romer, 1990; Aghion et al., 1992; Grossman et al., 1991）。根据研究视角的复杂性，技术变革研究框架经历了从简单到复杂的三个过程："技术行为—要素组合—社会化进程"三个概念阶段。

（一）技术行为

长期以来，许多学者简单地将技术变革的概念局限于单一的技术行为。1912年，美国奥地利经济学家J. A.熊彼特（Joseph Alois Schumpeter）在他的技术创新和经济发展理论中明确地将技术创新视为经济增长的驱动力，指出创新是生产要素和生产条件的新组合：生产新品种、引入新的生产方法、开辟新市场、开辟和利用新的原材料、采用新的组合方式。这五种活动又可以分为三大类：一是技术创新，包括产品创新和工艺创新，前者指的是技术变革的新产品，包括新工艺、新方法和新设备的引入；二是市场创新，主要是指基于原有市场份额的市场细分和新的市场份额，开发新产品市场；三是组织创新，包括改变原有的组织形式和建立新的商业组织。

（二）要素组合

随着市场环境的进一步发展，学者们发现新技术或新产品的成功取决于多种元素的综合协调。如，傅家骥认为技术创新是将研发的生产条件、要素和组织重新组合到企业家手中，抓住市场潜在的盈利机会，从而建立生产管理系统的活动过程，具有更高的效率和更低的生产成本。在NSF报告《1976年：科学指示器》中解释技术创新是将新的或改进的产品、流程或服务引入市场。

（三）社会化过程

直到今天，绝大多数学者将技术创新视为一个完整的过程，包括涉及一个或多个组织的多个活动。Mansfield（1981）认为，产品创新始于新产品的理念。Freeman（1982）认为，“技术创新是技术和流程商业化的整个过程，它导致新产品的市场实现和新技术流程、设备的商业应用”。中共中央、国务院于1998年8月20日发布《关于加强技术创新，发展高科技，实现工业化的决定》指出：技术创新是指企业应用创新的知识和新技术、新工艺，采用新的生产方式和管理模式，提高产品质量，开发生产新的产品，提供新的服务，占据市场并实现市场价值。最具代表性表达的定义是经济合作与发展组织（OECD）的定义：技术创新是指产品和流程的创新，包括技术新产品和流程的实现，以及经过重大技术改进的产品和流程。

综上，创新是从概念生成到生产力形成和成功进入市场的整个过程，即技术创新科学、技术和运营活动的整个过程，包括科学发现、发明和研发成果被引入市场、商业化和应用扩散，它包括从最初发现到最终商业化的成功。新技术的发展使企业能够更加便利地获得、交换和使用企业内外部的知识和技术；但从另一个角度来看，信息技术的迅猛发展、新技术更新换代的加速和新技术社会化能力的提高也促进供应链管理技术的提高。在这种背景下，企业供应链在技术渗透的影响下，对提高企业效率产生越来越大的影响。

三、新技术变革视角下供应链发展的逻辑解释

诺思认为，制度变迁需要具备两个基本前提，即前置条件和潜在动力。拉坦针对诱致性制度变迁提出，制度变迁的需求主要在于追求潜在收益，制度变迁的供给动力主要在于降低现行成本。在此基础上，本书认为，供应链是一种以追求低成本、协同、精准、快速、安全为目标的组织形式，由传统供应链走向现代供应链，技术变革是其发展的前置条件，而其潜在动力不仅是降低成本，还包括供应链协同、精准、快速等目标，是一个目标诱致的变迁过程。基于此，本书提出了“技术行为－目标诱致－组织变迁”的分析框架，三者的关系见图2.1。

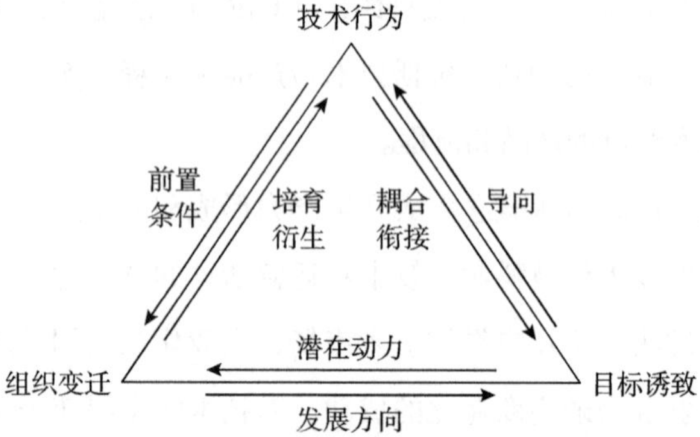

图2.1　技术行为、目标诱致与组织变迁逻辑关系

（一）技术行为与组织变迁

马克思认为，生产组织内部的变化与技术变革存在相互推动的关系，即在工厂手工业分工的效应下，引发了生产工具的进步

和变革，反过来，技术的不断革新不仅带动了生产组织内部劳动分工的深化，而且引起了生产管理的分工和专业部门的产生，形成了从生产组织内部分工、行业分工、地区分工到整个社会甚至国际交换与分工的组织发展路径。以诺斯为主要代表的新制度经济学家认为是制度创新决定技术创新，而不是技术创新决定制度创新。供应链是经济发展到一定程度产生的一种新型生产关系，技术变革是不断发展进步的生产力。从两大学派的观点看二者关系，马克思主义政治经济学强调作为生产力的技术变革的决定性作用，而制度经济学强调组织制度的决定性作用，但两大学派都并未否定二者相辅相成、相互影响的关系。本研究认为，二者的决定性作用需要分场景讨论，如果是新技术对传统组织关系的改造推动组织变迁，则是技术变革决定组织变迁；反过来，如果新型组织关系的出现推动了技术变革，则认为组织制度起决定作用。对供应链发展来讲，技术变革推动了供应链发展，而供应链发展过程中也会催生新技术、新业态、新模式的产生。

（二）目标诱致与组织变迁

以戴维斯、诺斯、拉坦等为代表的制度经济学家将技术创新与制度创新都看作是“创新过程”，其创新的动力都是来源于某些经济变量所诱致的潜在利润。从企业组织的角度看，为实现组织发展目标，组织自然会从利润最大化的目标去优化管理，进而推动组织变迁。一般而言，目标路径越清晰，组织变迁的进程会越快。对供应链发展而言，从传统供应链到现代供应链，其发展过程在于追求更大范围的协同整合、更快速的响应、更精准的匹配、更具柔性的供应、更低的生产成本和交易成本。从这个角度讲，实现供应链功能目标是组织变迁的潜在动力，也是组织变迁的主要方向，在没有外来因素干预的条件下，供应链所追求的各个目标不断实现并推动供应链向更高水平发展的过程便是目标诱致组织变迁的过程。

（三）技术行为嵌入下目标诱致与组织变迁

从诱致性技术创新来看，诺斯认为由于要素相对价格的变化和经营规模的变化等经济变量的改变，将会迫使企业在已知的可选择的菜单上选择一些新的技术流程，以改变它的技术结构，从而引起企业技术诱致变迁与创新。同时，新制度经济学派将技术变革分为因经济变量变化而诱致的技术变迁和作为一项新发明创造产物的技术创新两种类型。美国奥地利经济学家熊彼特于1912年在他的技术创新和经济发展理论中明确地将技术变革分为三大类：一是技术创新，包括产品创新和工艺创新；二是市场创新，主要是指基于原有市场份额的市场细分和新的市场份额，开发新产品市场；三是组织创新，包括改变原有的组织形式和建立新的商业组织。显然，与新制度经济学派相比，熊彼特还强调了组织形式的变革。如果单纯从技术变革与组织变迁的关系来讲，利用技术推动组织变迁往往只关注追求利润最大化的结果，而组织变迁的动力却不清晰，组织变迁方向也是未知的。同样，如果仅从目标诱致与组织变迁关系讲，即使组织变迁潜在动力明确，缺乏技术变革支持也难以推动组织变迁。因此，这三种技术变革都存在于供应链发展过程，在已知目标功能的情况下，技术行为在目标诱致下嵌入到供应链中推动供应链技术发展、供应链服务拓展以及供应链组织变革，需要满足以下两个条件：一是技术行为与目标功能的耦合。技术行为在供应链应用中实现供应链目标，即新技术行为在供应链中的应用产生的效果契合供应链发展目标。二是技术行为成为嵌入组织变迁的内生动力。技术变革应用到供应链中不是起辅助推动作用，更不是第三方的技术外包，而是成为供应链的有机组成部分，在供应链目标导向下，作为推动供应链组织变迁的内在动力。

（四）供应链发展的理论解释

供应链管理的主要目标是快速响应、协同整合、精准匹配、融合增值。从技术变革的历史与演进过程可以发现，围绕这四个目标，技术变革一直在深刻影响并推动供应链发展。

从原料与商品的流动看，在工具技术时代，主要依靠人力、畜力，早期的马帮、镖局就是物流的主要形式；动力技术时代，动力交通工具出现，机械化、自动化技术广泛应用，航天技术迅速发展，海陆空动力交通运输改变了运力模式，提高了物流效率；网络信息技术时代，随着网络技术和智能技术的发展，机器人拣选、无人机送货等模式出现，环境污染智能检测等技术也开始配套应用。此过程中，围绕降低劳动力成本、提升运转效率、注重绿色环保，供应链各节点联结形态发生了改变。

从企业关联组织看，在工具技术时代，企业之间的业务往来通过人力邮递、合同或口头约定完成，企业之间关系松散且关联度弱；在动力技术时代，电力技术的产生，电话、电报等通信技术扩大了企业与企业之间的业务范围，企业上下游之间合作日趋紧密，利益关联度提升；而在网络信息技术时代，互联网、物联网技术强化了企业上下游之间，甚至区域内关联企业之间物流、信息和资金等资源要素的整合能力，企业由“单打独斗”的价值实现形式走向了追求“一损俱损、一荣俱荣”的价值取向。在这个过程中，供应链的价值考量从实现单个企业或行业的价值走向提升整个经济体系的价值。同时，围绕实现资源要素的合理调配和协同整合，供应链价值逐渐由仅取决于少数企业向取决于供应链全部节点企业（包括自身）的整体及其协同整合能力。

从供求关系看，在工具技术时代，由于信息不对称，市场供给和需求难以匹配；在动力技术时代，随着通信技术和动力技术的广泛应用，生产者开始掌握消费市场的行情，信息反馈与产品供给开始便捷化；在网络信息技术时代，为实现快速响应与供需精准匹配的目标，网络平台技术强大的资源整合与调配能力推动了产业间的深度融合，如服务与制造逐渐融合，在多式多样、线上线下的服务平台协助下，企业能够根据市场个性化需求实现定制化生产。此过程中，为实现供应链快速响应、精准匹配的目标，供应链上供需模式逐渐发生变化。

从服务领域看，在工具技术时代，由于交通不便，一般通过优化供需双方对接的路线，达到节约时间、提高效率的目的；在动力技术时代，随着电子技术、动力技术的广泛应用，计算机、动力交通工具、通信工具为跨区域交易提供了现实基础，从采购、生产到销售各环节以及物流、仓储等服务有了发展；网络信息技术时代，云计算、大数据技术的应用推动了供应链与农业、制造业、建筑业深度融合，商流、信息流、资金流等服务领域新业态不断涌现。此过程中，围绕共享融合，供应链服务功能不断拓展。见表2.2。

表2.2

技术变革影响市场供需形态的历史阶段

市场供需形态	技术变革的阶段		
	第一阶段：工具技术时代	第二阶段：动力技术时代	第三阶段：网络信息技术时代
原料与商品流动	人力、畜力	动力交通工具出现，机械化、自动化技术广泛应用，航天技术迅速发展	网络技术和AI技术
企业关联组织	邮递、面对面式合同或口头约定	电力技术，电话联络	互联网、物联网、区块链技术，网链协同
供求关系	联系不畅，信息不对称，产业关联性不强	通信技术，分工协作	网络平台，供需对接
服务领域	运输管理与优化	电子技术，物流仓储技术	网络技术实现全球范围交易；云计算、大数据技术，共享融合

图2.2归纳了技术变革视角下供应链发展路径的理论解释。第一，从人力、畜力运输等工具技术到汽车、飞机、轮船等动力技术再到网络信息技术及智能技术，技术变革改变了传统的海陆空物流模式，供应链快速响应、降低成本等目标得以实现，技术变革将推动供应链的形态从“人格化”走向“非人格化”、从实体化走向虚拟化。第二，从工具技术到电力技术再到互联网、物联网技术、大数据技术的广泛应用，通过网络化协同整合，供应链从追求企业与企业、单个生产者与消费者之间的供应链整合，到追求实现上下游协同、行业协同、区域协同，供应链逐步实现由内部整合到外部集成线性整合，再到外部集成网状整合，消费者可跨区域选择，距离对供应链的影响越来越小，逐步实现了物料或产品从本地选择与配置到跨区域甚至全球选择与配置转变，打破了供应链的“空间”限制，供应链的弹性不断增强，供应链价值逐渐由仅取决于少数企业向取决于供应链全部节点企业（包括自身）的整体及其协同整合能力。第三，从工具联络技术到通信技术再到网络平台技术，一方面供应链实现了物流、信息、资金等各种资源优化组合，另一方面促进了一二三产业深度融合，供应链的运作模式不断优化，将推动供应链各节点上物料或商品供需更加精准匹配。同时，大数据技术的应用使得企业无需拿到订单再进行生产，也无需先接到购买指令再发货，直接实现“订单未下货先行”，实现“实时配置、有库存”到“提前配置、零库存”的转变。第四，从工具技术到电子信息技术再到云计算、大数据、区块链等技术，供应链服务领域也将由单一物流服务功能向商流、

物流、信息流、资金流、知识流、技术流等更多服务功能拓展。

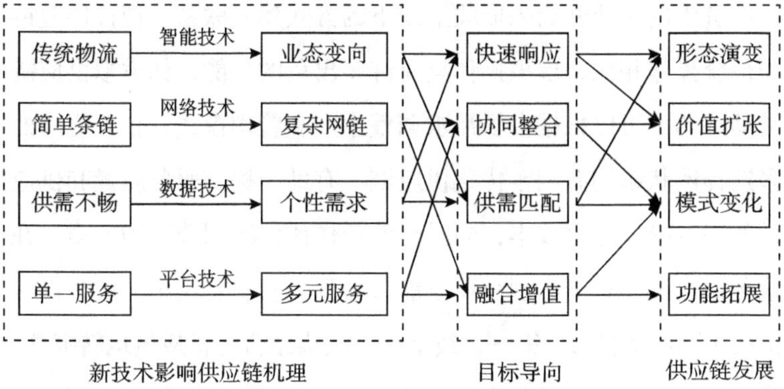

图2.2　新技术变革下供应链发展的分析框架

四、新技术变革下供应链发展的实践探析

（一）快速响应：从实体形态到虚实结合形态

在机械技术阶段，企业经营和销售均通过实体门面进行，企业销售市场仅限于门店服务范围之内。而采购商和供应商之间更多是进行面对面沟通交易，或是通过合同协商，供应商主动提供“货架费”将商品交付给零售商，后者在预期随机季节性需求的情况下进行存货。传统供应链模式中，地区之间贸易联系不紧密，物流往往是以单项大批量货运为主，资源调配效率低。而由于处于卖方市场，卖方生产决定消费商品种类，商家缺少提高自身产品性能和服务的动机。供应商和采购商单点联系，链条结构单一而对“断供”风险抵抗能力较弱。

随着网络技术、人工智能技术的应用以及市场竞争的加剧，供应链中的企业开始采取线上线下的方式建立联系。现代供应链与传统操作相比，虚拟操作具有许多出色的功能，如虚拟供应链是动态的，可以根据市场需求调整生产和管理模式，企业之间的多选择网状结构有利于优化供应链，有助于提高服务质量和供应链效率，降低运营成本，同时也使合作伙伴感到公平和安全。在这种供应链模式下小型企业也能参与到交易平台当中，成为供应链的重要组成部分。**第一，线上线下虚实结合为供应链运转提速。**为实现产品周期缩短和市场快速响应，许多制造、外贸、家具等企业依托网络技术平台，采用纵向一体化模式推动供应链快速响应。例如，怡亚通通过搭建全方位一站式供应链服务平台，承接了各类企业非核心业务的外包，帮助企业提高供应链效益，近年来，怡亚通建立的覆盖全国1~6线城镇乡的“380”深度供应链网络，通过实现城市平台共享与分销体系优化，构建一个快捷、高效的直供渠道，帮助品牌企业解决渠道下沉面临的成本问题，实现品牌企业高效分销、快速直供国内所有终端网点的目标。同时，380平台将各地优质的经销商进行整合，将传统渠道代理模式转变为平台运营模式，使分销渠道扁平化，消费者在电商平台购买商品后，由系统指示最近的生活超市直接配送及服务，不仅拓宽了电商线下分销渠道，也为消费者实现了快速配送，极大地提升了流通效率，也降低了流转成本。**第二，供应链服务载体形态加速智能化。**利用信息科技不断创新供应链服务模式，供应链服务商利用大数据、云计算、物联网、区块链、人工智能等新技术，探索智慧供应链、智慧物流平台、智能仓库等智能服务，与此同时，围绕供应链的关键节点，也涌现出了共享经济、创意经济等新业态、新模式。围绕供应链的制造、仓储、物流等服务环节，拣选机器人、码垛机器人、自动引导运输车、无人机、无人车、智能快件箱等智能化设备开始广泛应用，促进了新兴智能产业的发展。欧浦智网仓库拥有9座现代化大型仓库，钢材的进仓、出仓、装卸全部由大量机器人、自动引导运输车、无人车实现，这些智能装备会在众多货物中迅速识别货物的质押状态，并准确运送到最合理的位置。再如，围绕供应链物流的市场需求，顺丰速运目前已经完成了适用于不同场景的多款无人机的研发和测试，并具备了一定的实际业务运营能力。**第三，利用大数据等虚拟技术实现快速反应**。随着电子商务的发展，个性化推荐、互联网数据统计等服务广泛应用于供应链，于是便产生了“敏捷供应链”的概念。即在和市场互动过程中，基于大数据等虚拟技术的应用，每个成员公司都根据市场条件的变化、客户需求的变化以及产品信息的变化做出快速响应。在此基础上，企业无需拿到订单再进行生产，也无需先接到购买指令再发货，能够实现“订单未下货先行”，打破供应链的“时间”限制，以快捷的运转周期、灵活的配送模式、动态化的区域库存调整，满足行业多样性和个性化的需求。如深圳创捷，作为第三方供应链公司，以自己的仓储基地为客户进行了信息化、智能化的库存控制和仓储管理，根据制造工厂生产的拉货信息做齐套拣货、即时出货；利用大数据进行生产预测，适时调整仓库库存量；在库存最高、最低时作出提醒等。帮助客户实现了零库存管理，降低了供需双方库存成本，提高了企业市场应变能力，减少了库存风险，缩短供应商供货响应时间，提高了材料配套率。

专栏1

信息技术推动森马快速响应市场需求

信息技术是森马制胜的法宝。森马EPR是一个庞大的信息系统，既有管理企业内部的核心软件，又有扩充到供应链的管理系统，致力于构筑企业核心技术体系，建立和完善开发与控制系统之间的递阶控制机制，实现从上向下和从下至上的技术协调机制，利用网络实现企业与外界的良好信息沟通。为解决制约新产品推出的瓶颈——供应链柔性差的问题，森马建立敏捷的后勤管理系统，缩短生产准备周期，增加与外部协作单位技术和生产信息的及时交流，改进现场管理方法，缩短关键物料供应周期。

（二）协同整合：从内部整合的供应链到外部整合的线性供应链

在企业间信息平台和网络消费发展水平有限的背景下，消费者和企业之间均存在着交易成本和信息搜寻成本，信息不对称现象严重，并且物流管理技术欠发达和成本较高。由于缺少统一的信息平台，区域之间小型商品交易联系不紧密，为降低交易风险、商品售后质量风险和运输风险，企业倾向于就近选择和配置商品或物料，供应链局限于本地进行配置，区域之间只存在单项大宗商品物流。在消费升级的驱动下，为匹配市场需求和提升市场竞争力，企业不断创新供给，而通过改变传统要素的配置和开拓产品市场来提高经营效益的空间越来越小。随着电子商务规模化爆发式增长，跨区域物流和资源配置成为发展趋势。大数据的应用和物流技术的提升推动了整个世界和中国的贸易发展，使企业销售范围从地方销售扩展到区域资源配置，突破原来传统贸易以单项大宗物流为主的格局，密切了区域间的贸易联系（许志端等，2010）。互联网物流追踪、信息追踪技术的发展使得供应链的企业选择范围能够跨越国界，实现资源的最优化配置（Shang et al., 2015）。最明显的全球化供应链现象便是当下网购进口商品的便捷和普遍化，这意味着供应链已经扩展到全球范围，资源配置也从国内流动迈向全球化配置。

专栏2

互联网技术下供应链跨“空间”协同

在空间上，供应链基于互联网的虚拟连接性，构建一头连接生产、一头连接市场，企业协同、资源共享的虚拟集群模式，从供应商、制造商、物流商、销售商到消费者均可实现跨区域选择原料和产品，空间距离对供应链的影响越来越小，打破了传统供应链的“空间”限制。如深圳越海与海尔及京东合作，建立了以C2B驱动的产品生产流水线，客户在网上下订单后，相关信息进入工厂信息库，工厂可在1小时内将货物制造组装完毕并发往客户。越海利用虚拟连接，根据客户个性化的需求提供供应解决方案并进行料件管理、采购平台管理、生产管理、电商仓库管理、分仓管理，以最大的协同满足最多的客户需求，并通过IT系统对客户个性化需求进行记录和固化，保证客户的特殊需求信息准确传递到订单履行各环节，实现了合同的端到端的实时协同。

科技变革条件下，供应链的发展在实现资源由本地配置、区域配置到全球配置的过程中，其本身的价值决定也在逐渐实现由单一企业价值、行业和地区价值拓展到全球全链价值共同决定的过程演变。

第一，众多大中型企业开始聚焦内部供应链管理，提升企业内在价值。在内部供应链管理过程中，大多数企业主要以信息技术为主要手段，依托企业自控信息系统平台，通过先进的电子网络技术来替换过去传统的信息传递方式，在供应链各节点企业之间、供应链的上下游之间有效传递和共享信息（崔雷等，2009），从材料供应到生产、销售全程实现无缝衔接，使信息得到合理利用，使在制品或服务的传递更快速、更灵活、更经济、更有效，使企业的运作经营效率提高、企业的竞争力提高。例如，江苏雅仕保鲜产业有限公司（以下简称“雅仕”）建立了闭环式的生产链和供应链体系，实现了全过程产业链的同一标准和同一组织管理，使涉及食品安全的生产管理、供应管理和检测分析成为一个完整的可控、可追溯体系。2016年，雅仕投资2000多万与IBM、金蝶合作开发适合本企业的信息化系统，其构建的信息协同管理平台包括原材料种植、采购、加工制造、仓储管理、物流配送、分销、连锁零售、集团财务、人力资源管理、办公自动化等系统，涵盖了供应链上、中、下游和决策管理的全过程，实现了流程顺畅、数据精准和“三流”同步的目标（张金丽等，2008）。

第二，核心企业助推供应链节点利益关联企业发展，提升行业或区域整体价值。企业通过广泛使用互联网技术，并通过合作协议、外包和战略联盟建立动态的网络经济组织。供应链上的节点企业不再是孤立的个体商户，其价值形成和价值创造与同行业、上下游企业形成了一个利益整体，“一损俱损、一荣俱荣”（Xie et al., 2014）。以朗华供应链公司（以下简称“朗华”）为例，在很多供应链服务企业只关注贸易融资时，朗华已经战略性地把供应链生态链内的其他成员作为整合对象，通过供应链金融扶持与外贸行业相关的制造业工厂，服务供应链平台的物流公司、报关报检公司、物流信息服务商等伙伴，帮助客户的代工厂技术改造升级，提升物流技术，提高供应链各环节信息化水平等，提升了整个行业的国际竞争力。

第三，增强供应链网络化协同能力，提升全球全链价值。供应链中的每个公司都具有互补优势，每个公司都利用其核心竞争力来更有效地实现最终客户价值（Meixell et al., 2011）。依托供应链协同、敏捷、开放和网络化特征，供应链核心企业通过推动企业从追求产业上下游资源整合到行业协同，再到地区联动，供应链上企业价值逐渐由内部创造转移到由企业内外部共同创造。例如，戴尔公司通过和其零件生产商和顾客之间建立沟通渠道以快速对客户需求做出反应。通过电话和网络，戴尔公司快速获取客户的需求信息和订单，再将客户的需求分发给自己的采购部门和生产部门。这样戴尔品牌的供应链中，供应商便成了戴尔公司的生产部门，供应商根据需求订单提供零部件给戴尔公司组装并交付顾客。在这种虚拟整合的供应链中，核心企业充当联系顾客和生产部门的角色，通过和顾客的直接沟通了解市场需求，与供应商密切联系，成为各自发挥核心竞争优势的部门，从而提高整个供应链的竞争力。

（三）精准匹配：从模糊匹配到差异化个性化匹配

无论在工具技术时代，还是机械技术时代，企业对市场的需求量的判断和对物料、产品等库存管理都是基于历史经验的掌握。在激烈的市场竞争中，企业一般采用扩大生产规模占领更大市场、增加盈利机会的策略使得大量库存增加，但在市场变化加快与信息反馈速度慢并存的条件下，企业产能和产量都将出现剩余，最终导致整个供应链的效率低下。同时，随着消费水平的提升，不同群体的消费观念、形式、品位、模式等都发生了变化，传统供应链模糊匹配供需的方式难以满足市场发展需求。

伴随互联网平台采购模式的大众化，以及大数据统计技术的日趋成熟，企业可以轻松了解每种产品的价格、数量、库存、订单、资金的使用和供应商的情况等，企业可以能够快速响应采购过程中出现的问题，从为“库存”采购到为“订单”采购，这一变化标志着企业实现了提前配置生产（周驷华等，2016）。同时，大数据供应链的运作过程不同于传统的供应链，通过构建预测机制、信息流传递机制和制定销售策略，企业与供应商、消费者之间的信息沟通更加便捷、准确、及时，双方可以随时了解对方的需求，也可以在第一时间与对方分享购买信息（郑金蓬，2011）。

第一，利用信息技术实现供应链企业间供需无缝衔接。依托互联网思维及物联网、云计算、大数据等技术，运用产业互联网整合各类基础资源及供应链各环节参与方，实现信息流、商流、资金流、物流同步协同，打破市场要素和产品流动的时空局限，对物流、信息流、资金流等各种资源配置进行优化组合，实现了目标企业上下游供需无缝衔接。越海集团通过协同品牌商，为其提供涵盖原材料配件采购、生产制造、分销协同、仓配物流、金融、信息交互、店铺代运营、售后服务等各项增值服务。品牌厂商、越海、电商销售平台三方通力协作，职责明确，达到"需求为始，越海运作，电商销售，客户完美使用为终"的链条衔接，实现了供应链上下游的高效匹配。

第二，通过供应链运作体系智能化实现企业与消费者定制化需求精准匹配。当前，人工智能正在覆盖各行业领域。线上，山东海思堡搭建了海思堡个性化牛仔定制平台，该平台既是B端客户下单平台，也是消费者智能设计平台，裤子3D展示图可以及时展现设计效果。海思堡智能CAD研发系统通过与智能匹配系统的数据库集成，实现了服装CAD样板快速精准、自动生成，无需人工参与CAD图纸的设计。系统对匹配数据有异常的版型，能够进行预警（防错），使异常性能及时得到核实及调整，以满足所有客户的个性化需求。线下，佛山尚维家具制造有限公司已建成信息化和工业化深度融合的智能制造和智慧配送运作体系，实现了全屋家具数码定制和个性化定制。

（四）功能多元：从单一物流服务到多元化服务

传统供应链主要围绕物流服务展开，各企业关注点在于采用最优的运输模式、优化运输路线和缩短运输时间，企业间、企业与消费者之间主要依靠物流环节建立联系，供应链服务功能单一。而且，由于传统的供应链旨在实现供应链的整体经济效益最大化，社会福利和环境效益并未纳入考虑范围。例如，环保组织曾报道发现多家知名车企零配件供应商存在环境违规，原因是长期以来污染治理的成本高，供应商不愿意投资于污染控制。

随着网络平台技术、区块链技术的不断成熟，现代供应链为企业提供“一体化、一站式”服务，面向客户企业产业链上下游整合拓展业务，在这个过程中推动了供应链各链条、各环节、各渠道融合互动发展，也推进了互联网、制造业、金融、电子商务、物流、交通等领域的跨界融合，形成了集约高效的供应链服务体系。

第一，依托供应链服务的强大协同整合功能推动商流、物流、信息流、资金流、知识流的有效配置。江苏宏坤供应链管理有限公司依托自主研发的绿道跨境供应链综合服务平台，形成了数字化供应链板块、物流板块并驾齐驱的产业布局，为外贸企业提供进出口报关、境内外物流整合、供应链金融、仓储管理、电子商务等一站式供应链解决方案。特别需要指出的是，以人力资源为核心的知识流、人才流也成为供应链服务的重要内容（Li et al., 2012），2017年，某零售行业巨头需要进行部门业务调整规划，将大量促销人员、辅助人员等岗位人员进行外包，合杰与其签约后，提供的服务包括了业务外包、人员培训、保险福利、薪资发放、预算成本分析以及系统外包解决方案。

第二，供应链服务在网络平台技术应用下催生新业态、新模式产生。从供应商、制造商再到销售商，每一个主体均对应一个战略联盟，而物流成为各战略联盟之间联动的关键要素，众多专业物流商利用信息服务共享平台在各战略联盟的联动之间寻找到了新的发展空间。围绕供应链服务的物流环节，宇易通科技、货拉拉等企业瞄准供应链“同城、即时、整车”货运的物流细分领域，积极探索同城货运新模式，通过“分享模式”整合社会运力资源，搭建了“快速、平价、安心、专业”的同城货运交易平台，实现了货车调度、在途运输、收货确认、费用结算等全闭环服务流程。这也反映出供应链系统服务的过程产生了大量共享经济、平台经济等新业态，将拥有很大的发展潜力。

第三，供应链各节点深度融合培育了新的服务模式。供应链系统服务商通过推动物联网技术与物流、制造业互动融合，实行采购、制造、物流、零售等行业的联动发展，实现信息共享、仓储共享、运力共享，带动了更多产业的跨界融合。2016年，越海首创“C2B+DIY”（定制化生产）模式，依托电商平台最终用户的订单需求，实现以需求驱动供应链，将采购环节、制造环节与物流环节合为一体，创新性地提出“流通制造业”概念。提供原材料采购、生产制造、分销协同、仓配、金融、信息交互，实现了“物流与制造一体化”，即“流通制造业”。越海“C2B+DIY”平台通过优化供应链结构，实现了按需生产的以需求驱动供应链的新模式，解决了需求与供给的矛盾。同时，越海还将依托智慧仓网布局、信息系统应用、共享供应链体系，与金融机构合作探索物流与供应链金融一体化模式，开发应收、存货、预付等供应链金融产品，并逐步开展供应链金融资产证券化、供应链金融信用评价等服务。

第四，智能化推动绿色供应链发展。近年来，随着智能技术的拓展延伸，智能共享系统不仅节省能源，还能通过提高各环节的运行效率，减少各种污染物的排放。智能技术条件下，通过引入新的设计理念，从产品采购、生产、消费到废物回收，对整个供应链进行生态设计。随着现代供应链的绿色供应理念逐渐深入人心，通过智能技术与清洁能源技术的应用，一些知名企业已经率先成功对供应链进行绿色化整合。例如，国外知名汽车制造品牌大众、通用汽车等都整合了传统供应链，并按照“绿色”模式供货，不仅提高了企业的环境友好性，而且提高了品牌声誉。

五、新技术变革视角下我国供应链发展趋势

基于“技术行为－目标诱致－组织变迁”框架，供应链在智慧敏捷、价值扩张、精准匹配、业务拓展等潜在利润的诱致下，人工智能技术、物联网技术、数据技术、网络平台技术等新技术将遵循“目标使命”，广泛而深度地应用于供应链组织，供应链将从

形态、价值、模式和时空四个维度进一步发生深刻变化。

（一）供应链发展的目标趋势

1.供应链形态演变：智慧虚拟供应链实现更快速反应

随着供应链智能化水平大幅提升，供应链各节点将产生大量虚拟企业，进而围绕其核心业务形成不同的虚拟产业集群，商流、物流、信息流和资金流在各节点企业之间由智能运输工具、人工智能设备运输、传递和交易，节点企业间的信息沟通和业务协同更加高效，供应链组织形式更智慧、响应速度更快、更具有效率。

2.供应链价值扩张：内外部集成网状供应链整体价值成为追求目标

供应链成员间分工责任明确，利益联结紧密，形成公平公正的供应链利益共享与风险分担机制（王娟，2016）。供应链配置资源的范围从区域扩大至全球。与传统企业追求自身利益来匹配资源不同，供应链上各企业通过优化供应链管理，追求最大限度地降低成本并最大化链中每个成员的利益，供应链资源通过内外协同整合得到有效配置，共同实现成本下降、效率提升、效益增加。

3.供应链模式变化：动态精准匹配成为发展方向

在互联网模式下，企业与供应商、消费者和企业之间的信息沟通更加便捷、准确、及时，双方可以随时了解对方的需求，在各节点网络联盟的支持和快速的信息沟通反馈平台下，消费升级和市场个性化、差异化需求得到及时满足（文华，2016）。在现代供应链管理下，通过动态预测供应链上关联的物料或产品需求，实施零库存管理，“牛鞭效应”得到最大限度减少。

4.供应链功能拓展：多元化现代服务功能不断拓展和延伸

随着第三方供应链服务的全面推广，供应链服务不断向客户的全部非核心业务渗透和拓展，为客户提供商流、物流、信息流和资金流的一体化、一站式服务，供应链服务在需求分析、物料采购、分销代理、信息化系统、研发设计、生产制造、仓储配送、货品管理、金融、外贸、品牌推广等业务领域全面渗透。同时，基于供应链强大的服务功能，在产业融合的大背景下，供应链各节点的新技术、新业态、新模式也将不断涌现。

（二）新技术变革趋势对目标形态的支撑

在互联网、大数据、云计算、物联网等新技术不断创新和广泛应用的背景下，颠覆性技术正在彻底改变生产、经营、消费等模式，并以前所未有的速度重新塑造消费者的产品需求、工业生产和销售流程，甚至引发新的现代供应链革命。

1.人工智能技术催生供应链“非人格化”形态

从人工智能技术发展来看，人工智能、机器换人、虚拟/增强现实行业应用广度和深度持续加大，多环节、多技术协作创新和应用将成为新兴信息技术促进供应链发展的重要方式（郑秀恋等，2016）。以第四次工业革命为代表的新技术解决方案，如先进机器人技术、自动化系统等，一方面提高现代供应链融合联动的范围与能力，一些目前难以设想、超出预期的现代供应链新服务、新兴运作模式与管理模式、新兴业态甚至新产业也将不断出现。例如，人工智能可以根据当前的路况来为运输载体导航；自动化文件处理可以加快货物通过海关的速度；在港口，自动驾驶汽车可以更快地卸载、堆叠和重新装载集装箱，并减少错误；区块链运输解决方案可以减少运输时间并加快付款速度。即在人工智能技术影响下，供应链运行的“非人格化”趋势更加突出，供应链各节点的响应效率将得到极大提升。另一方面，人工智能使供应链中企业之间的分工进一步完善，推导出虚拟商业模式。越来越多的企业开始采用自动化和人工智能技术，供应链部分节点的协作与交易将由人工智能载体自行完成，服务流程也可以通过人工智能和虚拟代理自动化。向这些虚拟助手添加机器学习意味着它们可以执行越来越多的任务，新兴虚拟商业模式将不断涌现。此外，智能技术延伸的绿色技术和模式广泛应用，涵盖采购、生产、包装、流通、消费、回收等全生命周期的绿色供应链体系将全面形成，供应链快速响应、绿色发展、多元化功能将会大幅提升。见图2.3。

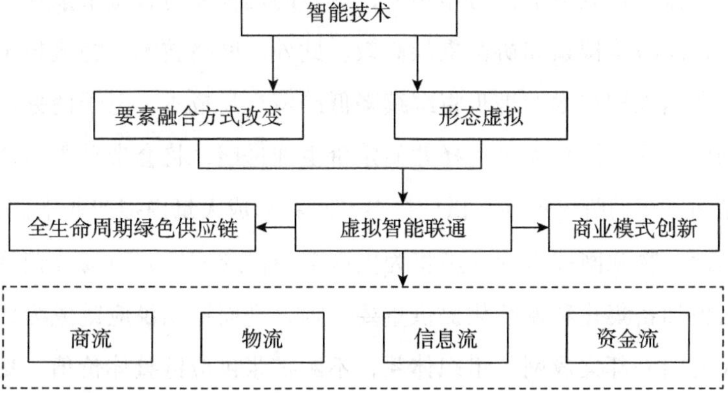

图2.3　人工智能技术条件下供应链“非人格化”发展

2.物联网技术推动内外部集成网状供应链价值扩张

从物联网技术发展来看，现代供应链提倡跨界整合、优化、创新，网络技术不仅提供了物流定位追踪功能，并且和客户互动的交易平台使得供应链资金流、信息流在企业间顺畅流动。例如，通过实时跟踪货物，物联网可以便利应对复杂的货物流通网络，提高交付服务的效率。互联网、云计算、大数据、区块链等技术的普及和应用也将大幅降低了供应链服务的门槛，越来越多的企业能够加入现代供应链体系，集成网状供应链将进一步密集，供应链整体价值及节点企业价值将大幅提升，安全弹性、协同整合能力将进一步增强（李晓等，2017）。随着网络技术的不断提高，超高速5G无线网络的出现可以支持远程位置的增强和虚拟现实维护，创建新的服务和数据流，将为供应链提供服务开辟新的空间。例如，远程医疗服务可能变得更加可行，因为网络传输图像清晰而没有任何延迟，并且机器人能更精确地响应远程操作。在数字平台的作用下，更多的远程参与者将聚集在一起，使跨境搜索和协调更加高效。此外，网络技术、物流技术和数据处理技术的进步将继续降低跨境交易成本，电子商务市场已经通过汇总大量选择并使定价更加透明，将会带动更多产品和资源的跨境流动，供应链各节点将形成大量虚拟产业集群。因此，物联网技术的进步将为供应链中供应网络和市场分销网络更加密集化和复杂化提供重要支撑，进而推动供应链成为庞大的内外部集成网状组织体系，不断扩张供应链整体价值。见图2.4。

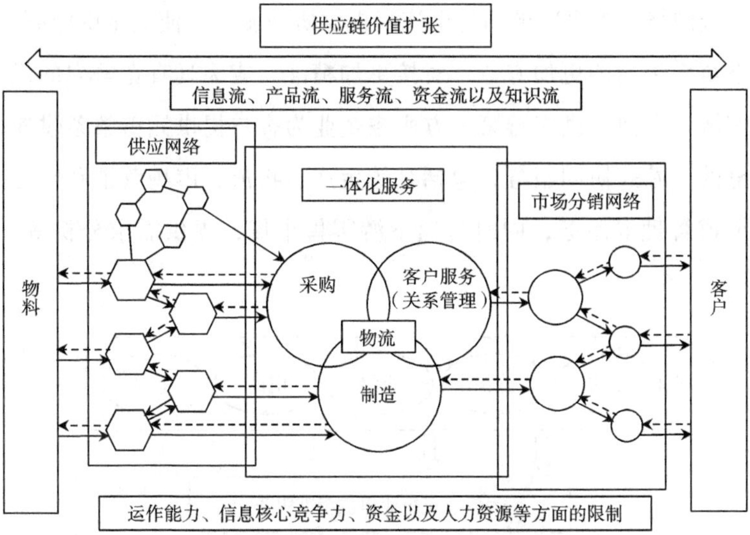

图2.4 物联网技术下供应链价值扩张

3.信息数据技术打通供应链节点实时匹配路径

从信息数据技术发展来看，以大数据为代表的新兴技术加速演进，区块链等前沿科技的关键技术有望取得突破，为信息技术服务业创新发展增添新动力源。在此基础上，基于大数据技术在供应链各节点、各领域的广泛应用，将形成供应链预测机制、信息流传递机制和销售策略，可以轻松了解每种产品的价格、数量、库存、订单的实施、资金的使用和供应商的情况等，进而推动供应链各个节点供需实现更加精准的匹配，同时也能做到快速响应和反馈各节点出现的问题。供应链核心企业基于信息数据技术，将原材料至消费者的整个过程，即采购、分销、仓储、电商等节点连接成一个完整的供应链渠道，并构建服务于渠道的供应链网络，为供应链的每个流程提供协同服务，使上至供应商、下至零售商能更加专业、对接更加精准，成为具有竞争力的供应链，也便于供应链第三方服务企业为客户提供涵盖整条供应链的一站式协同服务，包括合约生产、物流、市场营销和销售渠道管理等服务，同时打通下游零售市场，提供需求分析等。见图2.5。

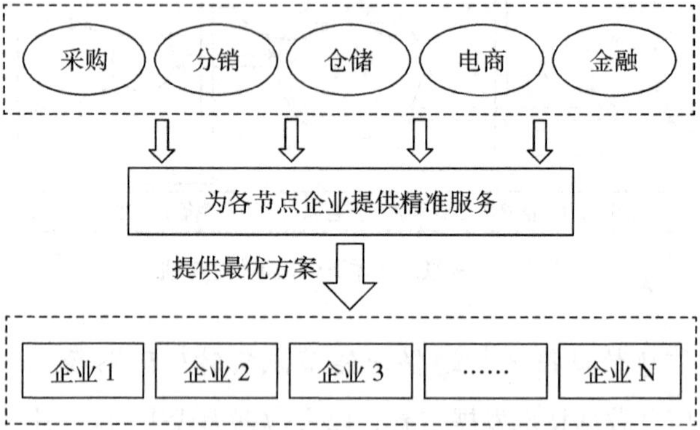

图2.5　信息数据技术条件下供应链动态精准匹配

4. 网络平台技术支持供应链服务创新拓展

从网络平台技术发展来看，云计算领域海量数据存储管理、大规模用户并发等核心关键技术环节取得重大突破，云计算已经成为大多数网站、移动应用、电子商务、视频服务等的重要后台支撑。互联网信息平台如电子数据交换、数据库、条码、电子订购系统和其他信息交换技术等网络技术广泛应用于供应链合作伙伴，这些信息交流平台使得供应链要素之间构建起一种完整的供应链信息集成系统。基于网络平台技术的应用，将供应链服务与多个产业、产业链及产业生态体系相融合，拓展供应链服务内容的广度与深度，为企业提供单项或多项业务服务，提升流通效率与服务价值（胡春燕，2013）。例如，供应链平台上金融、制造、医疗、外贸等业务领域将会相互融合，供应链采购、设计、生产、加工及销售各环节也能实现跨界服务和融合，通过全面发挥企业资源整合与跨行业协调能力，为目标企业提供“供应链+”与工业、金融、互联网、物流、贸易等第三方供应链系统服务，供应链服务功能将进一步提升和拓展。见图2.6。

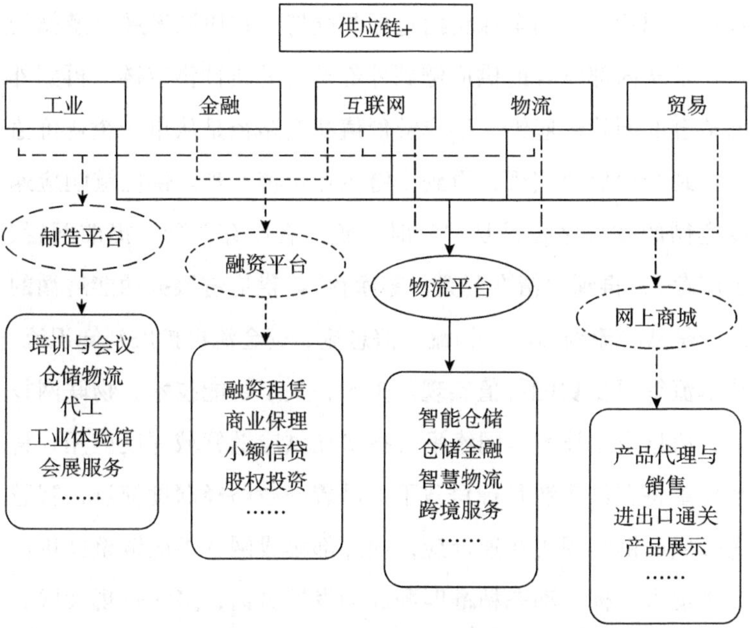

图2.6　网络平台技术下供应链服务创新拓展

六、结论与建议

（一）结论

从整合范围、协作程度、匹配程度、响应速度、服务功能等特征比较的视角看，科技变革是推动传统供应链逐渐向现代供应链发展的根本动力。在“技术行为-目标诱致-组织变迁”的分析框架下，供应链的形态演变遵循的路径是从“人格化”实体运行到虚拟结合运行，再到“非人格化”虚拟运行。供应链协同在空间整合上遵循的路径是从本地选择与配置到跨区域选择与配置，再到全球自由选择与配置。在协同发展上遵循的路径是从内部整合的供应链到外部整合的线性供应链，再到外部整合的网状供应链。供应链价值演变路径是从单一企业价值实现到行业价值实现，再到全链企业价值实现。供应链响应速度遵循的发展路径是从“实时配置、有库存”到“提前配置、少库存”，再到“精准配置、零库存”。供应链服务功能遵循的路径是从物流到商流、物流、信息流、资金流再扩展到知识流、技术流等更多功能价值实现。未来，人工智能技术、物联网技术、信息数据技术、网络平台技术在供应链领域深度应用，科技变革将在供应链目标诱致下，沿着一般路径深度演进，智慧虚拟供应链实现更快速反应，内外部集成网状供应链整体价值成为追求目标，动态精准匹配成为发展方向，多元化现代服务功能不断拓展和延伸。

（二）配套政策建议

一是建立与供应链发展相适应的政策法规体系。支持新技术、新装备在供应链领域的广泛应用，鼓励供应链服务企业专业化、数字化、信息化发展。坚持动态跟踪现代供应链最新变化，把握发展趋势和规律，根据市场发展需求适时调整相关法律法规。坚持合法合规经营，营造公平竞争的良好环境，健全知识产权保护体系，让规范经营者得到保护并努力做大做强。建立包容审慎的监管法规政策，对新技术在供应链应用中产生的新业态、新模式留有新空间。

二是积极破解供应链节点企业协同化网络化发展瓶颈。鼓励行业协会借鉴国外先进的技术标准，结合我国的实际情况，制定比较严格的、与国际标准相接轨的产品标准，并针对性地制定与物流直接相关的标准。进一步提高交通物流设备标准化水平，建立绿色物流评估标准和认证体系。尽快建立适用于现代服务业企业的信用评价体系，帮助企业扫除一些不合理的障碍，助力其快速成长。应用大数据技术，进行线上征信体系建设和建立大数据风控体系，让供应链各节点企业建立更加紧密的利益联结关系。

三是加强现代供应链行政管理。技术变革下供应链服务功能拓展产生的新业务及其交叉领域监管往往涉及多个行业主管部门，分割的监管业务直接影响了供应链运行效率，为此，建议建立自上而下的纵向组织领导和横向协调推进体制，健全协调例会、跨区域交流合作、形势分析调查和信息管理等职能和机制，建立针对跨界融合新行业和新业态的协同监管机制，给予平台型服务企业更多机会，推动供应链服务专业化发展。

四是鼓励新技术在供应链领域的渗透与应用。设立现代供应链发展项目专项基金，鼓励大数据、物联网、区块链、智能技术、网络平台技术等新技术率先应用于供应链培育与发展，针对重大项目给予重点补助。科技应用需要人才执行和推进，应大力推进现代供应链人才工程，高标准组织现代供应链人才境内外培训，着力培养现代供应链关键技术应用急需的知识化、专业化、复合型、创新型人才。

第三章　市场驱动、分工细化与生产性服务业发展

近年来，我国服务业发展迅速，服务业生产总值大幅提升，各地区产业结构正在逐步从“工业型经济”向“服务型经济”转变，服务业在国民经济增长中的重要性日益凸显。当前，各地区服务业比重结构都较为均衡，东、中、西及东北四大经济区域服务业占GDP比重均超50%，如浙江、湖北、宁夏、辽宁服务业占比分别为55.8%、51.3%、50.4%、53.5%。但是，从服务业高质量发展目标看，需要“量”的提升，也需有“质”的突破。从地区发展实际看，当前中西部地区服务业发展具备了一定基础，但与东部地区服务业质量水平相比差异明显，尤其是生产性服务业。从制造业发展水平看，纺织业、食品制造、饮料制造等劳动密集型制造业在中西部地区发育较早，部分行业规模和质量甚至与东部地区非常接近，但是，当前东部地区出现了大量与之紧密关联的现代生产性服务业以及服务新业态、新模式，而西部地区相关生产性服务业发育迟缓。

以我国毛衫产业为例，浙江桐乡和宁夏灵武、内蒙古鄂尔多斯等地同是我国重要的毛衫产业基地，从发展历程看，同样都从

改革开放初期起步；从制造水平看，毛衫产业生产工艺、流程、技术等生产水平相差不大，都是当地的支柱产业；从资源优势看，宁夏灵武、内蒙古鄂尔多斯等地依靠本地原绒生产优势进行羊绒深加工，而整个桐乡本地不仅没有任何毛衫原材料供给，也不具有毛衫加工优势。但是，当前宁夏灵武、内蒙古鄂尔多斯等地围绕毛衫产业仅形成了商贸、物流等传统服务业，现代服务业一直难以发展起来，而桐乡仅濮院一个小镇，围绕毛衫产业形成了研发、设计、教育、培训、品牌促进、跨境贸易、知识产权、绿色环保、检验检测、信息咨询、金融商务、人才培养、国际会展等现代服务业综合体。那么，形成这种差异的原因在哪里呢？东部地区的毛衫生产性服务业为什么能迅速成长，高质量的生产性服务业形成的主要动因和路径是什么？究竟是得益于资源禀赋优势、地理区位优势，还是归结于制造业发展水平？回答好这几个问题将有利于更好地把握生产性服务业发展路径和方向，对推动生产性服务业高质量发展、解决不平衡不充分问题、构建新发展格局都有较强的理论意义和政策参考价值。

一、市场驱动、分工细化与生产性服务业发展的逻辑关系

一般而言，生产性服务业的发展水平取决于制造业发展水平（Hansen, 1990; Illeris, 1996）。但在制造业发展水平相似的前提下，生产性服务业的不同发展程度该如何解释呢？要素禀赋理论

认为，每个国家或地区应专门生产密集使用本国或本地区比较丰裕生产要素的商品。灵武、鄂尔多斯等地毛衫制造服务业的发展源于毛衫制造的优势，符合这个逻辑，但桐乡缺乏毛衫生产原料，相应的生产性服务业也并不具有天然制造优势，似乎难以解释这个问题。我国学者林毅夫于2011年提出的新结构经济学主张，发展中国家或地区应从其自身要素禀赋结构出发，发展其具有比较优势的产业，在“有效市场”和“有为政府”的共同作用下，推动经济结构的转型升级和经济社会的发展。但实际上这种比较优势并不是一成不变的，而是随经济发展而动态演变。从濮院毛衫制造相关服务业的发展历程看，濮院毛衫生产性服务业是一个由传统生产性服务业向现代服务业不断拓展和替代的过程，且起初毛衫制造服务业的发展与毛衫资源禀赋及制造优势的关联性不强，而是更多取决于其地处沿海以及苏沪杭三大城市中心区域的地理区位优势，而当前似乎服务业发展受区位影响转弱，受制造业发展、新兴要素等其他因素影响加强。

由此，本章试图提出一个三阶段路径假说，即生产性服务业市场驱动力分为三个阶段，生产性服务业发展水平取决于不同阶段的驱动因素，见图3.1。

第一个阶段是区位引动阶段，由于靠近市场、交通便利的地区能快速响应市场需求，具备生产性服务业先行发展的有利条件，同时区位优势吸引劳动力流入，在市场需求和劳动力的双重推动下，传统商贸等生产性服务业获得率先发展机会。

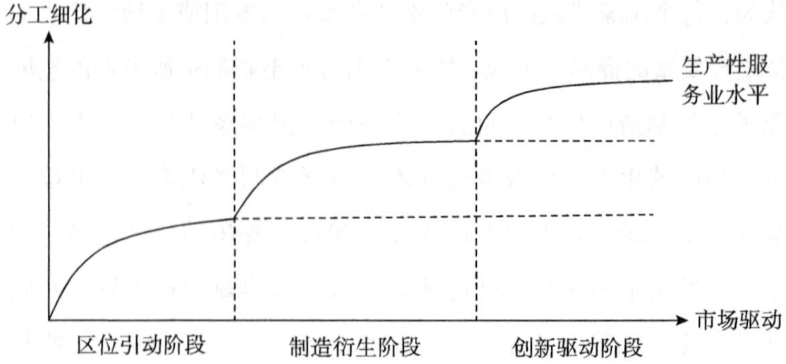

图3.1　生产性服务业三阶段发展水平的路线假说

第二个阶段是制造衍生阶段，生产性服务业发展起来后，带动本地制造业兴起，制造业又反过来促进生产性服务业的进一步细化、升级。一方面是规模推动，制造业的生产规模扩大要求其提升生产效率，一部分标准化、流程化的环节从制造业剥离，为制造业提供第三方生产性服务。另一方面是效益驱动，制造业对效益的追求推动生产性服务业向高端攀升，催生更多附加值的生产性服务业，如研发设计、品牌营销等。在制造业发展需求的推动下，相关生产性服务业逐渐走向专业化、市场化和多元化。

依据前两阶段假说，区位禀赋优势和制造业推动对生产性服务业发展水平的影响都是通过市场驱动发挥作用，见图3.2。第一个阶段是市场需求催生生产性服务供给，第二个阶段是制造业供给创造生产性服务需求。两个阶段中，市场驱动是生产性服务业发展变化的主线。沿着这个逻辑，第三阶段，在交通、信息和科技日益发展的条件下，区位和制造业对生产性服务业的影响力可能让位于数字化、智能化、知识资本、文化等其他新兴禀赋优势。在市场驱动下，作为供给端的制造业可能衍生形成新的生产性服务业态和模式，而作为需求端的消费市场可能会引领生产性服务业进一步高端化、智能化和国际化，生产性服务业的发展水平可能受区位、制造业发展、新兴要素三者叠加影响。

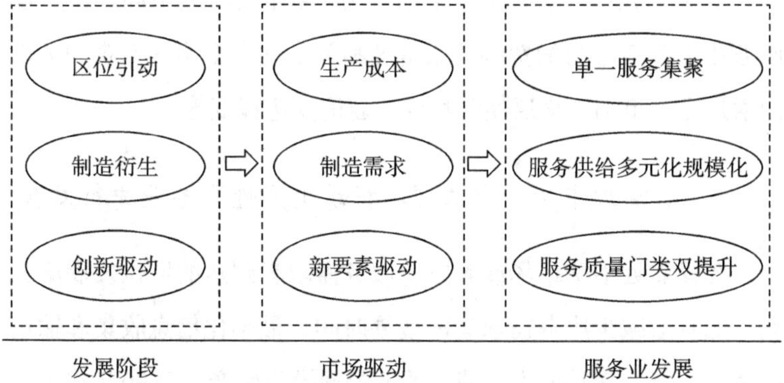

图3.2　市场驱动、分工细化与生产性服务业发展差异的逻辑关系

可以总结为，生产性服务业的水平差异并不必然取决于制造业发展水平，但取决于不同的市场驱动力。在不同发展阶段，新的市场驱动会替代传统市场驱动成为影响生产性服务业发展的主要因素，新旧市场驱动力共同影响生产性服务业发展水平。

三、区位引动：市场成本推动传统生产性服务业先行

从全产业链的角度看，实物贸易以实物生产为起点，没有制

造业需求，生产性服务业就无处着力。但在开放系统当中，制造业的发展并不是生产性服务业发育的必要条件。对于传统制造业企业来说，因其产品主要为实物，生产和消费可以异地异时。因此，制造业企业区位选择主要考虑劳动力工资、自然条件、土地价格、原材料、政府税金等生产成本因素，对消费便利化考虑相对较少（马光明，2022）。而生产性服务业则与之不同，生产性服务业更多考虑与消费端的紧密度和关联性，影响其发育的关键因素是客户市场、交通便利程度、通信发达程度等。

（一）临近市场、交通便利推动生产性服务业先行发育

选择靠近消费市场或者方便服务需求者到达的区位发展服务业，能有效减少服务需求者的搜寻时间，最小化信息收集和输送的摩擦，降低交易成本。濮院的毛衫规模化生产直至90年代才发展起来，但早在80年代，当地的毛衫市场就已经相当成熟，并带动了当地商贸、物流等一批生产性服务业发展。而这与濮院便利的地理区位是密不可分的。改革开放初期，羊毛衫还是奢侈品，主要消费市场集中在较为富庶的东部一二线城市。而濮院镇地处杭嘉湖平原腹地、长三角中心，坐拥上海经济圈、环太湖经济圈、环杭州湾经济圈3个经济板块。区内交通便利，水网密布，320国道、京杭大运河、嘉湖公路和桐嘉公路横贯东西，沪杭高速公路斜掠过境，与上海、杭州、苏州均只有1个小时的车程。优越的地理位置和便利的交通使得濮院商贩可以以较低成本打入消费市场，推动了濮院毛衫商贸活动的兴起，一系列生产性服务

业开始萌芽。80年代，敏锐的濮院商人瞄准上海、杭州、苏州等毗邻的一二线城市。濮商们或是赴上海、杭州、苏州等城市设柜销售，或是在320国道附近设摊推销，吸引往返沪、杭、苏的客人。此后，濮院毛衫逐渐声名远播，外地客人开始专程来濮院采购。1988年，濮院人集资58万元，在永越村双燕路建起30个门面，建立了第一个规范化的交易市场，成为现在濮院羊毛衫市场的雏形。贸易市场的繁荣带来交通运输、邮政业的发展。除了乘坐公共汽车的各地客商，当地邮局每天都要寄数以百计甚至更多的羊毛衫包裹到全国各地。

（二）区位优势下大量劳动力流入加速生产性服务业发展

劳动力流入是生产性服务业发展的关键要素，交通便利、信息基础设施完善等优势明显的地区具备吸引劳动力流入的巨大优势。且与制造业相比，生产性服务业成本投入相对较少，进入门槛相对较低，更易吸引劳动力流入。此条件下，充裕的劳动力供给对生产性服务业的发展起到很大促进作用。

党的十一届三中全会后，我国农村改革率先起步，大量农村富余劳动力从土地上解放出来，急需转移到非农产业就业。20世纪90年代，随着社会主义市场经济的发展，交通便利、工业化程度高的东部沿海地区对劳动力的需求日益旺盛，一大批农村富余劳动力向浙江等沿海地区转移，其中一部分分流至生产性服务业，促进了生产性服务业进一步分工细化。从1988—1993年嘉兴市劳动力增长趋势看，嘉兴地区劳动力经历了一个迅速增长时期，见图3.3。而当时50%以上的劳动力主要流入到桐乡，濮院因此而成为桐乡最大的移民镇，濮院20万余居民中本地居民只有4.7万人，新市民多达16万，包括39个民族。

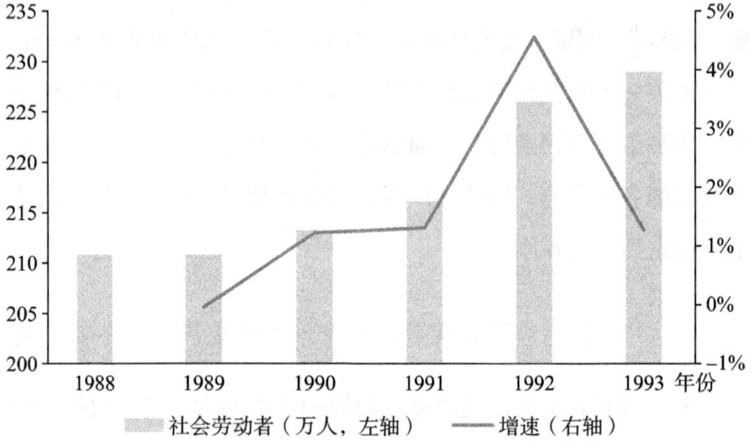

图3.3　浙江省嘉兴市劳动力增长情况（1988—1993年）

资料来源：中国城市统计年鉴。

随着各地涌来的新市民纷纷在濮院落户、入驻濮院市场，濮院交易市场一铺难求，营业房承租权的价格一路飙升，从数万元增至20万元。客商们除了从事毛衫商贸服务，还在濮院投资建厂，形成产销一体的经营模式，“前方有店，后方有厂”的经营模式确立。当地政府因势利导，在320国道附近建成了10个羊毛衫交易区（营业用房3000多间）、1个毛纱交易区、1个托运中心。濮院逐渐成为全国最大的羊毛衫集散中心，运输、物流、批发、商贸等大量生产性服务行业逐渐在濮院蓬勃生长。

（三）临近海外市场带动生产性服务规模扩张

海外市场是经济发展的重要引擎，随着我国从“陆域经济”时代进入“向海经济”时代，临海区位成为沿海城市经济发展的最大优势，在低成本的海运优势下，商贸服务规模持续扩大。濮院历史上曾以“日出万匹绸”闻名于世。改革开放以后，优越的地理位置加之沪宁杭优质港口资源为发展“三来一补”的加工贸易提供了天然优势。濮院紧紧抓住发展机遇，以当地便捷的海运陆运条件为基础，依托低廉的运输成本优势，推进内销外销共同发展，走出了一条富有特色的外向型毛衫产业之路。至1994年，濮院羊毛衫产量达1000万件（接近1988年270万件的4倍），市场销售额超20多亿元（接近1988年1亿元的20倍）。此背景下，当地政府通过准确研判，积极助力毛衫海外贸易。从2005年世界纺织品服装市场配额取消后，当地毛衫管理部门利用行业协会、商会等资源，为企业举办外贸知识培训与讲座，并组建外贸中心，设立外贸服务站，为企业提供外贸服务。2005年，濮院毛衫的出口每天都达到了一个集装箱的贸易量，产品远销意大利、日本、韩国、俄罗斯、巴基斯坦等国家。庞大的贸易市场吸引了美国、法国、意大利、日本、巴西、韩国、俄罗斯、巴基斯坦等国家和地区的客商前来经商，以濮院为中心的羊毛衫产业块状经济基本形成，濮院的毛衫制造业和生产性服务业进入互动发展的快车道。

四、制造衍生：制造业发展推动现代生产性服务成长

制造业规模扩张到一定程度后，需要提高效率，也需要向高附加值环节攀升。为提升效率，制造业中剥离出大量生产性服务业，专业的生产性服务由此产生。为提升价值，制造业开始向服务环节延伸产业链，制造业与生产性服务业的融合产生了更多的服务新业态和新模式。这个阶段生产性服务业的发展与已有研究认识是一致的，即生产性服务业脱胎于制造业发展，是制造业规模化、分工细化的产物。这个阶段，区位优势推动商贸物流等服务发展的动力开始减弱，制造业内部的分化剥离和发展需求对生产性服务的发展促进作用不断增强。

（一）制造业生产效率提升需求促进生产性服务业剥离

随着制造业的发展，内部相关服务功能逐渐剥离出来，形成专业的第三方服务。尽管这些专业的第三方服务与制造行业核心业务关联较小，但在功能上与制造业共同构成完整的产业链条。制造业剥离生产性服务业有两大原因：一是通过推动分工专业化和细化，使得企业可以专注于提高自身的核心竞争力，从而提高制造业的生产效率；二是通过提供专业化和规模化的中间服务，降低投入到制造业的中间服务成本，这种专业分工对成本下降起到的作用远大于区位优势。

在制造新需求的驱动下，濮院毛衫制造业不断扩大与升级，

制造业企业将质检、物流等环节剥离，分化出新兴生产性服务业。比如质检行业，90年代后期，濮院周边90%的村民都从事毛衫相关的产业，生产企业数量增加带来企业间的竞争加剧，假冒伪劣产品充斥市场，整个市场陷入“柠檬市场”困境，三方质检行业应运而生。随后，浙江经纬公证检验行有限公司组建了毛衫品检中心，从事第三方货物检验。目前，濮院已形成一个国家级的羊毛衫质量检测中心，为企业和羊毛衫经销商提供权威的产品技术鉴定、认证和技术咨询服务。另一个典型行业是物流业。作为长三角地区重要交通枢纽，濮院具有发展物流产业的先天优势。随着濮院毛衫制造的影响力扩大，产品远销海内外，货运需求也随之快速增长，物流效率亟待提升。一些企业开始将运输服务从企业经营生产活动中分离，成立独立运输队或承包给某个专业的运输公司。由此，第三方物流企业开始出现。1995年，地方政府统一规划，将濮院27家私有托运站集中起来，联合成立股份制物流公司，共同经营109条货运线路，直达全国140多个大、中城市和各大市场。2003年，货运中心升级为集卸货、运输与仓储于一体的专业物流中心——濮院物流园区，现该园区已成为桐乡市物流业发展的龙头企业，基本形成覆盖全国的物流运输网络，物流业成为濮院经济发展的重要组成部分。从濮院物流发展的过程可以发现，物流、交通运输的便利化已经弱化了区位优势对生产性服务业的影响，制造业发展需求逐渐对生产性服务业水平提升发挥主导作用。

除此以外，随着毛衫产业链的分化与延伸，产业集群出现，濮院毛衫逐渐走向规范化、专业化、市场化。2000年以来，濮院开始建立自己的工业园区，之前分散在毛衫市场周围的企业实现了有效集聚，毛衫企业开始由松散型向集聚型发展。2008年，濮院工业园区已经形成了纺纱、编织、印染、后整理、辅料生产、机械制造、检验检测、科技服务、物流配送等完整的产业链。在服务业领域，批发行业规模逐步壮大，会展、科技研发等新兴行业开始成长起来，形成了产业聚集度高、产业特色鲜明的服务体系。完备的服务链条为毛衫制造提供了更好的发展环境。2008年濮院毛衫销售额达到106.3亿元，是1994年的5倍。

（二）制造业创新增值需求催生现代生产性服务业

技术创新是产业发展的原动力。熊彼特于1928年认为创新是一个过程，是将生产要素和生产条件通过重新组合建立起新的生产函数，同时认为技术创新的大规模“模仿”可以理解为技术创新扩散。随着制造业规模扩大，机械性、低效益的制造已不能满足发展的需求，制造业各环节亟需通过向高附加值的生产性服务环节延伸，因为生产性服务业可以通过差异化、高质量的服务，发掘新的利润增长点，延伸制造业产业链，并向制造环节转移和溢出创新价值，提升制造业附加值。在创新增值需求驱动下，制造业对生产性服务的需求日益旺盛，并加快向生产性服务业延伸，生产性服务业的领域不断拓宽。

进入21世纪，在激烈的市场竞争和消费新需求下，濮院毛衫产业开始向研发设计、品牌营销等环节攀升，服装设计、品牌策划等现代生产性服务机构大幅增加，一批有条件的龙头企业分离出设计机构，成立独立运营的设计公司。这些分离出的第三方服务企业通过整合全社会优质创新资源，更好地为产业转型服务。“浅秋”作为本土品牌的“领头羊”，从毛衫单品向时尚女装、四季装转型，放弃生产环节，专攻设计研发、品牌营销。在“领头羊”的带领下，“免皇”“浅秋”“褚老大”“靓妞”“澳洋纯”“纯爱”等中国名牌不断涌现。

同时，地方政府也积极施策，引导企业重视品牌设计与建设。2011年，桐乡市政府对新获得“中国名牌”或“中国驰名商标”的企业，给予一次性20万元的奖励（通过司法认定的奖励5万元）；对新获得浙江名牌，浙江省著名商标、知名商号的企业，给予一次性5万元的奖励。企业主动创新求变，配合政策刺激，产业转型取得很大成效。2017年，中国区域品牌价值评价中，“濮院毛衫”已达到85.69亿元，成为毛衫产业的金字招牌。

在市场需求的驱动下，生产性服务业的种类逐渐丰富，研发、质检、物流、会展、设计等生产性服务业逐渐涌现，生产性服务业从零星的初级服务业成长为更加多元化、专业化、差异化的现代服务综合体。随着产业链日趋完善，服务分工进一步细化，生产性服务业开始向集群化方向发展。集群内集聚的中小企业可以分享公共基础设施和专业技术劳动力资源，大大节约了生产成本，带来了共享经济、范围经济效应，进一步提高了生产性服务业服务企业的效率。

专栏1

毛衫染整技术——羊毛织物的"美容师"

2000年，桐乡濮院有一家毛衫企业，生产的羊毛衫因为后整理质量差，影响销售，库存毛衫7万多件，占用资金700多万元，陷入资金周转困难、生产难以继续的困境。第二年，该企业老总找到雀屏公司，一再要求雀屏公司对这批库存毛衫重新加工整理。雀屏公司以最新推出的毛衫丝光整理技术，予以加工整理，使这批羊毛衫达到了国际羊毛局的可机洗标准，一下子成为市场抢手货，库存毛衫销售一空，而且每件毛衫的销售价格提高了45元，使这家企业既盘活了资金，又多赚了300多万元，生产经营恢复了生机。

雀屏公司办公室主任王海坤告诉浙江市场导报记者："我们在羊毛织物后整理、染色、印花的新技术、新材料、新工艺等方面的研究开发，特别是针对毛衫行业的生产还处于粗放型格局、技术装备和生产技术相对落后、产品档次普遍较低的现状，进一步研究开发羊毛织物染整技术，在提高质量的同时，平均每件毛衫提高附加值20元以上。"据不完全统计，雀屏公司的染整新技术为毛衫企业间接创造的经济效益每年达1亿元以上。

（资料来源于网络）

五、创新驱动：新兴要素驱动生产性服务升级突破

随着交通成本的不断下降，信息科技突破了交易的时空限制，区位对生产性服务业的竞争力影响持续减弱。制造业分化剥离到一定程度后，生产性服务体系基本成型，制造衍生服务的动力也开始弱化，同时，制造业转型升级对生产性服务业发展质量提出了更高的要求。此背景下，数字化、智能化、知识资本、文化等新兴要素成为生产性服务业提质扩容的主要动力。

（一）数字化技术促进服务新业态、新模式涌现

在互联网、大数据、云计算、物联网等数字技术的作用下，生产性服务业和制造业相生相长、耦合共生、融为一体，服务业的高附加值对制造业进行反哺，提升了制造业质量和效益，强化了制造业对生产性服务的需求和黏性，服务新业态新模式不断涌现。浓厚的互联网经济氛围和优越的政策环境下，濮院毛衫企业逐渐认清了传统销售模式的局限性以及互联网的优越性，开始将目光投向互联网新空间，电子商务开始兴起。根据桐乡市政府网站报告，2015年濮院上报电子商务成交额68亿元，10500多家毛衫经营户中超过80%的商户参与了电子商务。电子商务带来交易额“爆炸式”增长，2021全年电商成交额将突破590亿元（2015—2021年均增长43.4%，见图3.4），物流货运量突破50万吨，每天有数百万件羊毛衫从这里走向全国和世界各地，全球每3件毛衫就有1件产自濮院。

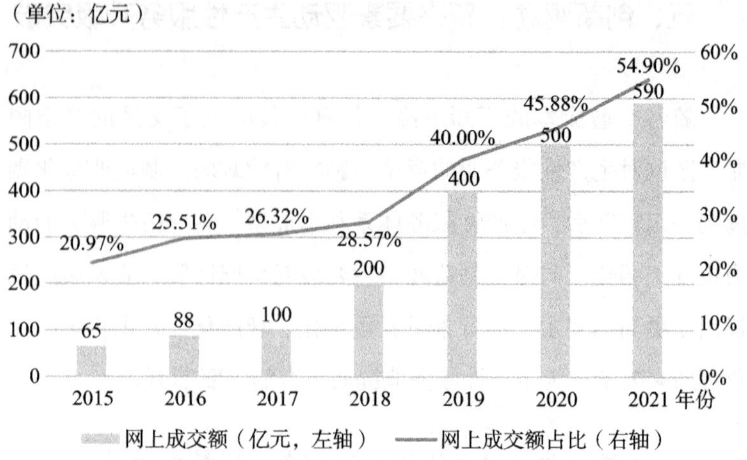

图3.4　2015—2021年濮院毛衫电子商务成交额

数据来源：历年《桐乡市国民经济和社会发展统计公报》、内部资料。

围绕电子商务的发展需求，电商服务企业和专业的电商平台开始出现，生产性服务业走向多元化和数字化。随着电商销售规模的扩大带来分工的细化，一批技能培训、代理运营、信息服务等电子商务服务企业产生，专门为电商企业和个体户发展提供专业化服务。同时，专业的电商平台陆续搭建起来，包括中国毛纺织原料电子交易平台、空中濮院、中国毛衫网、企业自建的小范围交易平台等，为毛衫线上交易提供空间。这些数字化、专业化企业或平台服务又裂变出一批新兴生产性服务业，例如，为配套商品拍摄、网红直播等服务，濮院又出现了一批专门从事网络摄影、文化传播等的服务业态，并培育出了“曼秀文化传播”“炎摄影”等60多家知名电商服务企业。2021年10月，濮院“智慧物流”建设项目启动，数字化改革延伸到物流行业，通过园区“智慧化”改造实现物流、信息流和资金流的自动对接，提高业务效率，满足客户的物流快递需求。同时，线下实体商场的交易模式、商品销售品类也出现不同程度的转型。从交易模式看，大部分单体市场正从中低端商品的集中批发和“三现”传统交易模式，向批零兼营、线上线下融合交易模式转型。从商品品类看，各单体贸易市场基本实现了不同品类、不同品质、不同价位商品的划行规市，实现差异化发展和特色化经营。互联网时代，大数据是产业智能化转型、市场智慧化升级的重要内容，也是行业宏观分析、行业决策和微观判断的重要依据。借助大数据技术，濮院毛衫产业走出了一条“云上之路”，创立“空中濮院”产业互联网特色体验馆。“空中濮院”成为整合各种产业资源和服务的综合服务平台，2013—2017年，“空中濮院”汇集了1万多家毛衫供货商和超过7万家采购商，来自移动端的客户超过8万人。各类毛衫企业均可借助“空中濮院”平台，找到最匹配、最低价和最适用的服务。同时，利用大数据打造“中国·濮院指数”，积极引导产业转型升级创新发展。2018年发布了“中国·濮院指数”，即价格指数、景气指数以及时尚指数，采样单位包括濮院服装生产企业、商户、设计机构、物流园区企业、金融机构等，该指数通过客观准确地反映以濮院集群为代表、以针织毛衫为重点的全品类服装产品市场价格、经营景气及时尚景气的变动情况和趋势，为毛衫企业提供更加精准的服务。

专栏2

桐乡濮院镇：疫情下的“主播经济”

淘宝直播在2017年初发展起来，嘉兴淘宝主播70%集中在濮院镇。这两年是直播的“风口”，江湖上到处都是年入千万元的传说。2019年，网红直播第一人李佳琦让所有人见识了直播的带货能力，这也吸引了越来越多的人开始人生的“转场”，走上直播之路。众多互联网平台顺势开通直播频道，通过各种途径吸引主播加入，2020年新冠肺炎疫情在客观上也促成了全民直播的加速到来。

90后的朱菲菲是湖州德清人，大学毕业后来到桐乡崇福从事皮草销售，后来又转到濮院的毛衫生活馆里做店长，2018年投身淘宝直播。2020年新冠肺炎暴发后各个行业停工停产。2月15日，濮院线上市场率先复工，这条依赖互联网的“赛道”，同样需要工厂、货源、物流支撑。为此，菲菲提前来到濮院，当了解到濮院第一时间审批通过了物流园区内10多家快递公司的复业申请、出台相关鼓励线上开市的政策后，菲菲终于吃了定心丸。2月16日下午，菲菲在她的“菲虎队”微信好友群里公布直播预告，当她打开直播软件时，已有不少忠实的粉丝进群等候了。当天晚上，菲菲正式开始2020年农历新年后的首播，3个小时，她的业绩是成交超过600单、增加粉丝2000人。

根据中泰证券研究所数据，疫情期间，淘宝直播场均观看人数上升43.13%，场均观看次数上升30.05%。宅在家的粉丝有了更多时间看直播，也有了更多消费的需求。濮院率先恢复了线上市场后，短短几天累计交易额已超过1.3亿元。

[资料来源：桐乡濮院镇：疫情下的“主播经济”（浙江日报官方账号）]

（二）高端人才推动时尚设计服务发展

生产性服务业是人力资本、知识资本密集型行业，一般具有专业化、高价值化特征，对劳动力的素质和能力要求非常突出。例如，新产品的研发设计、市场销售、检验检测等需要专业化人才管理和运营。从整个产业链价值链看，制造业价值创造依赖于生产性服务业提升，生产性服务业升级需要技术创新和技术进步的支持，而技术创新和技术进步又离不开高端人力资本和知识资本。因此，高素质人才的可获得性对生产性服务业发展影响十分明显。

“十一五”期间，江浙地区的纺织业发展普遍面临两方面的压力。在市场端，随着消费升级步伐加快，个性化定制需求增加，濮院毛衫市场“一个爆款打天下”的模式再难以实现，缺乏设计的贸易款式销量急剧下滑。在生产端，劳动力成本大幅上涨，随着我国劳动力市场进入刘易斯转折点，劳动力短缺现象在东部沿海制造业基地表现得特别突出。从2006年开始，濮院羊毛衫产业集群内的工人工资进入快速增长期，濮院所在的桐乡市2005年工人年均工资是14675元，2006年上升到18336元，到2013年增长到38661元。此背景下，毛衫行业出现了利润下滑趋势，不少企业运营危在旦夕，需要找到新的生存办法。濮院只有改变其原本的运营模式，迎合市场消费理念，提升创意设计水平，增强功能、提升品质，才能促进毛衫产品的持续成长。而大力引进人才是最奏效的一招。因此，濮院政府高度重视育才引智工作。对外积极引进国际国内知名文化设计领域的人才，推动濮院毛衫城工业园区先后与东华大学、浙江大学以及浙江理工大学等科研院校建立了合作关系，培养人才；组建形式多样的技术服务体系和信息化平台，为毛衫企业提供毛针织技术产销研方面的咨询与服务；连续举办“濮院杯”PH Value中国针织设计师大赛。2015—2018年间，濮院共引进各类时尚人才近500人，吸引海外留学人才50多人创业，引进意大利、韩国、日本等国际时尚设计师服务小镇。

对内积极搭建创意孵化服务平台。2009年，濮院创办了设计创意孵化器（即320创意广场），突出创意设计、技术创新、双创孵化等功能。为了引领市场和产业向创新发展，320创意广场做出系列举措。首先，鼓励产学研合作，将产业人才需求与高校人才培养有效结合。2018年，濮院与20多家高校开展产学研合作，推动韩国服装产业协会和英国考文垂大学在此设立工作机构，为濮院毛衫产业可持续发展提供智力支撑和知识资本。其次，加快信息技术在服装设计、印染和针织机械制造中的开发应用，逐步推广ERP（企业资源计划系统）、CIMS（现代集成制造系统）、CRM（客户关系管理系统）等计算机信息系统在企业中的应用，更大程度惠及市场商户和集群企业。320创意广场作为创意的孵化器，培育了一系列现代生产性服务企业。截至目前，以320创意广场为主体的毛衫科技创新服务平台已建成国家级检测中心1家、毛衫职业技术学校2所、研发机构5家，共完成国家、省、市科技项目135项、专利申请274项、商标设计和代理370项、商标授权321项、自主软件版权2项、国家及行业标准8项、国家职业标准1项、新产品开发98项，设计毛衣新款20000余款，培训职业技术工人6800多人次，创刊品牌建设类杂志3种、技术传播类杂志2种，平台科技服务各类企业超过1000家，有力地推动了毛衫产业转型升级。

（三）文化赋能创意服务独特吸引力

从产业发展规律特征看，文化是产业发源的优良土壤，也是产业兴旺发达的雄厚资产和强大动能。文化资源可能在传统产业发展过程中处于沉睡状态，但在现代产业发展过程中逐渐被唤醒和盘活，并释放巨大潜能。

丝绸文化和时尚文化是濮院毛衫产业的文化内核，为毛衫研发、设计、销售等生产性服务业赋予了强大动力。随着居民消费更加个性化、品质化，传统模式下以“爆款”为中心的毛衫大规模生产方式已经不再满足市场需求，中小规模、个性化生产方式成为发展主流，时尚文化引导设计者紧跟市场需求，而传统丝绸文化则增强了消费者对消费品质的“信任”。2015年以后，濮院开始注重利用文化创造价值。首先，濮院充分挖掘其丝绸文化和古镇文化（濮院是明清时期江南五大名镇之一，古街区保存完整，佛教文化代表有香海禅寺，道教文化有翔云观），结合现代时尚特色和毛衫产业，打造“古镇+时尚文化”的特色小镇。随着世界毛衫博览中心、轻纺城、时尚中心、古镇核心景区等一系列重点项目陆续建成，濮院开始探索发展市场购物游、毛衫工业游，人们对濮院镇的传统印象从“毛衫生产基地”转变为“创意时尚中心+宜居水乡古镇”。其次，毛衫设计队伍紧跟国际市场。目前，濮院设计行业与巴黎时装周、米兰时装周等国际会展建立了紧密的联系，既能把握国际时装的最新动态，又能将部分国际时装会展引入濮院。在强大的时尚文化影响下，濮院逐渐成为全球最新、最时尚、最具影响力的时尚毛衫设计发源地。此外，濮院羊毛衫市场通过举办中国·濮院国际毛针织服装博览会、中国·濮院时尚周、濮院时尚购物节等会展活动，已成功取得2022年国际毛纺大会举办权，推动了高端时尚资源和创新设计要素在濮院高度集聚，“春夏时尚看深圳，秋冬时尚看濮院”已经成为行业共识。

在“文化+产业”发展模式下，文化、创意、时尚元素的注入极大地推动了濮院现代生产性服务业的发展，即便服装业线下销售受到全球疫情和经济低迷的严重冲击，濮院毛衫的线下销售仍保持持续增加态势。疫情以来，许多企业外贸订单不足，但濮院毛衫凭借产品独特的设计和差异性，受到了市场的青睐，抢占了国外市场。2018—2020年，濮院第三产业增加值对GDP贡献率明显高于桐乡甚至全国的平均水平，特别是2020年，贡献率高达63.9%。见表3.1。

表3.1

2018—2020年濮院、桐乡和全国三产增加值占比情况（%）

年份	濮院	桐乡	全国
2018年	57.3	45.3	53.3
2019年	57.9	44.8	54.3
2020年	63.9	49.6	54.5

数据来源：国家统计局、内部资料。

专栏3

濮院的丝绸文化与“商贸基因”

濮绸始祖濮凤于南宋建炎三年（1129年）携家眷定居于梧桐乡，专心农桑，始倡绢帛，获利丰盈。至元初濮鉴这一代，家底极为殷厚。但濮鉴并没有满足于祖业守成、安于现状，而是从丝绸交易中敏锐地发现了巨大的商机，元至大（1308—1311）年间，濮鉴在闹市中心构居开街，形成了棋盘街，设立东南西北四大牙行。所谓牙行，就是为买卖双方介绍交易、评定商品质量、衡定价格并抽取佣金的居间行商。濮鉴经商的目标可不仅仅是收取佣金这么短视，而是利用雄厚的资金实力，大量收购机织产品，待价而沽。更令人激赏的是，濮鉴拥有超前的经商意识，他要通过四大牙行打造一个前所未有的丝绸交易市场，建立起丝绸产购销为一体的产业链。为了实现这个宏大的目标，他投资建造客栈，以供南来北往的客商投宿，使客商食住无忧。同时，又建造了大量的仓库，储存收购来的丝绸产品，各式品种应有尽有。那些客商们，只要到了濮院，既吃住便利，又能采购到合适的丝织品，免却了奔波、羁泊之苦，可谓真正的“永乐”年华。

永乐市美名远播，丝绸客商纷至沓来。尽管永乐市周边各乡镇，都是蚕桑丝织之乡，但是远方商贾无不落脚在永乐市，因为笑迎天下客的濮鉴，已经细心到了连他们的起居都给安排妥帖了，而且丝绸品种齐全、质量上乘、价格公道，还有什么理由到其他乡镇淘选、采购货物呢？这一传十、十传百，五湖四海的丝绸商贾都知道了这个永乐市，知道了濮家四大牙行。自元代起，濮家就在苏、杭、嘉、湖四郡中间搭建了一个万商云集的丝绸中心。

虽然在明代的靖难之役中，濮氏这嘉禾巨族在永乐市销声匿迹，濮家创下的“濮绸”品牌依然葆有顽强的生命力，濮家的商贸基因依然在明清两代人中得以延续。

［资料来源：时尚的故乡：从濮绸到毛衫（上）（聚桂文会微信公众号）］

六、生产性服务业发展的“濮院路径”特征

历经区位引动、制造衍生、创新驱动阶段，濮院毛衫生产性服务业在不同市场驱动因素下，分工不断细化，逐渐从单一的商贸服务发展成为毛衫产业现代服务业综合体，形成了生产性服务业发展的“濮院路径”。本研究试图从三阶段分析框架基础上进一步总结和梳理“濮院路径”的主要特征。

（一）生产性服务业先于制造业发育并带动制造业发展

从濮院毛衫初期发展看，濮院毛衫产业发展路径不同于“制造业剥离服务业”的一般认知，而是在靠近市场、交通便利的区位优势下，商贸、批发等服务催生了毛衫制造业的发展。早期毛衫商贸物流快速发展吸引了国内毛衫制造基地纷纷将濮院作为毛衫全球贸易集散地，庞大的销售市场带动企业和当地居民开始在濮院发展毛衫制造业，一大批制造企业开始出现，各乡村也出现了“家家户户搞纺织”的兴盛局面，形成了“先有服务、后有制造”的路径特征。但濮院“区位引动服务业先行”与传统的“服务业脱胎于制造业”理论并不矛盾。除区位优势外，濮院毛衫商贸服务首先发端于当地的另一个重要条件是区域间市场开放，毛衫制造基地早已在全国其他城市分布并取得较为成熟的发展，开放条件下，全国范围内跨区域形成了一条采购、生产、销售、消费等各环节紧密协作的毛衫供应链，濮院是因拥有临近需求市场的区位优势而占据了毛衫供应链的“销售节点”。

（二）不同阶段生产性服务业发展的主要驱动力动态交替、持续叠加

纵观濮院毛衫生产性服务业发展的三个阶段，生产性服务业的每一次分工细化和深化，都有不同的市场主导动力。第一个阶段市场主导动力是区位优势，带来了生产性服务业的率先发育；第二个阶段市场主导动力是制造业发展需求，推动了制造业向生

产性服务业的拓展和延伸；第三个阶段市场主导动力是新兴要素赋能，推动了现代生产性服务业门类和质量的同步提升。不同阶段的主要驱动因素在下一个阶段对生产性服务业分工细化的促进作用并未消失，只是相对弱化。以濮院物流业发展为例，在第二阶段，随着铁路、高速公路等现代基础设施逐步完善，区位优势的影响力逐步弱化，生产和消费的时空局限在缩小，制造企业对运输和物流的服务需求，引致了制造业迅速剥离出第三方物流服务，制造衍生成为生产性服务业发展的主要驱动因素。而到第三阶段，随着高速铁路、现代信息科技迅速发展，区位影响力进一步弱化，而制造业对物流的需求大体形成均衡格局，物流业规模扩大趋势减缓。但是，在第二和第三阶段，濮院交通便利、区位核心的优势仍在发挥积极作用，在第三阶段，制造对物流的需求仍有增加。可见，不同的影响因素并不是互相取代，而是相互叠加，共同发力。

（三）生产性服务业与制造业融合互促是生产性服务业成长的重要途径

生产性服务业和制造业在三个阶段都呈现出融合互促的关系。市场的创新需求是制造业和生产性服务业融合互促的主导因素，市场新需求使得生产性服务业和制造业融合的空间扩大，各种创新技术在不同产业间广泛运用，制造业和生产性服务业之间的壁垒逐渐消失，产业的技术边界日趋模糊，制造业对生产性服务的需求和黏性不断增强，生产性服务业质量在制造业升级中不断强化。作为制造业的供给方，生产性服务业发育并持续专业化、多元化、高端化，推动了濮院毛衫服务业向制造业反向拓展，并降低了投入到制造业的中间服务成本，提高制造业的价值和生产效率。作为生产性服务业的需求方，制造业的发展需求推动了生产性服务业不断分工细化，催生多种新业态和新模式，持续推动毛衫产业向高附加值环节攀升。

（四）各阶段市场驱动由强变弱、生产性服务业细分由浅层至深化

在区位引动阶段，生产性服务业的发展还较为初级，催生的主要为商贸、物流等基础性生产性服务业，区位优势推动生产性服务业实现了“从0到1”的起步。在制造衍生阶段，生产性服务业的种类逐渐多样化，在制造业需求的拉动下，质检、物流、会展、设计等支撑功能的生产性服务业逐渐分化出来，并开始集群式发展，生产性服务业进一步多元化、专业化、市场化，制造业需求推动生产性服务业迈向“从1到多”的时代。在创新驱动阶段，生产性服务业不仅细分门类进一步增加，服务水平和盈利能力也在同步提升，推动生产性服务实现了“从多到优”的飞跃。前两个阶段，区位因素和制造业需求都是通过外生变量间接拉动生产性服务业发展的，生产性服务业是被动增长分化的。在驱动阶段，区位因素的优势不再，制造业对生产性服务需求减弱，生产性服务业主动寻找内生增长点，进入“第二增长赛道”。在创新驱动阶段，生产性服务业除了规模日渐增长、品类逐渐多元

化、服务的专业化水平也更高，不仅提供过去物流、质检等标准化和日常性的辅助支撑功能服务，更是通过引入数字化、人力资本、文化等新兴要素，衍生出了品牌策划、会展、创意设计等战略导向功能的生产性服务业，生产性服务业在市场分工细化的过程中实现了质的跃升。

（五）推动人力资源转化为人力资本是生产性服务业发展水平跃升的关键

从濮院生产性服务业发展历程看，劳动力资源推动了生产性服务成长发育，而人力资本推动了生产性服务业迈上高质量发展台阶。在生产性服务业发展的初期阶段，濮院依靠区位优势吸引了大批转移劳动力，由于初期阶段生产性服务行业进入门槛较低、收益较高，大量进城务工者自然进入了运输、商贸、批发等毛衫服务行业。这个阶段丰富的劳动力资源也是庞大的消费群体，劳动力人口直接参与了毛衫服务和消费，促进了毛衫贸易服务市场的发育和繁荣。到生产性服务发展的后期阶段，消费升级导致规模扩张式生产方式已逐渐丧失盈利能力，物流、批发、商贸等传统的生产性服务发展需求规模也基本保持稳定，毛衫产业发展对研发设计、品牌营销、国际会展等高层次生产性服务的需求变得更加迫切，这个阶段，濮院培训和引进国内外大量高端人才和企业家，通过强大的人力资本积累提升了数字化应用能力、服务设计水平，同时也带来了大量资金投入，推动了生产性服务的再次跃升。

（六）适时调整支持政策对不同阶段生产性服务业发展尤为重要

在生产性服务业发展的三个阶段中，不同驱动要素能充分发挥作用，都离不开政府政策的扶持与统筹。生产性服务业的发展需要充裕的劳动力供给、友好的营商环境、完善的公共基础设施建设、有竞争力的人才引进制度、高效的产业协同发展机制等，这些都在不同程度上依赖政府的参与和支持。在濮院毛衫生产性服务业发展的过程中，当地政府的作用贯穿始终。产业选择上，桐乡政府和濮院市场及时认识到以羊毛衫为单一产业的产业发展模式过于集中、风险过大，桐乡政府决定改变传统贸易相关服务模式，推动向时尚会展等高层次服务领域转变，推动濮院毛衫产业进入了“第二增长赛道”；产业发展上，桐乡政府早在20世纪90年代，就把开发建设濮院羊毛衫市场作为发展服务业的主要经济增长点，为濮院找到了差异化发展之路，也为濮院毛衫产业的异军突起夯实了基础；人才引进上，濮院政府大力发展职业技术学校，培育了大量设计、电商、物流、营销、会展等服务人才，同时，通过积极筑巢引凤、招才引智，充分激发了劳动力对产业的推动作用；开放合作上，推动落实嘉兴市“接轨上海”的发展战略，充分发挥区位优势，引进外资、技术等先进生产要素，促进生产性服务业快速发展；产业融合上，政府引导是制造业和生产性服务业融合共生的重要推力。在生产性服务业发展的整个过程中，濮院“政府搭台，企业唱戏”，通过高效的政企联合，加大制度供给、要素供给力度，为生产性服务业与制造业融合发展提供支持，推动全产业链高质量融合共生，树立了有效市场和有为政府结合的典范。

专栏4

嘉兴“接轨上海”战略

作为距上海最近的城市之一，嘉兴在长三角城市群中有着明显的区位优势，再加上产业结构合理、人口流动相对活跃等因素，嘉兴成为对接上海的“桥头堡”。1992年，嘉兴首次提出接轨上海的工作思路；1998年，嘉兴第四次党代会正式将“接轨上海”列入全市的经济社会发展战略；2003年，浙江省委、省政府明确提出将“进一步发挥浙江的区位优势，主动接轨上海，积极参与长三角地区的交流与合作，不断提高对内对外开放水平”写入“八八战略”；2004年，习近平同志也强调，嘉兴是承接上海辐射的“门户”。

“接轨上海”战略给濮院带来了资金、技术和高端产业，推动了生产性服务业的发展。首先，濮院利用区位优势，创造良好的营商环境，吸引外资。2005年，浙江桐乡濮院针织产业园区合同利用外资2526万美元，实际到位外资1509万美元；引进市外内资2.84亿元人民币；完成生产性投入9.6亿元，新进园企业47家。其次，作为对接上海的“桥头堡”，嘉兴可以承接金融服务外包、计算机后台、非金融中介服务以及高端商务服务业，对接上海信息、装备制造、新能源等产业转移。再次，和上海的对接给濮院带来了国内外先进的技术，提高了毛衫制造的附加值。长期以来，我国纺织深加工技术落后于欧美日韩等发达国家，直接制约了毛衫服饰的出口竞争，也无法满足国内的消费需求。通过广泛引进专业技术人才，以产学研合作为平台，不断研发新技术、新产品，成功地把现代生物、纳米等高新科技应用到毛衫的印染生产中，解决了毛衫色牢度、抗起毛起球等消费者关注的问题，提高了毛衫服饰的质量水平与产品附加值。

[（资料来源：嘉兴全面接轨上海的优势及投资启示——大都市圈系列研究之三（申万宏源研究微信公众号，李慧勇，吴金铎）]

七、结论与政策启示

本章以探究生产性服务业发展水平地区分化的原因为出发点，梳理了研究浙江桐乡濮院毛衫生产性服务业的发展历程，探讨了其在不同发展阶段的主要动因及路径、发展特点等，主要结论如下：从发展历程看，在一定区域范围内，生产性服务业的发育不必然剥离于制造业，但制造业的发展必然促进生产性服务业水平提升。从发展路径看，从区位主导到制造衍生，再到创新驱动，三阶段发展都可归结于市场动力引致分工不断细化，生产性服务业水平实现了从无到有、从有到多、从多到优的提升。从市场驱动因素看，各阶段的主要驱动因素分别为地理区位、制造业发展、新兴要素，尽管各阶段主导动力依次让位，但三者并非替代关系，而是叠加影响生产性服务业发展水平。

据此，本章提出几点政策启示：一是结合地区资源禀赋，优化区域产业布局。转变在本地区“先发展制造业，再培育生产性服务业”的认识，在更大范围内因地制宜地规划区域产业发展战略，以实现资源的最优配置为重点，走出差异化竞争之路，强化生产性服务业配套，鼓励有条件的地区生产性服务业先行发展，为提升全产业链综合竞争力营造良好生态。二是制定引导政策，厚植生产性服务业发育土壤。在土地、税收、金融、政策等方面加大对生产性服务业的培育力度，培育汇聚生产性服务业和制造业的产业集群，提升生产性服务业协同制造业发展的能力，提高生产性服务业与制造业跨区域合作，促进生产性服务业与制造业融合发展、协同发展。三是着眼新兴要素，增强生产性服务业发展的内生动力。根据产业所处发展阶段的不同，着力于其对应的核心驱动力。在当前新兴要素引领阶段，积极引入数字化、知识资本等新兴要素，加快复制推广先进地区经验，推动生产性服务业转型升级。同时，积极探索新增长点，提前布局，及时占领战略高地，打造当地竞争优势。四是重视培训教育，推动生产性服务业人力资源向人力资本转化。当前，我国服务业是吸纳就业最多的产业，各地区服务业占经济结构比重基本达到一半左右，服务业正处于由追求速度规模向追求质量效率转变的关键时期，应引导服务业特别是生产性服务企业注重人力资本积累，加大员工培训力度，提高劳动力业务和技能水平。五是适时调整政策，解决生产性服务业不同阶段关键瓶颈。从濮院生产性服务业发展路径看，市场驱动生产性服务业发展在各阶段都面临发展瓶颈，单靠市场发展难以自行调节和突破。借鉴濮院经验，根据不同阶段市场需求，积极创建生产性服务平台，出台分类分层引导政策，打通发展梗阻，释放市场潜能，推动生产性服务业持续升级。

第四章　生产性服务业与工业、农业协同发展与演变

改革开放以来，党和政府坚持立足于中国国情，一直在探索有中国特色的社会主义工业化道路。在此过程中，工业、农业和服务业的互动发展贯穿始终，并直接反映我国工业化发展的成效与阶段特征。本研究从服务业发展视角出发，梳理改革开放40年来我国工业化进程中相关重大改革事件推动服务业与工农产业互动发展的阶段特征，总结服务业在改革过程中与工农产业的互动发展路径，为新时代进一步推动服务业与工农业协调发展提供有益参考[①]。

一、改革开放初期：家庭联产承包责任制推动了服务业从农业和工业中初步剥离

改革开放初期，经过一系列产业政策和实践，经济结构严重

① 为便于比较和统计分析，本书将第一产业、第二产业和第三产业分别等同于农业、工业和服务业。

失衡的状态明显改善，按照当年价计算，农业、工业和服务业之比由1978年的28.1∶48.2∶23.7变为1984年的32∶43.3∶24.7[①]。其中，农业的增加比例最大，工业比重有所下降，而服务业受物质生产部门优先发展战略、服务部门为非生产性寄生部门的指导思想和计划经济体制的影响，并未受到中央和地方政府重视。1984年，服务业占GDP的比重为24.7%，仅比1978年增加了1个百分点；按不变价计算，服务业增长率由1978年的13.7%增长至1984年的19.4%，增长幅度为5.7个百分点。1978年，服务业和农业增加值几乎处于同一起点，但此后差距逐渐扩大，而这一阶段工业增加值远高于农业和服务业，工业在国民经济中一直处于主导地位，见图4.1。

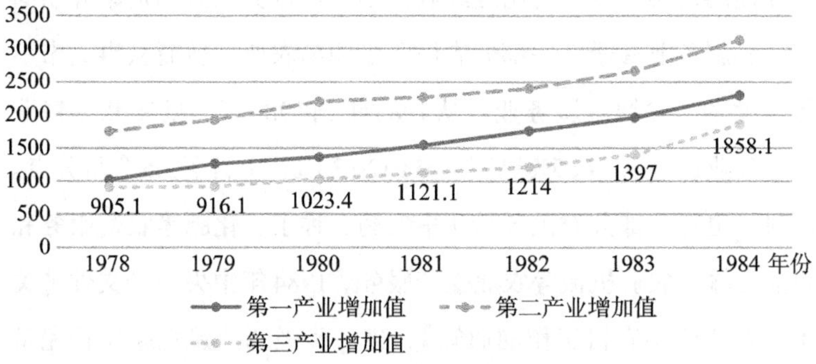

图4.1　1978—1984年三次产业增加值变化趋势（按当年价）（单位：亿元）

数据来源：国家统计局网站。

改革开放前夕，由于刚刚经历“文化大革命”，我国工业化

① 数据来源：《新中国五十年统计资料汇编》。

建设的进程受到了破坏和打乱，工农业生产效率低下，物质极度匮乏，经济社会发展濒临崩溃边缘，广大工人和农民要求解决温饱问题，知识精英期待有改变身份和命运的通道，整个国家蕴藏着巨大的变革需求。此背景下，党的十一届三中全会作出了把党和国家的工作重心转移到经济建设上来，实行改革开放的伟大决策。改革发端于农村，起步于农业，以家庭联产承包责任制为标志的重大创举拉开了中国改革的序幕。在这项改革下，农业生产效率获得了极大的提高，农业剩余开始出现，一方面是农产品不断丰富，农民收入增加，部分农民开始有了资金积累，另一方面是农业劳动力有了剩余。更重要的是，农民有了自主选择和自由迁徙的机会。巨大的制度红利推动了农业劳动力和资本开始向工业和服务业渗透，一部分农民开始脱离农业，转而从事城市零售、批发、餐饮等服务业，从1983年到1984年，批发和零售业占服务业比重从14.85%迅速上升到20.35%，上升了5.5个百分点。同时，也有一部分农民开始从事农药、种子、化肥等农资服务和农业运输、农业机械等农业生产服务。1984年中央一号文件《关于一九八四年农村工作的通知》，进一步强调“建立起比较完备的商品生产服务体系，满足农民对技术、资金、供销、储藏、加工、运输和市场信息、经营辅导等方面的要求”是一项刻不容缓的任务。宽松的政策环境下，农民自发组建的农业生产性服务组织逐步发展起来，主要是兴办社队企业，成立专业农业服务公司，发展出一批专业农业服务户等（芦千文等，2016），有效补充了以村集体组织为单一服务提供者的生产服务体系，农业服务业逐渐从农业生产中剥离出来。

农村改革的巨大成功推动了我国工业化进程，1979年，国务院颁布《关于国营企业实行利润留成的规定》，其主要改革内容为“放权让利”和“承包制”。此后，放权让利试点工作先后在全国各地展开，逐步使企业从管得过严、统得过死的框架下解放出来，成为独立自主、自主经营、自负盈亏的商品生产者和经营者。同时，由于改革开放之前实行超前的重工业化战略，导致三次产业结构及轻重工业比例出现严重失调，为扭转产业之间及工业内部的结构失调现象，我国确立了“轻纺工业优先发展”的调整方针，并实施了一系列工业结构调整政策来推动轻重工业协调发展。在此背景下，体制机制改革扩大了工业企业的自主发展空间，工业体系也逐步得以恢复和理顺（徐建伟等，2017）。1984年，在100种主要工业产品产量中，完成和超额完成计划的有原煤、原油、发电量、电视机、录音机、照相机、电冰箱、呢绒、毛线、啤酒、生铁、钢、钢材、化肥、轮胎、水泥、机床、汽车等89种[①]。工业的迅速发展推动了交通运输、仓储和邮政业等与工业紧密关联的服务行业率先从工业中剥离出来，并长期在服务业中占有较大的比重。1978—1984年，交通运输、仓储和邮电业产值占服务业总体比重稳定在20%左右。

工农业延伸发展推动服务业逐渐剥离的同时，工农业改革带来的就业压力也间接催生了服务业的发展。一方面，国营企业的

① 来源：1984年国家统计局年度统计公报。

改革打破了政府安排城市人口就业的计划体制，工业企业内部1100多万的富余人员被挤出来。另一方面，农村家庭联产承包责任制下产生的剩余劳动力纷纷涌向城市。而以重工业优先发展战略和国营经济为支柱的计划经济体制无法解决就业问题，因此，就业门槛低、劳动技能要求不高、吸纳就业能力强的服务业获得了劳动力积累的良好时机。但是，总体上，由于这段时期工业对服务业的依赖程度较低，服务资源对工业增长的支撑作用尚未显现，服务业自身投入获得增长的能力还较弱（刘勇等，2013）。

这一阶段服务业与工业、农业关系呈现出三个特点：其一，服务业从农业和工业剥离的速度较快，但总体水平低。由于我国经济刚刚经历完消极发展期和低谷徘徊期，主要强调发展工业，“工业学大庆”“农业学大寨”的产业发展指导思想还没有完全改变。改革也是从农业（1978年农村实施家庭联产责任承包制）和工业（1984年国有企业放权让利）开始的，最后才触及服务业。因此，这一时期服务业发展还处于刚刚起步的低端阶段。其二，服务业发展要素逐步成熟并走向集聚。农业农村改革创造了剩余资本和劳动力，工业改革也产生了大量富余劳动力，而这些劳动力和资本主要流向一些进入门槛低、易形成集聚的服务业，为服务业发展壮大提供了前期积累。其三，服务业剥离独立的路径呈多样化。处于起步阶段的服务业从农业和工业中剥离独立大体有两条路径，一条是直接从农村改革过程中产生的剩余资本和劳动力的转移过程中成长起来，另一条是从农业和工业产业链中逐渐剥离出来，成为服务业发展的重要基础。

二、20世纪80年代中期到90年代初期：改革重点向城市转移与乡镇企业的突起共同促进了服务业从工业、农业中全面剥离并独立发展

1985—1991年，改革重点由农村转向城市，城市改革全面展开，中国进入城市改革和乡镇企业双重力量共同推动城市化的阶段，生产性和生活性服务业也进入了全面发展阶段。这个时期服务业增加值开始赶上并超过农业，特别是进入90年代后，农业增速明显放缓，而服务业与工业增幅趋近一致，均呈显著上升趋势。按当年价计算，三次产业比重由1978年的7.9∶42.7∶29.4调整为1991年的24∶41.5∶34.5。服务业在我国城市改革进程中快速发展，服务业占GDP比重逐步提高，由1985年的29.4%上升到1991年的34.5%，上升了5个百分点，见图4.2。

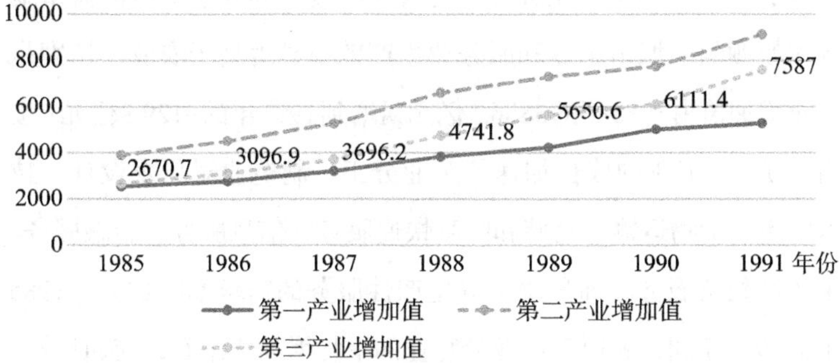

图4.2 1985—1991年服务业与工农产业增加值变化趋势（按当年价）（单位：亿元）

数据来源：国家统计局网站。

改革开放推进过程中，由于城市改革起步慢，困难重重，党的十二届三中全会通过了《中共中央关于经济体制改革的决定》，提出，“社会主义经济是在公有制基础上的有计划的商品经济，商品经济的充分发展，是社会经济发展的不可逾越的阶段，是实现我国经济现代化的必要条件”。商品经济的提出实质上是对价值规律、价格改革、经济刺激等市场机理的认可。从1985年开始，中央政府和地方政府改革重心开始向城市经济体制和社会管理方向战略转移，工业改革（企业改革）成为城市经济体制改革的中心任务。改革的目的在于以工业领域为突破口和主攻点，逐个打破计划经济体制下的条框（金碚，2008）。改革内容主要是将国有企业改革成为独立核算的经济主体，使其自主经营、自负盈亏，并逐步引入工资增加、奖金发放等经济激励机制，力图改变“吃大锅饭”的严重低效率行为。此项改革推动了工业经济的发展，进一步加快了我国工业化进程。随着财政资金和要素资源向城市地区大幅倾斜，城市工业和服务业生产效率显著高于农业，特别是工业增加值由1985年的3886.5亿元猛增到1991年的9129.8亿元（按当年价）。工业的成长加速了工业分工，制造业对研发设计、技术服务、货物运输、仓储和邮政快递服务、信息服务、金融服务、生产性租赁服务、商务服务等生产性服务的需求不断加大。1985年至1991年间，就第三产业分行业的平均增加值来看，交通运输、仓储和邮政业为5.1%，金融业为4.8%，房地产业为3.1%[①]。

① 根据国家统计局数据整理。

随着工业经济体制改革的推进，乡镇企业在这一时期也获得了良好的发展机遇，逐渐在计划体制的夹缝中成长起来，1985年1月1日国家发布了《关于进一步活跃农村经济十项政策》文件，号召农民调整产业结构，大力发展乡镇企业，对乡镇企业实行信贷、税收优惠，鼓励和支持农民发展农产品加工业、采矿业以及其他开发性事业，允许非公有制企业的发展，并逐步扩大非公有制企业可以进入的产业领域。受非农产业高利润的诱惑，大量农民利用刚刚获得的身份自由，携带着农业剩余资金，抬起双腿迈出农业门槛，瞄准市场需求最短缺的领域，轰轰烈烈搞起了乡镇企业。另外，中国经济体制改革从一开始就采取了以对外开放打破僵化体制的思路，允许和鼓励外商投资成为突破计划经济体制和探索改革道路的重大战略举措。随着对外门户的逐步开放，以劳动密集型为主的乡镇企业吸引了大量外资和国外先进技术，加快了我国工业产品的更新换代和技术装备水平的提高，为工业经济的迅猛发展储备了巨大的扩张能量，农村工业发展成为中国工业化的一个突出特点。这一时期，城市居民可支配收入与农村居民人均纯收入差距逐步扩大，城市吸引力增强，在人口总量不断增加的背景下（见图4.3），城市工业发展和乡镇企业异军突起吸引了更多农民向城镇地区集中，中东部地区，特别是沿海地区出现了大量新兴小城镇。随着居民收入的提高，城镇消费需求迅速扩大，城镇居民对餐饮业、住宿业、家政服务业、美发美容业、人像摄影业、维修服务业和再生资源回收业等生活性服务业需求不断增加。1985年至1991年间，住宿和餐饮业年平均增加值为

1.6%，批发和零售业年平均增加值高达8.5%。

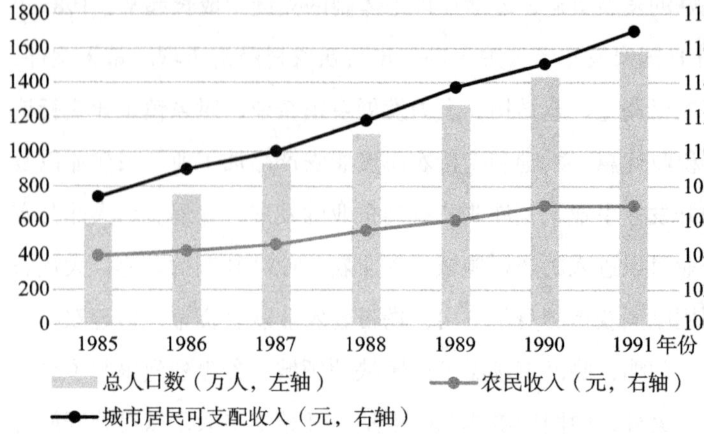

图4.3 1985—1991年城乡居民收入与人口变化趋势

数据来源：中国统计年鉴。

总的来说，这一阶段改革的重点由农村转向城市，城市改革和乡镇企业崛起形成了城市工业化与农村工业化（或者是国家工业化与农民工业化）并存的双重工业化，共同推动了城市化进程，促使生产性和生活性服务业从农业和工业中完全剥离独立。主要有以下特点：其一，以城市为中心的改革将工业化推向了高潮，工业结构更加协调，工业企业内部分化加剧，产业链不断向前后端延伸和拓宽，加大了对生产性服务业的需求，为服务业的独立、快速发展提供了强大动力。而此时以轻工业为主的乡镇企业成为国家重化工业的有效补充，也直接推进了农村工业化。二者共同发力，加快了我国工业化进程。其二，乡镇企业的遍地开花加速推动了小城镇建设，带来了人口向城镇地区的集聚，进而加大了城镇地区对生活性公共服务的需求。同时，小城镇的发展推动了农村商品交换和市场的发育，促进了农村社会化服务体系的形成。其三，农业剩余劳动力的出现和自由迁徙为服务业的发展提供充足劳动力，为服务业全面剥离并独立发展创造了必要条件。

三、20世纪90年代初期到21世纪初期：市场经济体制改革诱致了服务业与工业、农业互促共生

1992年到2000年间，伴随着市场经济体制的确立，服务业迎来了高速发展阶段，按照不变价计算，服务业增加值由1992年的9138亿元猛增到2000年的38943亿元。这一时段内工业仍处于主体地位，但受东亚金融风暴的影响，1997年后工业增加值增速趋缓；农业受1996年和1998年两次洪灾影响，1996年后农业增加值基本没有变化，而这个时期服务业增加值一直保持较高的增速。按照当年价计算，一二三产业之比由1992年的21.3:43.1:35.6变为2000年的14.7:45.5:39.8，服务业比重提高了4.2个百分点（见图4.4）。

1992年，邓小平同志南行系列谈话强调“解放思想、深化改革、加速发展”，要求“抓住有利时机，集中精力把经济建设搞上去”。南方谈话加快了中国对内对外开放步伐，召唤了社会主义市场经济时代的到来，中国改革由此进入新的发展阶段。同年，党的十四大正式确立“我国经济体制改革的目标是建立社会主义

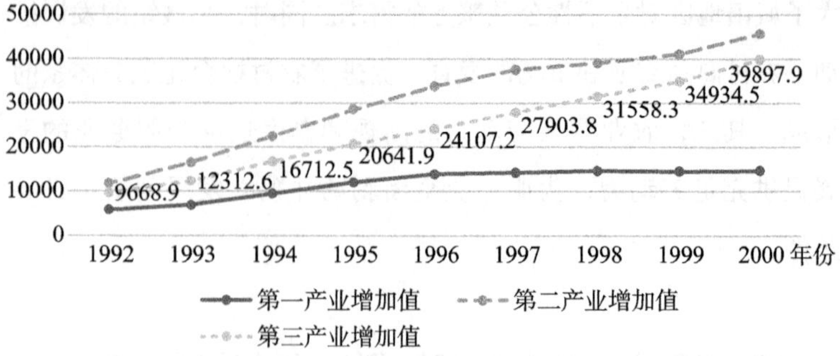

图4.4　1992—2000年三次产业增加值变化趋势（按当年价计算）（单位：亿元）

数据来源：国家统计局网站。

市场经济体制”。1993年11月，中共中央十四届三中全会召开，会议通过了《中共中央关于建立社会主义市场经济体制若干问题的决定》，明确提出“整体推进，重点突破”的改革新战略。把国有企业推向市场、理顺产权关系、明晰产权成为建立社会主义市场经济体制的中心环节。国有企业改革的具体要求是建立股份制企业、实现产权明晰化，推动企业建立现代企业制度。而要对国有企业实行股份制改造，必须要对其资产的存量和增量实行普查、评估与界定，这就要求有金融、信息、法律和会计、审计、咨询等第三产业为其提供服务。再者，在产权股份化的基础上，还需要建立产权市场，那么，开放资金市场和证券市场、扩大股票交易就成为必然选择。可见，这一时期国企改革新战略为服务业开拓了更广阔的发展空间。另外，原有体制下国有企业自己承担了后勤服务、住房及配套、文化教育等第三产业，这种封闭的自我服务体系给企业发展带来了沉重的负担，明显与发展市场经济的要求背道而驰，导致后来很多国企至今还有沉重的历史债务（戴述初，1993）。为解决这个问题，中共中央、国务院于1992年发布了《关于加快发展第三产业的决定》，提出要以产业化为方向，把企业自办的服务体系推向社会，鼓励社会力量承接企事业单位的服务性工作。由此，大量生活类服务、劳务类服务、信息科技类服务等第三产业在市场上竞相发展，解除了国有工业企业的后顾之忧。

南方谈话以前，国有企业改革主要以放权让利和推行承包制等手段为主，至1992年6月，国务院颁布了《全民所有制工业企业转换经营机制条例》，赋予了企业14项经营自主权。然而，这些试图绕开产权清晰而展开的种种放权性措施并未取得理想的效果，特别是1995年后，国有企业的经营状况持续恶化，据国务院发展研究中心的一份报告显示，国有企业的亏损面超过40%，企业负债率平均高达78.9%，与10年前相比，资产增长了4.1倍，债务则增长8.6倍。1995年9月28日，中共十四届五中全会通过了《中共中央关于制定国民经济和社会发展“九五”计划和2010年远景目标的建议》，对国有企业改革提出了新的思路，宣布实行“抓大放小”的改革战略，即对经营业绩不好的地方中小型国企予以关停，对有竞争力的企业予以重点支持并使之迅速发展。到1998年，在东亚金融风暴中，“抓大”战略悄然转轨，国有资本开始从纺织、家电、食品等100多个竞争性领域中次第退出，政府对这些领域中的国有资产也进行了大规模的重组。数以千万计的产业工人则以“工龄买断”的方式（一般是一年工龄折算为

800到2000元）被迫离开工作岗位。按官方的统计显示，当时全国下岗工人的总量约为1500万人。1998年，党中央、国务院下发的10号文件指出，“要把发展第三产业，特别是商业、饮食业、旅游业、家庭和社区居民服务业等，作为下岗职工再就业的主要方向”。在这种情况下，服务业旺盛的劳动力需求又一次承接了我国工业化进程中企业改革产生的就业压力，从这一时期三次产业就业构成可以发现，自1994年起，服务业就业人口占比开始超过第二产业，到2000年从事服务业的人员占比达27.5%，比1992年提高了7.7个百分点。

围绕市场经济建设目标，这一时期农业公共服务机构改革业不断继续深入。1993年，中共中央、国务院11号文件《关于当前农业和农村经济发展的若干政策措施》提出，要以市场为导向，积极发展贸工农一体化经营，建立健全农业社会化服务体系。农产品物流、农业科技、农村金融等服务业开始成为农业产业的有力支撑。以农村金融服务为例，为解决农业资金短缺问题，政府建立了农村合作基金会，开始探索利用社会资本服务农业的方式。1992年，农村合作基金会在乡镇一级有1.74万个，村一级有11.25万个；1996年用于农业生产的资金占当年投入总额的43.3%，显著高于农业银行和农村信用社（芦千文等，2016）。与此同时，农产品购销体制改革也取得了重大进展，1992年国务院作出了《关于发展高产优质高效农业的决定》，要求抓紧当前有利时机，加快粮食购销体制改革，进一步向粮食商品化、经营市场化的方向推进。国家通过取消粮食统销制度，陆续出台了购销同价、保量放价的政策，建立专项粮食储备制度和风险基金制度，加大了农产品市场调控力度，农产品价格机制不断完善，农产品收购市场、批发市场、期货市场、零售市场等多层次市场体系基本建成，工商企业、外资企业开始进入农产品流通领域，农产品商贸服务业迅速发展。2000年，各类农产品市场达27445个，成交额7555亿元，占当年农林牧渔业总产值的53.2%。此外，从农业中解放出来的大量富余劳动力进一步转移到劳动生产率较高的工业和服务业中，为工业和服务业发展提供了更多的劳动力（王玉玲，2017）。

这一阶段服务业与工业、农业关系的阶段特征是：其一，服务业与工业发展处于共生互利的状态。这一时段国有企业的主体是工业企业，工业产业链分工的进一步深化产生了更多的工业服务业，同时，国有企业和政府机关、事业单位承担的服务职能逐渐剥离出来，成为服务业的又一条发展路径。而反过来，服务业的大规模兴起让工业劳动力、资本更加专注于工业生产经营活动，再一次加速了工业化进程。这一段时期工业与服务业增加值的变化趋势近乎一致，更加说明了二者是一种良性的互促互利关系。其二，服务业增加值增速超过了工业和农业。这一时期农业增速放缓，在三次产业中的占比不断下降，工业和服务业增加值增速都超过了20%，特别是服务业增长迅猛。其三，市场经济体制的建立为服务业发展提供了良好的环境，农业和工业生产要素加速向服务业流动，为服务业进入高速发展期积累了基础条件。

四、21世纪初期到2011年："入世"后开放发展催动了服务业与工业、农业交织互补

2001年，中国加入WTO，我国经济逐步与国际经济接轨，三次产业全面快速发展。"十五"期间，按照当年价计算，第一、第二、第三产业平均增长速度分别为3.9%、10.7%和9.9%，经济的快速发展使我国在世界的地位持续提高。到"十一五"期间，三次产业发展进一步提速，第一、第二、第三产业平均增速分别达4.5%、12.1%、11.9%。见图4.5。与此同时，第三产业的产值占比也不断提高，2001年我国第三产业增加值占GDP的比重突破40%以后，2002—2011年期间，我国第三产业产值占GDP的比重始终稳定在41%~44%附近，并日趋稳定，与第二产业的比重逐步缩小。见图4.5。2011年，第三产业就业人数比例开始超过第二产业[①]，服务业全面发展的格局开始形成，这使得长期依靠第二产业带动经济增长的局面逐步改变，服务业逐渐与工业共同成为国民经济的主要推动力量。

经过改革开放以来20年的快速工业化进程，中国已告别物质短缺的时代，居民消费开始升级，汽车、住房等耐用消费品成为消费热点，特别是"入世"后，我国经济体系逐步与世界接轨，原有工业化路径已难以适应时代需求，以消费升级带动产业结构升级的工业化思路逐渐清晰。2002年，中共十六大在总结我国工

① 数据来源：2012年中国统计年鉴。

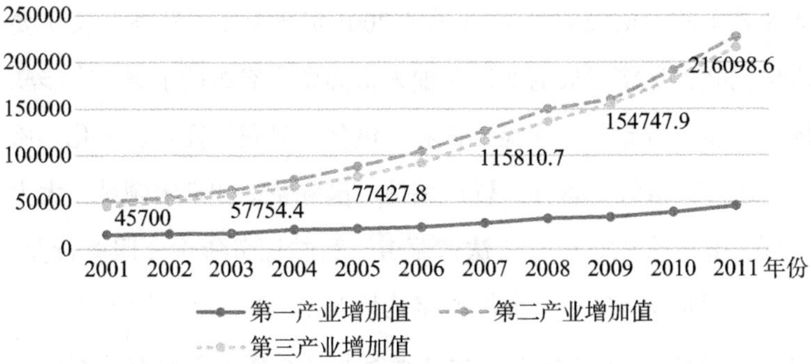

图4.5　2001—2011年三次产业增加值变化趋势（按当年价计算）（单位：亿元）

数据来源：国家统计局网站。

业发展和工业化经验的基础上，要求以改革为内部动力，以开放为外部动力，走新型工业化道路[①]。工业化的总体进程也开始从工业化初级阶段向工业化中期过渡。

在此背景下，特别是加入WTO后，随着经济全球化加快，工业和服务业发展出现了新动向。首先，制造业内部分工不断深化，制造企业将大量非生产性的活动逐步外包，服务业比重不断增加。其次，制造业的结构转型使生产过程中对服务投入的需求越来越多，带动服务业水平的提升，工业与服务业在交织互补中共同发展（吴山等，2010）。同时，服务业在体制改革中也取得了长足的发展，2001年12月出台的《“十五”期间加快发展服

① 所谓新型工业化道路就是坚持以信息化带动工业化，以工业化促进信息化，走出一条科技含量高、经济效益好、资源消耗低、环境污染少、人力资源优势得到充分发挥的工业化道路。

务业若干政策措施的意见》（简称2001年政策或国发98号文）要求根据我国经济发展需要以及加入世界贸易组织的承诺，有步骤地进一步开放银行、保险、证券、电信、外贸、商业、文化、旅游、医疗、会计、审计、资产评估、国际货运代理等领域，大力发展信息、金融、保险、法律服务、科技服务等中介服务行业。“十五”期间，服务业增加值年均增长10.5%，高于国内生产总值年均增速1.7个百分点。新兴服务业日益成为工业发展不可或缺的外部条件。为进一步强化服务业对新型工业化的支撑作用，2007年3月国务院下发了《关于加快发展服务业的若干意见》，要求大力发展面向生产的服务业，促进现代制造业与服务业有机融合、互动发展，细化深化专业分工，加快走上新型工业化发展道路。现代物流、电子商务、网络银行、地理信息服务系统、合同能源管理、连锁经营等服务业新业态不断涌现，现代服务业的发展对新型工业化进程的适应性进一步加强。以现代物流业为例，现代物流业的发展减少企业建造仓库和配置车间的必要性（马君彦，2006），极大地降低了制造企业的生产成本，对经济发展的贡献度大幅提升。2008年，工业品物流总额占社会物流总额的88.8%，占GDP的18.1%，高出同期发达国家1倍左右（按当年价计算），这一时期，该比率每降低1个百分点，就等于节约社会经济运行成本2000多亿元①。这一时期，服务业与工业互补性发展大幅降低制造业的生产成本和交易成本的同时，由于我国劳动力人

① 数据来源：2009年《中国物流行业年度报告》。

口是总人口的绝对主体，且劳动力人口占总人口比重还呈扩大趋势（见图4.6），形成了无法估量的“劳动力人口红利”，带来了服务业和制造业的空前繁荣。随着国家对外贸的进出口自主权逐步开放，对外贸易迅速发展，大量商品和劳务在国际贸易中的比较优势十分突出，物美价廉的中国商品开始遍布全球，“中国制造”的盛景令世界瞩目。

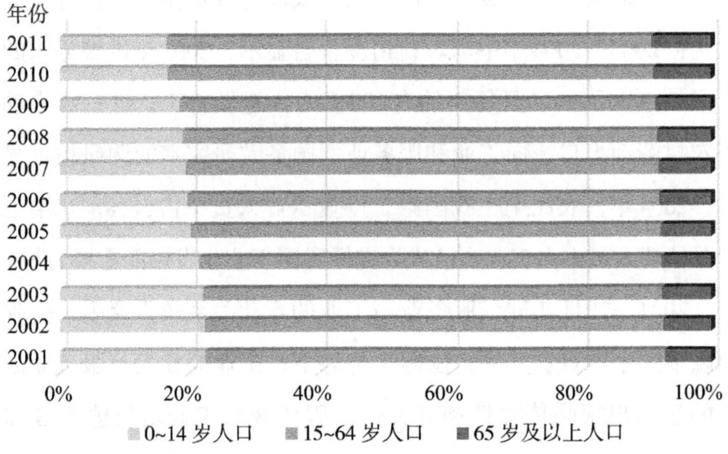

图4.6 2001—2011年人口结构变化趋势

数据来源：国家统计局网站。

加入WTO后，为提升农业国际竞争力和促进农民增收，2009年中央一号文件《关于促进农业稳定发展农民持续增收的若干意见》鼓励发展农机服务、金融服务、农技推广服务、农业公共服务、土地流转服务、建设农村综合服务中心等（李铜山，2011）。在政策支持下，政府部门和涉农站所纷纷开展面向农业产业链的公共服务，依托邮政部门和供销社构建农资、农产品配送和销售服务网络体系，利用产地批发市场和农机批发市场带动了农民经纪人、营销大户和农机服务主体迅速崛起，一大批农业生产性服务企业或非营利机构脱颖而出（姜长云，2011），走上了农产品服务规模化、标准化和品牌化的路子。此外，这一时期农业人口的进一步转移对服务业发展也提供了强力的支撑。取消农业税前期，沉重的农业税费负担也使得大量农民背井离乡，选择进城务工。据2003—2004年中国农村情况报告显示，2003年进城务工的农民约9900万人，且每年约有100多万人进城打工，进一步推动了农村劳动人口流向工业和服务业。国务院研究室的调研报告显示，2004年，农民工在我国第二产业从业人员中占58%，在第三产业从业人员中占52%，已成为支撑我国工业化发展的重要力量。

2001—2011年间，服务业与工业的互动关系较为突出，呈现出以下三个特点：其一，国际化趋势下，工业的壮大与服务业成长的显示出很强依赖性和互补性，服务业与工业增长值占GDP的比重趋于一致，服务业和工业并行发展，共同推动国民经济发展。其二，服务业是工业化和城市化的产物，也是分工不断细化的结果。城市化进程加快拓展了现代服务业的发展空间。随着城市数量增加和规模的提升，服务业承接了农业、工业的劳动力，非农人口比重的提高极大地刺激了服务业的需求，居民收入的增加和就业结构的转变最终促进了服务业的发展。其三，这个阶段传统服务业较为发达，现代服务业和新兴服务业较为落后。农业服务业发展整体滞后，但巨大的发展潜力已经显现。

五、十八大以来：信息技术变革引发了服务业与工业、农业互融共进

2012年以来，由于工业传统增长动力减弱，服务业一直保持平稳较快增长，成为领跑者。2012年服务业增速首次超过了工业，2013年服务业在国民经济中的比重超过了工业，按当年价格计算，2015年服务业增加值占GDP的比重为50.5%。而按不变价计算，2015年服务业增加值同比增长8.3%，高于工业和GDP增速2.3个和1.4个百分点，服务业的就业人员占比远超第一产业和第二产业，差值分别是15.8%和14.7%。2016年服务业增加值达到38.3万亿元，贡献率达到57.5%（见图4.7），成为拉动经济增长的主要动力①。这标志着中国产业结构已基本实现从工业主导向

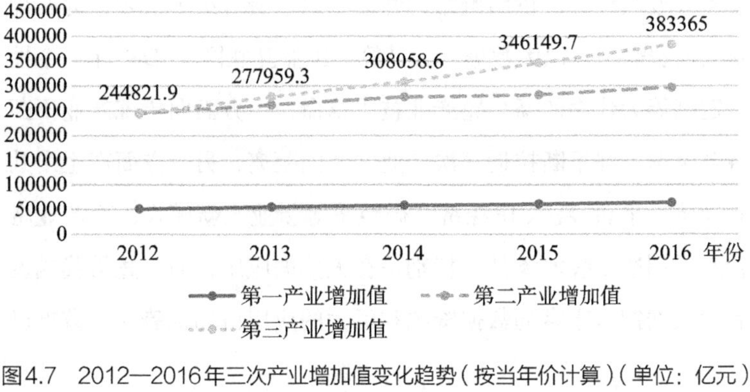

图4.7　2012—2016年三次产业增加值变化趋势（按当年价计算）（单位：亿元）

数据来源：国家统计局网站。

① 数据来源：国家统计局网站。

服务业主导格局的转变。

经过30多年的高速增长，我国已从改革开放之初的低收入国家步入了中等收入国家行列。但是，从要素市场看，我国劳动力人口开始下降，自2011年达到峰值后，人口老龄化速度加快，人口红利逐步减弱，土地、能源等资源要素成本进入上升通道，以增加要素投入和无限制攫取资源来扩大经济规模的工业化模式已难以为继。从产品市场条件来看，制造业产能过剩问题突出，39个行业中有21个行业产能利用率不足75%，国际市场上受到低收入国家劳动密集型产业和高收入国家高新技术产业的双重挤压，对外开放后发优势减弱。2015年11月，中央财经领导小组第十一次会议，研究提出了供给侧结构性改革[①]思路，继而又明确了“三去一降一补”，即去产能、去库存、去杠杆、降成本、补短板等五大任务。供给侧结构性改革以消费升级为引领，为匹配新兴消费需求，以大数据、云计算、工业互联网、3D打印、个性化定制等为代表的新一轮产业技术革命，一方面向传统产业不断融合渗透，并不断拉近三次产业之间的距离，另一方面产生出共享经济、平台经济、IP经济、微经济等新业态新模式，为产业融合发展创造了技术条件。特别是在大数据应用方面，凭借我国发展大数据拥有丰富的数据资源和巨大的应用市场优势，大数据已

① 供给侧结构性改革，即从提高供给质量出发，用改革的办法推进结构调整，矫正要素配置扭曲，扩大有效供给，提高供给结构对需求变化的适应性和灵活性，提高全要素生产率，更好满足广大人民群众的需要，促进经济社会持续健康发展。

经成为推动经济增长、加速产业转型的重要力量。大数据产业等相关服务业与工业紧密融合，不断推动制造模式变革和工业转型升级。制造业与服务业之间的界限越来越模糊，服务不仅成为制造业里越来越重要的生产要素投入，而且各种服务产品已成为制造业产品不可缺少的组成部分，服务型制造成为制造业增加值和核心竞争力的主要来源。同时，信息技术的大量使用使得服务业领域的自动化和标准化水平程度大幅提高，大规模、低成本、定制化的服务提供成为制造业里的关键环节。

十八大以来，我国政府围绕农业、农村和农民问题提出了一系列改革举措，如农产品购销体制改革、精准扶贫战略等，使得农民收入显著提高，农村面貌也发生了巨大变化。但是，农业产业质效双低、国际竞争力弱等问题突出，农业依然是国民经济的短板，农业供给侧结构性改革提上了议事日程。2016年12月31日，《中共中央、国务院关于深入推进农业供给侧结构性改革加快培育农业农村发展新动能的若干意见》对农业供给侧结构性改革作出了全面部署，强调要促进新型农业经营主体、加工流通企业与电商企业全面对接融合，推动线上线下互动发展，推进农村一二三产业深度融合。随着农业信息化、专业化、规模化、集约化的深入推进，原先成长发育于城市的移动互联网、大数据技术、咨询、培训、快递等服务业开始走向农村。作为现代农业产业体系的重要组成部分，农业生产性服务业主要通过提供农业生产性服务为农业提供中间投入，将科技、信息、资金、人才等有效植入农业产业链，农业新业态、新模式加速形成。农业生产性服务业与农业种植业、农产品加工业融合发展，各种涉农新型经营主体参与农村产业融合能力不断提高，成为推进农村一二三产业融合发展的重要力量（国家发展改革委宏观院和农经司课题组，2016）。近年来，互联网巨头阿里巴巴、京东、腾讯正纷纷致力于通过创新消费方式逆向牵引生产变革，即依托数据驱动、人工智能、万物互联，打造线上线下一体化平台，推动多种业态、多种产业融合，实现线上+线下、商品+服务、零售+科技，全方位向农产品市场与贸易领域进军。

综上，服务业在此阶段的自身发展、与农业和工业的互动关系有以下特点：其一，在信息技术向各产业不断融合渗透的背景下，服务业逐步成为主导中国经济发展的重要力量，中国三次产业结构的格局正在发生改变。其二，服务业的发展与信息化、大数据、互联网、科技发展等专业领域的创新结合越来越紧密，与传统工业紧密融合并对其加以改造。先进制造业和现代服务业融合发展成为推进工业化进程和调整经济结构的重要举措。其三，从服务业与农业的互动关系来看，近年来农业要素投入的增加、要素成本的提高以及农业发展的粗放经营导致了我国农产品成本和机会成本的提高、农业经营比较效益下降，发展农业生产性服务业是发展现代农业的新引擎。其四，农业和制造业的发展过程中，服务功能变得日益重要，不仅生产活动中与服务相关的业务比重不断增加，在整个价值链中与服务业相关环节的价值含量也在增高，这种转变过程实质上就是这些产业的服务化过程，是通过相关服务业向农业、制造业的广泛渗透来实现的。服务业在崛起的过程中逐渐形成了比较完善的服务体系，在信息网络技术的“黏合作用”下，原来基于机器大工业专业化分工之上的迂回生产方式逐渐被更具有社会分工基础的直接生产方式所取代，并使得传统农业和制造业价值增值方式和路径发生了转移，传统工业经济的大规模标准化生产便让位于大规模定制化生产。服务业对农业和工业的深度融合将成为新时代产业发展主线，也意味着一个更新的服务经济时代即将到来。

六、40年来服务业与工业、农业互动关系启示

（一）遵循三次产业互动发展规律是服务业政策制定的根本前提

由于劳动力、生产资料等的流动需要一定的时间和社会基础，三次产业间的互动是渐进的、有序的，遵循一定的发展规律，因此在制定服务业政策时，要充分考虑三次产业间的密切联系，遵循三次产业发展规律，把握阶段性特征。

首先，制定服务业政策时要明确目前三次产业各自所处的发展阶段，从纵向上把握政策的时机。不同的发展阶段，社会对服务业的需求有很大不同，要遵循产业演化的规律，根据服务业的规模和结构，分阶段制定政策，并不断根据现实情况进行调整；同时，要把服务业政策制定与服务企业的改革、改组、改造结合起来，只有服务业结构与服务企业组织结构的调整同步进行，服

务业政策才能够顺利实施。其次，要明确当前阶段服务业与农业、工业间的互动情况，从横向上把握三次产业间的互动关系。产业间要素的流动是双向的，不能单一追求服务业的高占比、高质量，就忽视农业、工业的发展实际，服务业政策的制定要有助于三次产业的协调融合发展。第三，区分服务业内部各行业的优先次序，以核心行业带动其他行业。要根据现实经济基础和社会环境，确立优先发展的重点行业，在其中培育典型，取得经验后，再逐步扩展到其他行业，做到有条理、有步骤地实施。

（二）生产要素在城乡间自由流动是产业间良性互动的基础条件

首先，建立城乡统一的市场体系，促进劳动力要素在行业之间的充分自由流动是实现产业良性互动的基础。要建立和规范统一的劳动力市场，改善城乡二元结构，形成劳动力跨企业、跨行业、跨地区自由有序流动的机制，才能形成有利于产业间协调互动的就业结构。其次，土地要素的充分使用和集中是提高三次产业发展效率的保障，所以，在确保不改变农地用途的前提下，要建立和完善农村土地使用权流转制度，建立城乡统一的建设用地市场。再次，促进资金生产要素自由流动是三次产业良性互动的润滑油。要放宽投融资条件，为企业直接融资提供良好的平台。积极推动民间资本进入三次产业，同时有重点地搭建金融支撑链条，提高资金对三次产业的服务能力。

（三）农业生产性服务业是加快转变农业发展方式的必然选择

中国剩余劳动力不断往城市转移，城市化水平不断提高，现代服务业往大中城市聚集发展。农村居民收入低、居住分散、基础设施较薄弱，容易导致服务业发展出现“规模不经济”。推动农业生产性服务业的发展有利于跨越小规模经营的障碍，有助于破解农村劳动力外流引发的农户兼业化等难题。经过40年的发展，农业生产性服务业已经从农村经济的薄弱环节成长为农业农村经济转型升级的引擎。农业生产性服务业黏合了农村一二三产业，构建了以工促农、以城带乡的产业通道。因此，从发展现代农业、加快转变农业发展方式的战略要求出发，有必要提升农业生产性服务业的战略定位，使其服务农业供给侧结构性改革，在农村一二三产业融合发展、加快转变农业发展方式、以工促农和以城带乡中发挥更大作用，从而促进产业间的竞争关系转变成协作关系，为农业产业化路径提供强大支撑。

（四）以信息技术为基础的现代服务业是推动工业发展的强大动能

从新时期服务业与制造业互动关系来看，政府作为重要主体起到了引导作用。首先，通过出台《促进大数据发展行动纲要》《中国制造2025》《培育发展战略性新兴产业的决定》等战略文件，充分利用新兴生产性服务业推进了二、三产业融合发展。其次，通过强化知识产权创造、保护与运用，为生产性服务业提供良好的发展环境，并以此为媒介实现中国工业、制造业由要素驱动向创新驱动转变，由粗放制造向绿色制造转变，由生产型制造向服务型制造转变，由低端制造向高端制造转变。在此过程中，利用云计算、大数据、物联网等信息技术促进制造业创新和转型产生了很多生产性服务业的新业态、新模式。这类生产性服务业主要依靠人力资本和知识资本，促进二三产业的快速融合，具有知识和技术密集度高、专业化程度高和与产业融合度高等特点，在与制造业融合的条件下，既能提升制造业的附加值，还提高制造业的精细化、智能化水平，进而形成了推动制造业发展的强大动能。

（五）深化改革与扩大开放是打通产业之间联系的关键纽带

纵观改革开放40年发展历程，正是每一次关键时点的重大改革，促成了三次产业间的良性互动与融合发展。改革为打通三次产业之间的联系提供了动力：家庭联产承包制促进了服务业从工业和农业中的初步剥离；城市改革和乡镇企业的发展促使产业裂变，生产生活性服务业全面发展；市场经济体制的确立诱致了服务业与工业、农业互为支撑，共同成长；加入WTO推动了我国产业走向国际化，促进了产业结构转型升级，密切了三次产业间的联系，为三次产业协调互补提供了契机；信息技术的时代变革模糊了三次产业的边界，服务业与工业、农业进入了互融共进的阶段。改革是以提高效率为目标的制度创新和技术创新，鼓励生产效率较高或改善较快的部门和企业得到较快发展，从而影响了三次产业结构调整。开放是以推动我国产业市场化、国际化进程为目标，加强了市场在配置资源中的主导作用，从而使产业结构演变更加合理、更加遵循市场原则。

经过40年的转轨过程，中国的计划体制向市场经济体制的转型已取得根本性的成果。尽管与发达国家相比，中国的市场化程度仍然还有差距，但市场经济地位已得到许多国家和地区的承认。从中国的经验看，坚持深化改革、扩大开放是传统国家实现产业转型与良性发展的重要保证。

转移篇

第五章　产业转移概念界定与文献回顾

近年来，伴随着我国经济社会的快速发展，区域间的发展不平衡问题开始逐渐凸显，产业转移是解决我国当前区域经济发展不平衡问题的重要战略支点（苏华，2014）。同时，由于各产业自身需求要素的不均匀分布、国内产业生产成本的上升，相关企业为自身的生存发展、成本的最小化，逐渐在海外寻求更加适合自己生产的地区。因此，产业转移的理论研究也随之迅速开展起来。本章从理论起源和概念出发，结合已有研究文献，对产业转移的内涵及效果，产业的内在机理、趋势，制造业外迁对我国产业发展的影响，以及区域间产业转移政策进行综述。

一、关于产业转移的内涵及研究视角

产业转移问题的研究始于20世纪30年代，以西方古典区位理论为研究基础的国外产业转移理论形成于20世纪下半叶。根据国内外关于产业转移的理论，产业转移的内涵、动因及效果是学者们的主要研究对象。

（一）产业转移的内涵

一直以来，学术界对于产业转移都没有形成一个统一的定义。国外学者对产业转移的研究大多集中在其动因及影响上，而未对其定义进行过多的综合探究。综合国内学者的研究，整合结果如下：

一是根据比较优势理论和古典区位理论，产业转移是在经济发展过程中，发达地区将自己的劣势产业转移到具有比较优势或具有潜在比较优势的落后地区（陈计旺，1999）。从空间角度来看，是在资源分布或要素禀赋发生变化的情况下，部分或全部产业从一个地区转移到另一个地区的一种经济过程（陈建军，2002）。当企业部分转移其产业时，可能会通过跨区域或跨境直接投资（郑燕伟，2000），使其在生产成本减少的情况下，能比不转移时获利更多。这也是企业考虑到自身要素禀赋因地域不同而分布不均，故在市场机制作用下，通过对区域内各种资源要素的整合和利用（孙华平等，2008），使得资源在空间上扩张或移动。这种观点认为，各地区的资源或要素禀赋分布的差异是产业转移的先要条件，而产业的比较优势和比较劣势让企业家有利可图，推动了产业转移的产生。

二是根据我国国情和国家战略方针的“引进来”与“走出去”可知，我们需要引进发达国家在各方面的先进技术和一些新兴产业及具有发展前景的产业，同时也要走出去，将一些落后的传统产业淘汰和转移出去，实现我国产业的升级（王先庆，1997）。根据产品生命周期理论，要将处于成长期，且未来有很大发展空间的产业引进来，而将在本国或本地区处于衰退期的产业转移到其他地方。这种观点认为，产业转移就是先进产业的引入和落后产业的退出的有机统一。

归根结底，产业转移是指企业将产品生产的部分或全部由原生产地转移到其他地区，是不同经济发展水平的区域之间，顺应比较优势的变化，通过跨域直接投资，将产业的部分或者全部转移到较低发展水平的区域的现象。其内在动力是由于生产部门追求利润的最大化（余朝庆，2016），是一种正常的经济活动，促进了产业的升级，提高了经济活动的效益。

（二）产业转移的研究视角

1.基于产业转移方向的视角

从转移方向来看，主要是从长三角、珠三角等东部沿海发达地区向中西部地区的梯度转移，实现了资源的合理利用和市场扩张（彭连青等，2007）。东部地区产业向中西部地区转移是一种共赢的经济活动，有利于节约投资和技术开发费用，有利于加强东部地区对新兴高科技产业的接受能力。产业转移对调节产业结构、促进中部地区崛起、加快西部大开发、推动区域协调发展，在全国范围内形成更加合理的区域产业分工格局和促进经济增长方式的转变具有重要意义。

2.基于优化要素分布的视角

产业转移是优化生产要素空间布局，促进区域协调发展的重要途径。孙晓华等（2018）通过构造既体现规模又体现方向性的产业转移指数，依据测算结果刻画劳动、资本和技术密集型行业的产业转移地图，总结出中国制造业转移的空间特征为：随着地区间要素成本差异的扩大，沿海发达地区制造业呈现出向周边次发达地区转移的洼地效应，中西部落后省份的生产要素则向区域经济中心不断汇聚，形成新的比较优势；在产业转移的背景下，制造业集聚程度自2004年开始持续上升，产业转出地的要素集聚水平要明显高于承接地，实现了生产要素的空间优化配置；产业转移与要素集聚的交互作用显著影响地区经济发展，传统制造业的迁入在改善承接地生产率水平的同时，增加了能源消耗和污染排放，制造业迁出尽管降低了转出地的劳动生产率，但在一定程度上带来了节能减排的正效应。

3. 基于产业链网的视角

许树辉（2018）认为，随着经济全球化进一步推进，价值链分工、全球生产网络、集群网络治理成为新常态，区域产业链网协作成为新趋势。在此背景下，产业转移承接出现了主体多元化、价值链片段化、空间流向复杂化、空间组织集群化、区域产业协同化等变化趋势。针对区域链网协作下产业转移承接的新趋势、新变化，欠发达地区应树立区域协调协同发展意识，以区域链网协作理论为指导，以开放、协同、共赢、共享为原则，以长期信任、利益共享、深度融合和协同发展为目标，加快实现产业转移承接从纵向垂直型向水平型组织模式转变，实现由单一企业向产业集群、区域链网转变，实现由产业工序线型分工向模块化、网络型分工模式转变，实现由封闭式创新向开放式、协同式创新转变。

4.基于正面、负面效应的视角

卢根鑫（1997）从正负两个方面分析了国际产业转移效应。对发达国家而言，产业转移的正效应是有利其产业结构转换升级，负效应是降低就业率、造成技术流失和产业“空心化”等；对发展中国家而言，正效应是推动生产要素转移、产业结构成长、就业结构变化、社会平均资本有机构成提高和国民生产总值的提高等，负效应是产生技术和产业级差，导致收入分配不平等、社会平均资本有机构成固有级差及引起价值盈余的非均衡倾向。

从宏观层面看，产业转移无疑有利于整个国民经济的健康、有序和可持续发展，但产业转移也存在着负效应。张洪增（1998）梳理了新中国成立以来的四次产业转移，总结了移植型产业成长模式的四大缺陷：一是产业成长基本依赖于国际产业转移，二是移植型产业成长模式的外部政策力量功过各半，三是移植型产业成长模式缺乏生产要素（如资本、科技、设备、市场、人才等）的全面发展，四是移植型产业成长模式具有产业同构性缺陷。同时，产业转移中有很多高耗能、高污染类型产业，会给承接地区带来巨大的环境压力。

二、关于产业转移趋势的研究

（一）国际产业转移新趋势

伴随着科技进步和经济全球化的迅猛发展，世界经济开始了新一轮范围更广、程度更深、速度更快的产业结构调整，国际产业转移出现了以下新的趋势。

1.结构高度化

知识经济的发展不仅加速了发达国家产业结构的知识化、高度化发展，而且也使国际产业转移呈现出结构高度化趋势：一是由产业结构的梯度转移向增值环节的梯度转移，二是由产业分层递进趋向于综合性发展。

2.规模扩大化

进入21世纪后，发达国家为了获得竞争优势，工业中的生产部分将更多地向发展中国家转移，其产业转移的速度也进一步加快；发展中国家为发挥其后发优势，实现赶超战略，不断扩大对发达国家产业转移的接纳，以充分利用国际产业转移的有利机遇，加快本国产业结构的升级和高度化。

3.周期缩短化

随着世界经济的全球化和新技术革命的发展，各国产业升级步伐加快，国际产业转移进程加速，产业转移的周期也大为缩短。

4.方式多样化

由原来比较单一的直接投资和单一股权安排转换成包含单一直接投资和股权安排在内的独资、合资、收购、兼并和非股权安排等多样化产业投资和产业转移并举，间接投资和非股权投资越来越多，证券投资和跨国企业间并购成为国际投资和产业转移的一种新的主要方式。

5. 由产业链条整体转移走向生产工序分散转移

当前的产业转移不再是某一产业或产品的转移，而是某产业或产品中的不同要素密集环节和工序的转移。产品内全球分工使得产品价值链被分解成若干独立环节并分布到世界各地，国际产业转移表现为生产环节的全球转移。

6. 由梯度转移走向跨梯度与逆梯度转移

孙翊等（2010）的研究证实，由于区域（城市）层级体系的存在，在当前高技术产业转移实践中，呈现出十分复杂的局面，不仅存在梯度转移，同时也出现了逆梯度转移的现象，表现为欠发达国家和地区某一产业在发展初期依赖本地资源成长起来，在发展到一定的成熟阶段，为了争取更多的市场资源和技术资源，该产业将其高端环节转移到相对发达国家和地区。

7. 由制造业转移走向生产性服务业转移

Macpteson（2010）认为当代国际产业转移已突破了以制造业为主体的单一性转移，它以产品价值链为纽带，在实现生产环节转移的同时，伴随着大量服务环节的转移。

8. 由个体转移走向集群式转移

在产品内分工条件下，企业转移的是价值链的某个环节，各环节以最终产品为纽带，具有很强的协作依赖性和相互配套要求，单一环节的单独转移往往难以生存。因此，生产环节的相互依赖性促使了企业“抱团”迁徙，即集群式转移。

（二）我国应对国际产业转移新趋势

1. 承接产业由劳动、资本密集型向资本、技术密集型发展

我国承接的产业内及产品内转移突出，发达国家将知识技术密集型环节转移到我国的趋势明显。

2. 对外直接投资、外商直接投资和离岸外包成为产业转移的主要路径

一是通过对外直接投资提高承接发达国家产业转移的主动性，二是外商直接投资仍是我国承接发达国家产业转移的主要路径，三是离岸外包是我国承接国际产业转移的重点方向。

3. 产业转移由垂直分工向垂直与水平复合型分工方式发展

一方面，发达国家仍在高技术产业上具有比较优势，我国通过承接来自发达国家的高技术产业带动本国产业结构升级；另一方面，通过与发达国家的合作，共同面对、解决产业发展中存在的问题。各国在某些领域都各具比较优势，可共同研发以振兴全球经济（李俊江等，2016）。

（三）区域产业转移新趋势

1. 产业转移具有突出的区域聚集特征

东南沿海一直以来都是我国经济发展速度最快、经济基础最雄厚的地区，是我国经济发展的重要引擎。因此，受制于环境、成本、市场等综合因素的影响，这些地区资本向外扩张的需求尤为强烈，从而成为新一轮产业转移的主要策源地。

2.外向型产业成为区际转移主体

随着东南沿海地区要素成本的不断上升，加工贸易产业的盈利空间急剧萎缩，东部地区外向型产业失去了许多海外市场。面临巨大的转型压力，亟需挖掘新的发展潜力，开拓新的发展空间，使得机械、玩具、仪器仪表和塑料及食品等外向型产业成为引领本轮产业区际转移的主体。

3.产业链整体转移趋势更加明显

日益加快的区域经济一体化进程使转移产业与其战略伙伴之间形成了密切的产业和市场关联。因此，现阶段的产业转移越来越重视发挥其整体优势，推动与其配套的产业链上下游相关产业一起转移，从而使产业链整体转移的趋势更加突出，为转出产业提供了较完整的配套服务，有利于承接地尽早建立关联产业集群，提高转移产业的市场竞争力和资源配置效率（姜霞，2015）。

三、关于产业转移动因的研究

产业转移的动因是产业转移理论研究中关注点最多的一项研究，国际上有很多经典著作和观点，如Akamatsu（1935）提出的“雁行模式论”、Vernon（1966）提出的“产品生命周期论”、Kojima（1978）提出的“边际产业扩张论”、Prebisch（1959）提出的“中心–外围论”、Lewis（1978）提出的“劳动密集型产业转移论”、Dunning（1988）提出的“国际产业转移折衷论”以及Krumme et al.（1975）等创立的“梯度转移论”，这些经典著作理

论对我国国内产业转移动因的研究具有一定的指导意义。伴随着国内区域产业转移趋势的加剧，国内学者在借鉴国外研究成果的基础上，立足中国国情，对国内区域产业转移动因进行了理论分析。

（一）产业成长

陈建军（2002）从产业成长的角度考虑产业转移，认为产业转移需要两个基本条件，一是经济发展到一定阶段，二是市场机制发挥作用。其动因有四个方面：市场的扩张、产业结构的调整、追求经济资源边际效用最大化和企业成长的需要。他以实证研究的角度，总结了区域间产业转移具备的特征：（1）目标模式以资源综合利用型和市场导向型为主；（2）产业转移主要有中小规模的对外投资；（3）产业转移方向为“东扩西进”；（4）产业转移所处阶段主要集中在外引进资金逐步减少，对外直接投资日益增加的第三阶段。

（二）产业梯度

戴宏伟（2008）从产业梯度的角度分析产业转移，认为区域之间的经济基础、发展水平、生产要素并不平衡，区域间产业布局和产业结构呈现出梯度的差距。随着经济的不断发展，产业梯度差距的存在，促使产业会从高梯度区域向低梯度区域进行转移，实现区域间的产业共赢。

张可云（2001）认为区域间的经济和技术的梯度差异是客观

存在的，产业和技术有从高梯度向低梯度地区转移的趋势。在条件成熟的情况下，适时适量地进行产业转移，可以优化整个地区经济布局。

（三）要素禀赋

成艾华等（2018）认为区域间产业转移是区域经济一体化的基础，是一个通过生产要素的自由流动来推动整个区域资源优化配置和区域经济整体协调发展的过程。而区域良好的分工，既是实现区域一体化的基础，也是突破单个区域资源与生产率限制的有效途径。由于要素禀赋和历史发展水平的不同，导致区域差异的客观存在，经济上的落差形成了高梯度区域和低梯度区域。产业从高梯度区域向低梯度区域转移，不仅是高梯度区域调整产业结构的需要，也促进了低梯度区域的发展。且产业分工和产业转移密不可分，共同促进着区域经济一体化发展。

综合以上理论可知，国际间的产业转移和区域产业转移在本质上是一致的，区域产业转移是国际产业转移在一国内的运用。当然，在实际中，两者也有所不同，其所处的政治、经济大背景有所不同；同时，在进行产业转移过程中，一般而言，区域产业转移所受到的阻力要比国际产业转移小。

四、研究述评

总体来看，已有文献关于国际产业转移的研究框架不一，对新一轮国际和区域产业转移的变化趋势分析研究较丰富，但缺乏典型案例研究和战略视角分析。在遵循产业发展规律的前提下，如何在推进产业对外转移和保产业链供应链稳定之间抉择？在“国之大者”战略视角下，如何对内“留优”、对外“拓强”，还需要深入研究。未来，可综合“新经济地理学”等前沿理论，立足我国承接国际产业转移、对外转移，以及东中西部区域间产业转移的情况，开展具有现实参考价值的研究，特别是要进一步加强对中西部和东北等欠发达地区承接产业转移问题的研究。

第六章　国际产业转移特征规律、评价及影响

经济全球化背景下，产业转移成为国际进行资源配置和要素优化的重要手段，国际产业转移逐渐变为经济规律。产业转移是产业生产设施的空间扩张或迁移，主要包括成长产业的空间转移和衰退产业的空间转移。成长性产业转移主要是为实现利润最大化、增加产业规模而主动进行的；衰退性产业转移则是产业迫于国内市场结构调整的压力，或为降低成本而不得不转移的。本章所研究的产业转移主要是国际产业转移，具体是指在全球经济发展进程中，随着国际贸易、投资与技术进展而发生的某些产业从一些国家（地区）移动到另一些国家（地区）的现象。国际产业转移是世界范围内产业升级与经济一体化的共同结果，也是世界经济发展历程中的一种长期性、动态性的趋势，对各国的产业结构和经济空间结构产生深刻影响。当前，全球经济格局发生重大调整，原有开放式、合作式产业链供应链日趋走向阵营化、分散化，在新冠肺炎疫情影响下，这一趋势更为明显。我国作为拥有14亿人口的大国，国内市场需求层次多样、就业群体庞大，任何产业链供应链环节短板或依赖他国都可能对我国产业安全、经济

安全构成重大威胁。近年来，受多种因素叠加影响，我国低成本优势逐步弱化，制造业加快向外转移，很多产业直接跨过内部转移阶段，转向低成本的东南亚地区，我国制造业增加值比重呈现出过早过快下降的苗头和特征。过早的“去工业化”，势必会阻碍“构建以国内大循环为主体、国内国际双循环相互促进的新发展格局”的实现。然而，产业转移是经济发展规律，是一国实现产业升级、经济蜕变的必然过程。我国已进入工业化后期，劳动力、土地等要素优势减弱，基础较好、发展较成熟的产业为追求更低廉的成本和更广阔的市场空间，也在探索“走出去”，拓展海外业务。

自2008年以来，我国产业开始发生对外转移，但我国产业转移究竟处于哪个阶段、发生的特征规律是什么，以及目前产业转移对我国现阶段将会造成什么影响，成为各界关注的热点话题。人类经济发展史很大程度上就是一部全球产业转移史。根据国际产业转移的主要动因、流向和产业转移类型所呈现的主要特征，全球范围内的产业转移可分为四次。那么，对历次国际产业转移的总结，以及国际产业转移对主要转出国影响的认知，可以帮助我们从总体上把握产业转移规律，进而对我国目前所处国际产业转移的阶段进行研判，从而趋利避害、统筹有序推进产业对外转移。

一、国际产业转移演变阶段及对主要转出国的影响

（一）第一次：英国制造业向美国转移导致综合国力下降

第一次工业革命的完成与对外殖民地的扩张，使得英国工业发展达到鼎盛期，国内外贸易迅速扩展，成为“世界工厂”和最大殖民帝国。1860年，英国制造业份额约占全球份额的20%，居于全球首位，与美、德等工业国相比竞争力优势明显，海外市场开拓能力和动力强劲。随着本土劳动密集型产业成本的升高，英国逐渐将棉纺、煤炭、钢铁和造船业等工业投资到其海外殖民地市场。同时，在美、德等国对英国企业实施贸易保护后，英国本土工业制成品市场逐渐饱和，本国工业投资收益下降明显，加速国内企业加大对外投资力度，开启了第一次国际产业转移浪潮。1860—1870年，英国资本投资中有52%投入欧洲和美国，到1870年，英国的海外投资有近1.75亿英镑投向美国工业。英国国内产业随着产业的对外转移，实现了优化调整和转型升级，经过半个世纪的发展，传统产业就业岗位及GDP占比不断下降，就业和产业结构基本实现了从工业化向非工业化的典型转变。特别是在19世纪，欧洲一些发达国家的储蓄资金大量流入英国，英国逐步成为当时世界经济金融业霸主。但19世纪后期，西方主要资本主义国家逐步完成第二次工业革命，英国制造业

优势不断下降，在19世纪末期被美国超越，此后英国制造业占全球比重不断萎缩，综合国力也受到较大影响。1870—1913年，英国制造业在全球市场份额从31.8%下降至13.6%，美国则从23.3%上升至35.8%。

（二）第二次：美国制造业向日本转移推动美国产业结构优化升级

第二次国际产业转移发生在20世纪50—70年代，主要由美国向日本、德国进行产业转移。日本在承接美国各类产业的同时，逐步将国内不再具有比较优势的劳动密集型产业转移至“亚洲四小龙”、东盟四国中，日本成为继英国、美国后的“世界工厂”。

1. 产业转移总体情况

美国是第二次国际产业转移的主要转出国。20世纪50年代，美国引领了以原子能、电子计算机、空间技术为主要发明和应用为代表的第三次科技革命，国内产业进行了大调整，钢铁、纺织等产业开始转移至日本、德国，国内则发展集成电路、汽车等资本、技术密集型产业。20世纪60—70年代，高新技术对传统工业的改进使部分落后传统制造业在国内失去比较优势而大量向国外转移，在经历石油危机和经济滞胀后，美国利用跨国公司在全球范围内调整产业布局，产业进入快速向外转移阶段。80年代，美国持续调整经济政策，并稳步将船舶、重化工业等劳动、资源密集型产业向外转移。90年代后，美国加快了产业结构优化调整的步伐，传统制造业如钢铁、汽车等逐渐减少，制鞋、纺织、服装等劳动密集型产业则基本退出国内市场，转移至其他具有低成本优势的发展中国家。而美国高新技术、信息、金融、保险等服务贸易领域稳居世界首位，以信息技术革命为主动力的美国进入了持续高速增长的“新经济”时代。见表6.1。

表6.1
美国产业转出调整表

年　代	转出产业
20世纪50年代	钢铁、纺织等传统劳动密集型产业
20世纪60—70年代	轻工、机电、轻纺、重化工业等劳动、资本密集型产业
20世纪80年代	家具、船舶、重化工业等劳动、资源密集型产业
20世纪90年代后	钢铁、汽车、电子产品等劳动、资本、一般技术密集型产业

2. 对经济发展的影响

以美国为主导的第二次国际产业转移，其人均GDP增长表现为中期增长较快，后期较为缓慢。从GDP增长均值也可以看出，美国在第二次国际产业转移中期的GDP增长率均值为4.27，而后期为3.19，美国经济的增长在产业转出时期经历了一个放缓的过程。从税收占比来看，美国在第二次产业转移后期表现为波动式下降的趋势。见图6.1及表6.2。

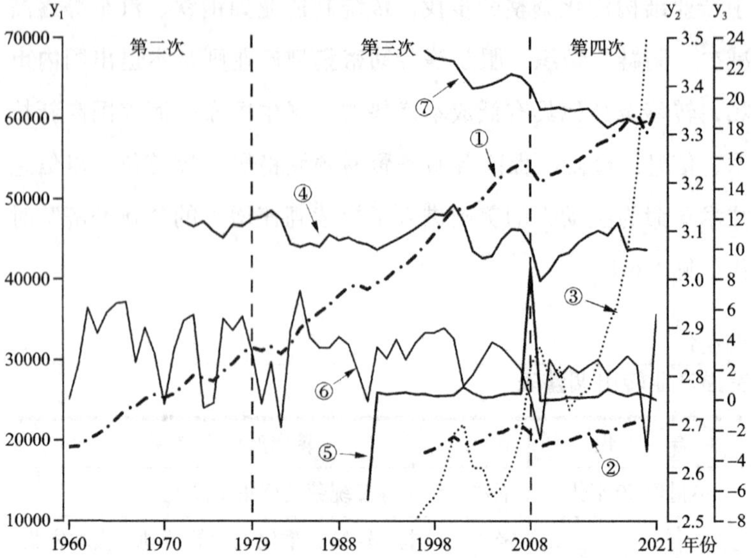

y_1 轴：①劳动生产率　⑤人均 GDP（2015 年不变价美元）

y_2 轴：③研发支出占比（%）

y_3 轴：②工业增加值占比（%）　④税收占比（%）　⑥GDP 增长率（%）　⑦就业弹性

图6.1　国际产业转移中美国经济发展的变动

数据来源：世界银行。

注：劳动生产率=工业增加值/全部从业人数，就业弹性=就业增长率/GDP率，占比均指占GDP比重。

（三）第三次：日本及“四小龙”产业向中国转移实现全球价值链高端跃升

第三次产业转移发生在20世纪80年代左右至2008年金融危机前。1978年后，中国逐渐成为为美国、日本、亚洲“四小龙”（简称NIEs）等经济较发达国家（地区）承接产业转移的主要国家，

表6.2

国际产业转移中美国各指标的区间值[①]及均值

指标	第二次产业转移		第三次产业转移			第四次产业转移	
	中期（1961—1970）	后期（1971—1978）	早期（1979—1988）	中期（1989—1998）	后期（1999—2008）	早期（2009—2018）	中期（2019—2021）
人均GDP（2015年不变价美元）	[19254，25664]	[25800，30915]	[30775，37989]	[38740，45716]	[47361，54300]	[51996，59600]	[58060，61280]
GDP增长率[②]（%）	4.16	3.62	3.07	3.11	2.66	1.76	1.52
税收占比（%）	—	[10.75，11.84]	[10.16，12.55]	[9.98，12.33]	[9.39，12.97]	[7.9，11.75]	[9.94，10.03]
研发占比（%）	—	—	—	[2.45，2.5]	[2.5，2.77]	[2.68，3]	[3.17，3.45]
就业弹性	—	—	—	[-6.58，0.49]	[0.17，8.87]	[-0.04，0.72]	[0.01，0.46]
工业增加值占比（%）	—	—	—	[22.67，23.13]	[20.65，22.56]	[18.04，19.41]	[18.3，18.44]
劳动生产率（美元/人）	—	—	—	[18486，18964]	[19489，21879]	[19209，21983]	[22273，22662]

① 区间值是历次国际产业转移各时期各指标的最小值和最大值构成的区间范围，均值是历次国际产业转移各时期各指标的平均值。

② 由于GDP增长率是以上一年为基期来衡量的，其取值有正有负，受外界影响变动大，因此该项指标的取值用波动较小的均值，而不用区间值。

中国成为继日本后的第四任“世界工厂”。

1. 日本

（1）产业转移总体情况。日本是第三次国际产业转移的主要转出国之一。20世纪60年代，受国内劳动力成本压力影响，日本开始通过对外直接投资进行产业转移，将国内劳动密集型产业尤其是轻纺工业向NIEs转移，国内重点发展电力、钢铁、机械、造船、石化、化工和汽车等资本密集型产业以及电子、航空航天和生物医疗等技术密集型产业。到70年代，受全球经济危机和数次石油危机影响，日本将高能耗、高污染、原料需求量大的部分资本密集型产业（如钢铁、造船和化工、汽车、家电等）转移到发展中国家，在国内则发展微电子、新能源、新材料等高附加值、低能耗的技术密集型产业。这一阶段，日本国内产业对外转移总量不大，且呈分散态势，仅有部分产业因开拓国际市场的需要而对外转移。

20世纪80年代，日本主导行业升级为汽车和机电设备。受日美贸易摩擦加剧影响，日本本土企业运营成本大幅上涨，劳动密集型企业亟需通过转移获得新生，日本将处于竞争劣势的劳动密集型产业（如传统纺织业和服装业）开始大规模向NIEs转移，世界知名运动品牌阿迪达斯、耐克将日本的生产基地转移到成本更低的韩国和中国台湾。“广场协议”之后，劳动密集型产业的转移迫在眉睫。此外，日本转移的产业拓展到汽车、电子等资本和技术密集型产业，但仍以纺织、钢铁等劳动、资本密集型产业为主，高新技术产业对外转移较少。同时，日本的海外产业投资还带动了国内大宗商品和服务的出口。

1990—2008年，面对经济泡沫和亚洲金融危机的“内忧外患”，日本劳动和资本密集型产业如普通纺织业生产部门、汽车、船舶、精密机械以及输油管道生产部门及电子产业等开始大规模向中国转移，国内则发展高技术产业，如机械、电子设备、机动车及零部件、化学制品、液晶材料、高档碳素纤维、大规模系统集成电路、大型芯片等高附加值产业，使得日本在关键技术及零部件领域保持较强的市场控制力。

2008年金融危机后至今，日本加快了高科技制造产业在海外的战略布局，推动了日本企业将制造业技术转型升级的重点放在物联网、大数据、人工智能、机器人等前沿技术领域，强化本国在全球价值链核心技术上的国际垄断竞争优势，见表6.3。

表6.3

日本产业转出调整表

年　代	转出产业
20世纪60年代	轻纺工业等劳动密集型产业
20世纪70年代	钢铁、造船和化工等重化工业，汽车、家电等资本密集型产业
20世纪80年代	汽车、电子、机械、家电等一般资本技术密集型产业
20世纪90年代至2008以前	大批劳动和资本集约型产业，如普通纺织业生产部门、汽车、船舶、精密机械以及输油管道生产部门及电子产业的标准化阶段
2008年后至今	高科技行业

（2）对经济发展的影响。日本进行产业转出始于第二次国际产业转移的中期，但产业大规模转移发生在第三次国际产业转移时期。在第二次国际产业转移中后期，日本的人均GDP增速及GDP增长率在中期均高于后期，经济增长速度呈现先快后慢。在以日本为主导的第三次产业转移中，其经济增长速度在整个产业转移阶段呈现为4.33→1.52→1.19的下降趋势，即在产业转移初期有一个快速上升期，而后速度逐渐放缓。80年代，日本的税收占比在第三次产业转移阶段也表现为先升后降，再缓慢下降趋势。第三次产业转移中后期，日本研发支出占比呈现跳跃式上涨，且后期研发支出占比增速要明显快于前期，尽管与美国在第二次产业转移的中后期呈现的先升后降再升的趋势不同，但总体上二者对研发投入的支出是增加的。从就业弹性看，第三次产业转移中后期，除个别年份外，日本就业弹性基本保持不变，整体趋向于0，说明在产业外向转出过程中，日本的经济的增长无法增加就业岗位（见图6.2、表6.3及表6.4）。

2. 亚洲“四小龙”

第一，产业转移总体情况。亚洲“四小龙”（简称NIEs）也是第三次国际产业转移的主要转出地。自20世纪60年代起，NIEs以物资贫乏而人口综合素质较高、临海方便物流运输等先天优势承接美、日、德等发达国家的产业，吸引大量的资金、技术和产能，成为新兴的工业化国家（地区）。而随着产业转移的深入，NIEs完成了经济的升华。中国台湾1980年的出口数据是1970年的13倍、

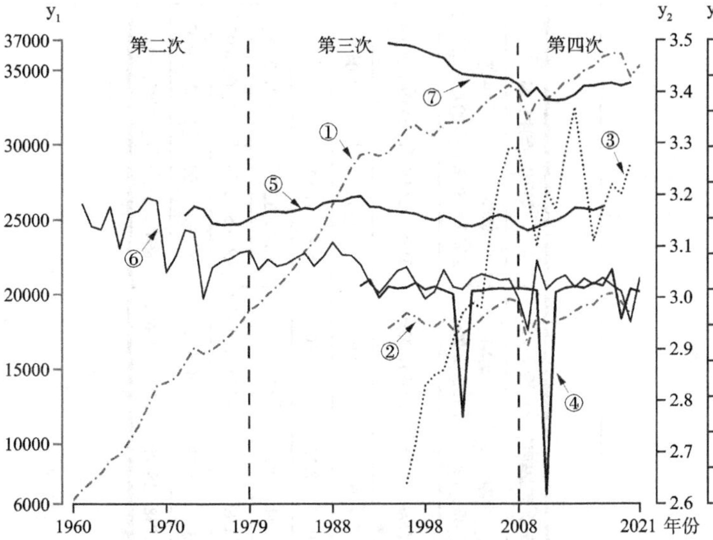

y_1 轴：①劳动生产率　⑤人均 GDP（2015 年不变价美元）

y_2 轴：③研发支出占比（%）

y_3 轴：②工业增加值占比（%）　④税收占比（%）　⑥GDP 增长率（%）　⑦就业弹性

图6.2　国际产业转移中日本经济发展的变动

数据来源：世界银行。

韩国1980年的出口数据是1970年的40倍、新加坡1980年的出口数据是1970年的10倍。在外向型经济的帮助下，“四小龙”俨然成了世界贸易的核心力量。随着NIEs经济的崛起，外汇储备不断增加，巨大的外汇储备催生了本土资产泡沫，也带来了各种成本上升，也为NIEs带来了经济隐患。到了90年代，NIEs面临着市场狭小、生产要素成本上升、资源环境瓶颈等问题。1997年亚洲金融危机的爆发，“四小龙”受到了沉重打击。NIEs开始将失去比较优势的劳动密集型产业和一部分资本技术密集型产业转移到泰国、

表6.4

国际产业转移中日本各指标的区间值及均值

指　标	第二次产业转移		第三次产业转移			第四次产业转移	
	中期（1961—1970）	后期（1971—1978）	早期（1979—1988）	中期（1989—1998）	后期（1999—2008）	早期（2009—2018）	中期（2019—2021）
人均GDP（2015年不变价美元）	［6952，14114］	［14457，18121］	［18953，26027］	［27200，31276］	［30636，33990］	［31651，36117］	［34556，36081］
GDP增长率（%）	9.65	4.58	4.36	2.03	1.00	0.67	-1.04
税收占比（%）	—	［9.13，11.69］	［9.95，12.45］	［10.07，13.13］	［8.92，10.51］	［8.37，11.64］	—
研发占比（%）	—	—	—	［2.64，2.83］	［2.85，3.29］	［3.1，3.37］	［3.2，3.26］
就业弹性	—	—	—	［-1.13，1.42］	［-17.86，0.41］	［-28.65，2.84］	［-4.06，0.07］
工业增加值占比（%）	—	—	—	［33.38，34.55］	［28.78，32.87］	［26.56，28.98］	［28.62，29.02］
劳动生产率（美元/人）	—	—	—	［17748，18728］	［17409，19674］	［16601，20066］	［18687，19472］

马来西亚、菲律宾等东南亚国家，以及中国内地，并在NIEs本地集中发展技术密集型产业及服务业，实现产业结构的转型升级，见表6.5。

表6.5
亚洲“四小龙”产业承接和转出调整表

年　代	产业承接和转出情况
20世纪60年代	美国、日本→NIEs（劳动密集型、部分资本密集型产业）
20世纪70年代	美国、日本→NIEs（资本密集型产业）
20世纪80年代	美国、日本→NIEs（标准化资本、技术密集型产业）
20世纪90年代后	美国、日本→NIEs（技术密集型产业）→东盟四国、中国大陆（劳动密集型、部分资本技术密集型产业）

第二，对经济发展的影响。NIEs参与了第二、三次产业转移，但1997年亚洲金融危机后，NIEs才以产业转出者的身份参与其中。在NIEs进行产业转出的阶段，GDP增长率和人均GDP增速相比产业承接后期（20世纪80—90年代）较为缓慢；工业增加值占比在产业转出的初期阶段，波动性变动不大，而在金融危机后下降明显。可见，NIEs在产业转出初期，转出速度较为缓慢，而在产业转出中期阶段，转出速度也随之加快。且NIEs在产业转出过程中，经济的增长没有带来就业岗位明显增加，就业弹性趋近于0。劳动生产率在产业转出时期也呈现出逐步加快的趋势。再者，在税收方面，虽然NIEs在第三次产业转

出时期（1997年至今）下降趋势较之美、日幅度较小，但三者的税收占比在相应阶段都呈现出下降的趋势。NIEs的研发支出呈现出剧烈波动型上升趋势，与美国的先增再降、日本的跳跃式上升均不相同，但研发投入最终都有较大增加（见图6.3、表6.5、表6.6）。

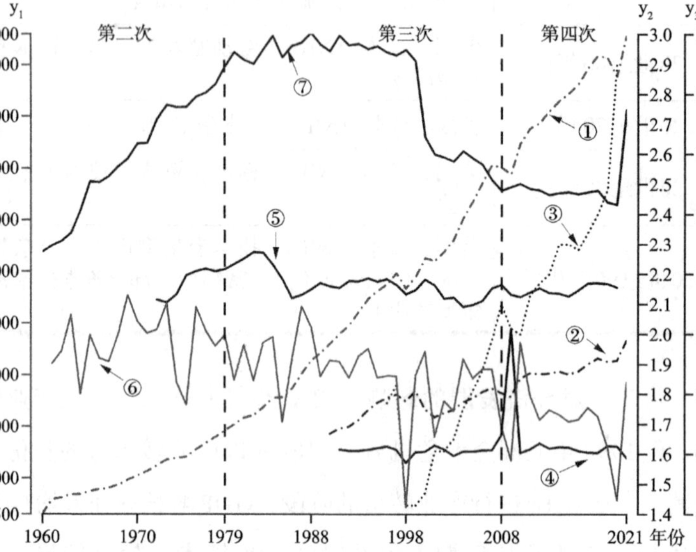

y_1 轴：①劳动生产率　⑤人均 GDP（2015 年不变价美元）

y_2 轴：③研发支出占比（%）

y_3 轴：②工业增加值占比（%）　④税收占比（%）　⑥GDP 增长率（%）　⑦就业弹性

图6.3　国际产业转移中亚洲“四小龙”经济发展的变动

数据来源：世界银行。由于中国台湾的数据缺失，故“四小龙”的数据由中国香港、新加坡和韩国的均值来表示。中国香港的税收占比数据缺失，故税收占比选取的是新加坡、韩国的数据作为代表。

表6.6

国际产业转移中NIEs各指标的区间值及均值

指 标	第二次产业转移		第三次产业转移			第四次产业转移	
	中期（1961—1970）	后期（1971—1978）	早期（1979—1988）	中期（1989—1998）	后期（1999—2008）	早期（2009—2018）	中期（2019—2021）
人均GDP（2015年不变价美元）	[2933，5252]	[5663，8954]	[9577，16367]	[17092，24846]	[24502，35304]	[34407，45903]	[43927，47786]
GDP增长率（%）	9.27	9.34	8.39	6.05	5.54	3.62	0.91
税收占比（%）	—	[12.63，15.43]	[12.99，16.81]	[13.33，14.65]	[12.29，14.56]	[13.11，14.27]	[13.9，14.2]
研发占比（%）	—	—	—	[1.43，1.83]	[1.43，2.1]	[2，2.4]	[2.48，2.9]
就业弹性	—	—	—	[-0.71，0.63]	[-0.14，1.61]	[0.11，10.47]	[-0.31，0.68]
工业增加值占比（%）	[17.37，25.86]	[25.91，30.81]	[32.32，35.09]	[33.23，34.88]	[21.98，32.76]	[21.61，22.53]	[20.79，28.69]
劳动生产率（美元/人）	—	—	—	[9279，13066]	[10892，13692]	[12881，16621]	[16295，18368]

（四）第四次：中国制造业向东南亚国家转移正在持续发生

第四次国际产业转移发生在2008年金融危机爆发后至今。中国自改革开放至金融危机前，经过30年的高速发展后，国内生产成本优势、人口红利优势已逐渐减弱，部分制造业开始从中国向东南亚欠发达国家（地区）转移。

1.产业转移总体情况

中国是第四次国际产业转移的主要转出国。2008年金融危机后，中国出现了高低端产业的“双向转移”现象。受发达国家高端制造业回流及中美贸易摩擦影响，技术密集型产业从中国回流至欧美等发达国家。同时，随着国内生产要素成本及环境成本快速上升，部分劳动密集型制造企业转移至越南、老挝等新兴经济体国家，且逐渐从短链条、低附加值的制造业向长链条、高附加值的制造业蔓延。

2.对经济发展的影响

在产业转出的早期阶段（2009—2019年），中国的人均GDP增长速度要快于产业承接后期阶段（1999—2008年），但GDP增长率呈现下降趋势，这与在产业承接时期GDP一直处于高速增长不同，产业转出早期中国GDP增长在逐步放缓，但人均GDP的增长速度却表明GDP增长的质量在提升。在工业增加值占比上，产业转出初期，中国一直呈现下降趋势，且从2010年至2017年，工业增加值占比下降了6.46%，工业增加值下降显著，产业转出所带来的国内产业结构的变化显著。从研发支出占比、劳动生产率来看，这两项指标在产业转出早期，延续了产业承接时期的增长的同时，其增速更快。在税收占比上，中国在产业转出早期的税收占比较产业承接后期阶段略有提升。而就业弹性与其他各国类似，产业转移对就业弹性的影响并不显著（如表6.7、图6.4）。

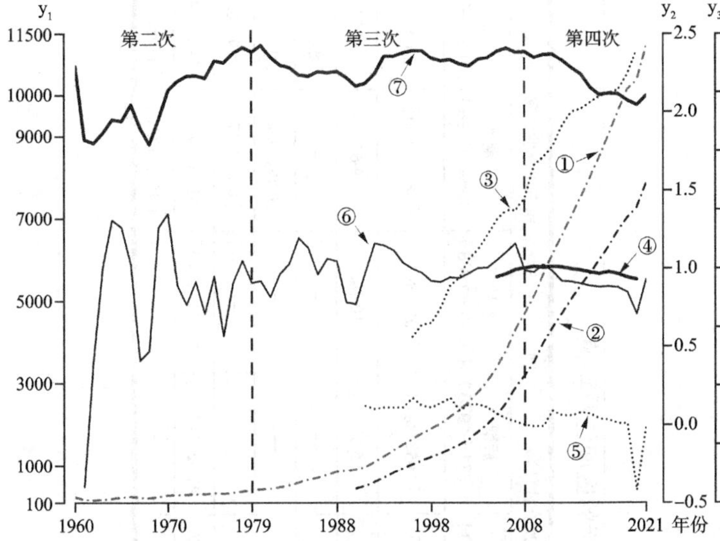

y₁ 轴：③劳动生产率　④人均 GDP（2015 年不变价美元）

y₂ 轴：②研发支出占比（%）　⑦就业弹性

y₃ 轴：①工业增加值占比（%）　⑤税收占比（%）　⑥GDP 增长率（%）

图6.4　国际产业转移中中国经济发展的变动

数据来源：世界银行。

表 6.7
国际产业转移中中国各指标的区间值及均值

指　标	第二次产业转移		第三次产业转移			第四次产业转移	
	中期（1961—1970）	后期（1971—1978）	早期（1979—1988）	中期（1989—1998）	后期（1999—2008）	早期（2009—2018）	中期（2019—2021）
人均GDP（2015年不变价美元）	[164，284]	[295，381]	[405，861]	[884，1910]	[2038，4712]	[5129，9619]	[10155，11188]
GDP增长率（%）	4.96	5.87	10.08	9.65	10.18	8.02	5.43
税收占比（%）	—	—	—	—	[8.57，10.1]	[9.05，10.31]	[8.09，8.49]
研发占比（%）	—	—	—	[0.56，0.65]	[0.75，1.45]	[1.66，2.14]	[2.24，2.4]
就业弹性	—	—	—	[0.1，0.17]	[0，0.17]	[-0.01，0.09]	[-0.42，0.01]
工业增加值占比（%）	[31.11，40.27]	[41.92，47.71]	[42.71，48.06]	[41.03，47.1]	[44.45，47.56]	[39.58，46.53]	[37.84，39.43]
劳动生产率（美元/人）	—	—	—	[453，1221]	[1308，3194]	[3527，6711]	[7033，7877]

二、四次国际产业转移的主要特征规律

从时间维度、转出地-承接地，以及转移的主要产业来看，四次国际产业转移可归纳为：第一次发生于19世纪下半叶—20世纪上半叶，以英国纺织等劳动密集型产业向美国转移为主；第二次发生在20世纪50—70年代，主要表现在美国纺织、钢铁等劳动和资本密集型产业向日本、德国转移；第三次为20世纪80年代—2008年金融危机前，以美、日、韩等国轻纺、汽车、家电、电子等劳动密集型、资本密集型及一般技术密集型产业向亚洲“四小龙”和中国大陆转移为主要表现；2008年至今，中国劳动密集型、资本密集型产业正在向东南亚及“一带一路”国家转移，是目前全球进行的第四次国际产业转移。见表6.8。

表6.8

四次国际产业转移比较

轮次	发生时间	转出地-承接地	转移的主要产业
第一次	19世纪下半叶—20世纪上半叶	英国-法国、德国等欧洲国家，主要是美国	纺织等劳动密集型产业
第二次	20世纪50—70年代	美国、日本-联邦德国、日本、亚洲“四小龙”、拉美国家	钢铁、纺织等资源、劳动密集型产业；轻工、机电、造船等劳动和资本密集型产业
第三次	20世纪80年代—2008年金融危机前	日本、亚洲“四小龙”、美国-中国大陆、东盟四国	劳动和资本密集型产业、一般技术密集型产业

续表

轮次	发生时间	转出地－承接地	转移的主要产业
第四次	2008年金融危机后至今	中国－以东南亚、南亚等“一带一路”国家为主；以及中国中西部地区	劳动密集型产业和资本密集型产业，少量技术密集型产业

表6.8对四次国际产业转移进行了梳理和比较，从表6.8可以看出，虽然国际产业转移发生的年代不同，转出地－承接地不同，转移的主要产业也存在一定的差异性，但是它们却存在一些共性的特征，可将其归纳总结如下：

（一）产业转移大约每30年一次，每次大致经历前、中、后三个阶段

从四次国际产业转移的时间跨度上看，根据各主要产业转出国发生产业转移的时间节点，除第一次国际产业转移的时间跨度较大外，第二、三次国际产业转移大致为30年。第四轮国际产业转移也在2008年金融危机后逐渐开始。根据历次国际产业转移中主要产业转出国呈现的产业转移趋势特点，可以大致确定第四次国际产业转移的时间跨度与前两次国际产业转移相似，约为30年；各次产业转移可以分为前、中、后三个时期，各时期时间跨度大约为10年。

（二）各国产业转移发生先后不一，转入转出持续且交错发生

在以美国为主导的第二次国际产业转移中，日本在20世纪

60年代承接美国产业的同时，也将本国低端产业转移至NIEs，第二次国际产业转移主要转出国有美国、日本和德国。在以日本为主导的第三次国际产业转移过程中，美国仍有相关产业向日本转移，到了90年代后期，NIEs在承接日本、美国、德国转出产业的同时，也逐渐向东盟四国、中国大陆等地进行产业转移，第三次产业转移的主要参与国有日本、美国、德国及NIEs。在以中国为主导的第四次国际产业转移过程中，美国、日本、德国、NIEs仍有产业向中国大陆和东南亚国家转出。因此，国际产业转移呈现出各国之间产业转移没有明确界限，各国产业的承接和转出交错存在、持续发生。

（三）产业转移遵循发达国家→次发达国家→发展中国家和劳动密集型产业→资本密集型产业→技术密集型产业两条路径

一方面，**国际产业转移遵照发达国家→次发达国家→发展中国家的转移路径**。产业由发达国家向外转移时，会优先向具有工业基础的次发达国家转移，当产业在次发达国家丧失比较优势后，则会向具备相对优势的发展中国家转移。另一方面，**产业转移遵从劳动密集型产业→资本密集型产业→技术密集型产业的转移路径**。国际产业转移首先从纺织等劳动密集型产业开始转移，随后是重工、石化、机电等资本密集型产业，再逐渐扩展到汽车、微电子等技术密集型产业。20世纪60年代，发达国家将国内的边际劳动密集型产业转移到发展中国家，国内则致力于发展资本、技术密集型产业来实现产业结构升级，如香港和内地之间共同发展形成的“前店后厂”的产业结构分工格局，使香港产业得以向技术密集型产业结构演进，也间接促使东南沿海地区整体经济得到了快速发展。到了80年代，发达国家将劳动密集型产业转出的同时，也逐渐将丧失比较优势的资本、技术密集型产业向外转移。

（四）各国产业转移呈现早期转移慢、中期转移快、后期转移慢的特征

从各国产业转出调整表（表6.1、表6.3、表6.5）可以看出，各国在产业转出的早期，转移产业的类型较为单一，均为劳动密集型产业，也即发生国际产业转移的风向标是劳动密集型产业的国际转移，产业转移速度较为缓慢。产业转出中期，转移类别增加、速度加快，如美国的60—70年代、日本的70—80年代产业转出的类型逐渐增多，既有劳动密集型产业，也有资本密集型产业，产业转出的速度加快。

三、当前我国产业转移阶段研判

对历次国际产业转移特征规律总结，以及国际产业转移对主要转出国主要指标的变化，可以对我国目前所处国际产业转移的阶段进行研判。

从人均GDP及GDP增速来看，我国在第四次国际产业转移

中人均GDP呈现稳步上升趋势，但GDP增速在逐渐放缓，增速从9.40%下降到6.57%。这与美国、日本、NIEs在以各自为主要产业转出者的国际产业转移中期所展现的趋势相似。例如，美国在以其主导的第二次国际产业转移中期的人均GDP呈上升趋势，但GDP增速整体呈下降趋势，增速从6.40%下降至3.10%；日本在以其为主的第三次国际产业转移早中期其人均GDP也呈稳步上升趋势，但GDP增速在早期至中期有明显的下降趋势，早期GDP增速均值为4.29%，中期则下降至2.03%；NIEs是从第三次国际产业转移后期开始作为主要产业转出者，其人均GDP在稳步上升的同时，GDP增速波动较为显著，但整体呈现下降趋势，GDP增速从6.45%下降到2.28%。综上分析，从我国在人均GDP及GDP增长看，我国与各国（地区）在其产业转出中期阶段的情形较为相似。

从劳动生产率来看，我国在第四次国际产业转移中呈稳步上升趋势，劳动生产率从2009年的7129美元/人上升至2018年的13737美元/人，上升为原来的1.93倍。这与日本、NIEs在第三次产业转移中劳动生产率呈现上升的趋势类似。日本的劳动生产率在第三次国际产业转移中期阶段，从73636美元/人上升至76721美元/人，上升为原来的1.04倍；NIEs在第三次产业转移后期（NIEs产业转出早期阶段）的劳动生产率从44704美元/人上升至59283美元/人，上升为原来的1.33倍。可见，我国劳动生产率与日本、NIEs在产业转出的早中期阶段相似，均呈上升趋势，但上升倍数要优于日本及NIEs，这是由我国劳动生产率的基数较小，上升空间较大。

从研发支出占比来看，我国与日本、NIEs在产业转移过程中研发支出占比总体呈上升趋势相似。我国研发支出占比从2009年的1.66%上升至2019年的2.15%。在第三次产业转移中后期，日本的研发支出占比呈跳跃式快速上升的趋势，从2.69%上升至3.34%；NIEs则是呈波动式上升，最高支出占比达2.03%，但最低则为1.48%。

从工业增加值来看，当前阶段，我国工业增加值呈现下降趋势，与日本、NIEs主导的产业转移阶段的早中期类似。以中国为主导的第四次国际产业转移中，其工业增加值占比由46.53%下降到40.07%；而在以日本为主导的第三次国际产业转移中后期，其工业增加值占比呈平滑下降趋势，由1994年的34.70%一直下降到2008年的29.01%[①]；NIEs在其产业转出期间（1997年以后），早期波动性变动不大，但在1997年亚洲金融危机后（NIEs进行产业转出的中期阶段）下降显著，工业增加值占比从42.66%下降到36.71%。

从税收占比看，虽然各国在其产业转出早中期阶段的变动略有差异，但总体而言，税收占比都在一个较为固定的范围内波动变化，且中国目前的税收支出占比的趋势类似于日本在产业转移中期的趋势。美国在第二次国际产业转移后期，税收占比变动不大，在10.75%~12%之间波动。日本在第三次国际产业转移中，

① 1994年以前日本工业增加值占比数据缺失。

早中期阶段税收支出占比较大，在11.5%左右；而后期税收占比略有减少，在9.7%左右。NIEs在第三次国际产业转移后期，税收占比在12.53%~14.45%之间波动。中国在第四次国际产业转移阶段，税收支出占比整体略有下降，从10.31%下降到9.20%，与日本在产业转移的中期表现相似。

结合产业国际转移的特征规律和第四次国际产业转移的各项经济指标的变动趋势可以判断，目前我国已经完成产业转移的初期阶段，正处于并在未来一段时间内还将处于产业转移的中期阶段，产业转移类型将逐渐增加，产业转移的速度将持续加快。

四、主要启示

在经济全球化和国际产业结构分工重组的必然趋势下，我国从第三次国际产业转移的产业承接国转变为了第四次国际产业转移的主要转出国，应积极应对、趋利避害。

（一）加快产业升级步伐，引导产业对内留优、对外拓强

从美国、日本经验看，两国通过利用跨国公司在全球布局供应链，将低附加值、低技术性产业链生产环节转移到海外，在国内发展具有高附加值的最终产品链端和核心技术研发的链端，不仅实现了国内的产业升级，还防止了产业“空心化”。因此，我国应该通过产业转移加快推进产业结构的合理化和高级化。合理化是指要将三大产业的比例保持在合理的水平，工业是我国经济

高质量发展的基础，要严格把控工业发展的总量和质量，避免产业不合理转移，必要时加强对工业产业的政策倾斜；高级化是指要加快我国的技术升级改造，技术的升级改造可以带来产品制造的高效率、低成本化，延长产业在我国生产活动中创造价值的宽度，提升我国产品在国际市场的竞争力。

（二）推动数字经济发展，积极抢占科技和产业制高点

创新驱动是经济增长的内在动力。当前，新一轮技术革命和产业革新正重构全球创新版图和经济结构。数字经济是当前及未来很长一段时间内，全球各国共同实现经济高质量发展和综合实力增强的重要创新引擎。数字经济时代，新兴产业将逐渐取代传统产业成为产业结构中的主体，并借助产业关联、技术延伸促进传统产业转型升级。数据作为新生产要素，有着价值倍增、资源优化和投入替代的作用。在三大产业中，相比于传统农业与服务业，工业是与数据关联度最高，最能够与数字化技术融合的产业，是数字经济融合发展的主领域。因此，必须加快发展数字技术与传统产业间的耦合，提前做好产业布局，积极抢占科技创新和产业制高点，攻克技术难题，实现科技从“跟跑”到“领跑”的转变。

（三）加强新发展格局指引，有序推进产业梯度转移

近年来逆全球化风潮迭起，导致我国在一些关键领域、核心技术上被“卡脖子”。国内市场是我国抓住新技术革命的关键点，

巨大的国内市场规模对核心技术的突破起关键作用。当前，国内尚未完成新兴产业对传统产业的有效替换，多层次产业发展仍是我国产业布局的主要需求。因此，要利用好国内市场，以国内大循环战略为指引，畅通国内大循环，增强中西部地区对产业转移的吸引力，推动产业优先进行区域梯度转移，实现产业多层次合理化发展；加快改善产业承接地配套性基础设施建设和区域产业集群发展，促进产业深度融合，推动区域间产业链的合理布局，形成产业在国内东、中、西部的梯度转移。

（四）构建以我为重心的区域供应链体系，增强我国在国际产业转移中的主动权

根据历次国际产业转移一般规律，能在国际产业转移的产业转出过程中完成国内产业结构升级、布局国际产业市场和保持经济增长的产业转出国，都是在产业链关键环节有主导权，能够主导国际分工、延伸主导产业链的国家。我国应对当前产业“双向转出”对我国制造业带来的新挑战，必须要坚持全球供应链思维，加快提升产业创新能力，提高在国际产业转移中的主动权，稳固和提高我国在全球产业价值链中的地位。加快构建以我为重心的区域供应链体系，增强国内产业链端对海外产业链端的主导权，提升我国在全球供应链体系中的话语权，增加我国在全球链中的博弈筹码，形成合则两利、分则两伤的动态平衡。

第七章　制造外迁对生产性服务业的影响机理与路径

制造业是国民经济的支柱产业，在整个经济系统中占据着不容忽视的地位。改革开放以来，中国经济的发展与腾飞是以制造业的发展为主要动力的，中国的大国经济地位是由制造业奠定的（程钦良等，2017）。近年来，受发达国家强调高端制造回流、跨国企业拓展业务，以及中国市场的资源、人力、环境成本攀升和贸易摩擦不断升级等的影响，我国制造业出现不少外迁，对生产性服务业产生了多方面的影响，本章以广东省为例进行了剖析。

一、制造外迁概况

《中国制造2025蓝皮书（2016）》指出，在智能制造技术应用、制造业综合成本变化等因素影响下，全球制造业布局逐渐调整，发达国家逐渐重视制造业的回归，促使了制造业向发达国家回流（刘晓雅，2019）。2008年以来，欧美发达国家力图扭转因过度倚重虚拟经济导致经济结构失衡、经济危机加大的局面，纷纷推行再工业化战略，如美国推出“先进制造业国家战略计划”，德国高举“工业4.0”，日本出台“机器人新战略”，吸引高端制造业回流本土。据统计，2017年回流至美国的945家企业中，从我国流出的高达62%。受欧美制造业回归政策影响，部分供应链厂商也酝酿随之将生产线移出广东，如和硕、仁宝、纬创等苹果供应链厂商正在酝酿将生产线移出中国大陆，并扩大在中国台湾、捷克、墨西哥等地既有生产基地产能；爱普生已确认将在2021年3月关闭深圳区域手表制造公司，目前已裁员1700多人；富士康也在2018年宣布在美国设立新工厂。与此同时，越南、印度等新兴国家工业化步伐加快，劳动力、土地、能源、环保等成本优势显著，我国东部沿海地区部分劳动密集型制造企业直接跨过中西部地区向成本更为低廉的东南亚国家转移，从图7.1、图7.2中可以看出，2010年—2019年8月，越南外商投资中来自中国的直接投资注册资金总体在增加。前者源于发达国家技术创新衍生的成本红利和缓解国内经济危机的推动，后者在于低成本国家廉价劳动力优势产生的吸引力（周倩，2016）。

2018年3月以来，中美贸易摩擦加速了我国产业向东南亚国家迁移的趋势。2018年下半年以来，许多跨国公司纷纷按照“中国+1”的思路加快生产布局的调整步伐，即在中国之外再建其他生产基地，以降低生产成本和规避中美贸易摩擦风险。随着贸易摩擦的升级，中国在越南的注册项目数迅速增加，2018年和2019年1—8月我国对越投资项目数量分别为389个和425个，同比分别增长37.0%和94.1%，且截至8月份，注册项目数已经超过2018年全年

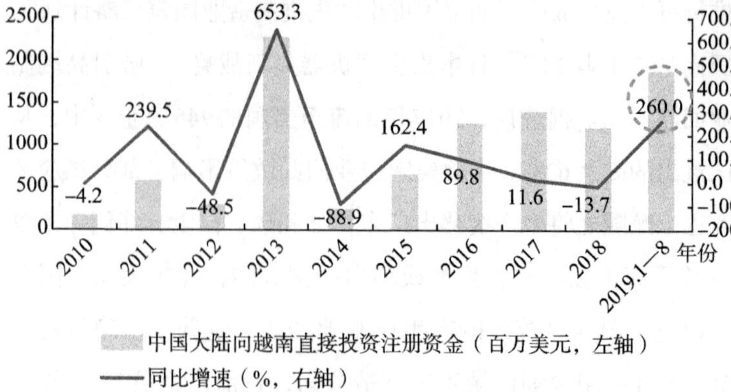

图7.1　2010—2019年1—8月越南外商投资中来自中国大陆的资金及增速

资料来源：越南统计局、Wind数据库。

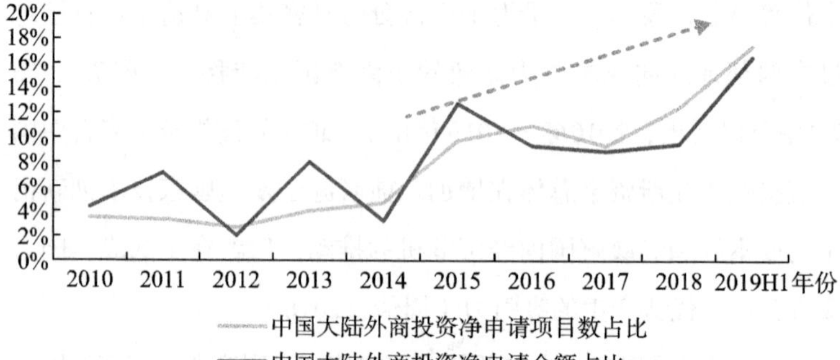

图7.2　2010—2019年1—8月外商投资中来自中国的项目数量和资金占比

资料来源：越南统计局、Wind数据库。

累计注册项目数。2019年1—8月，我国对越南直接投资项目注册资金达18.76亿美元，同比大幅增长260%，同比增速远高于韩国、美国、日本等其他国家同期水平。注册资金总额也已超越其他国家位列第一，中国已成为向越南投资额最大的国家，见图7.3。

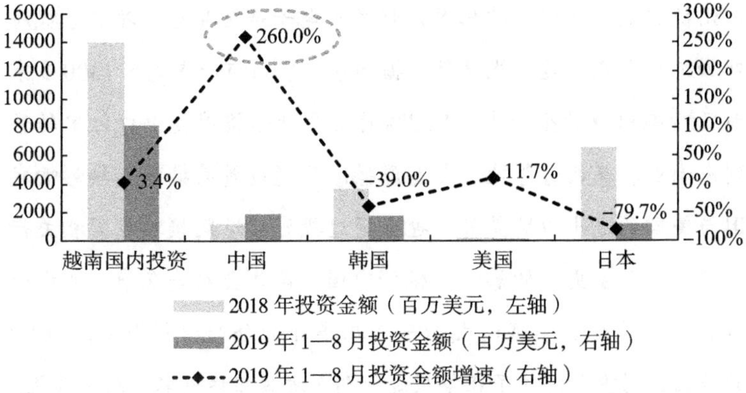

图7.3　2018—2019年1—8月越南国内投资及主要外商直接投资金额及增速对比

资料来源：越南统计局、Wind数据库。

专栏1

贸易摩擦下我国产业转移

随着贸易摩擦持续升级，未来制造业转移数量和企业类别还有进一步扩大的趋势。住润电装对美出口约占出口总额的40%，受贸易战影响，公司计划在未来2年内将产业转移至东南亚。广州达意隆包装机械计划在印度筹建合资公司，以印度制造向美国出口，目前已完成选址考察。友华汽配计划在越南增设2~3条生产线，目前东莞工厂约15%的对美出口订单已转移，如果中美贸易摩擦持续升级，该企业计划将对美订单全部转移至越南工厂。广州德渊精细化工涉及美国2000亿元加征关税影响的出口金额为7000万美元，公司计划将订单转移到国外的分公司生产。另外，广州视睿电子科技、欧姆龙广州汽车电子等企业也在考虑寻找海外加工厂资源实现产能转移。据调查，广州市和东莞市1300多家涉及对美出口的企业中，12.3%的企业计划将涉美出口订单转移到东南亚、墨西哥等地。贸易摩擦除了通过贸易渠道直接影响我国与美国的进出口贸易外，也会通过投资渠道间接对我国相关行业产业链产生更大的影响。根据中国美国商会对美在华企业调查报告，中美经贸摩擦造成约一半在华外资企业利润损失，约1/3的美国公司重新评估了在华投资计划，考虑推迟或取消投资决策。

（资料来源：2019年4月广东省调研材料）

生产性服务业伴随着制造业发展与分工深化而产生，与制造业既相互独立又紧密联系。近年来，生产性服务业与制造业加快融合，两者互为支撑、协同发展、互助共生的局面逐渐形成。我国正处于工业化后期深度工业化阶段，服务业作为国民经济第一大产业，是中国经济稳定增长的重要基础。2018年服务业增加值占GDP的比重达到52.2%，对经济增长的贡献率达到59.7%。其中，生产性服务业增长最快，牢固占据服务业的“半壁江山”。生产性服务业的高质量发展，是我国制造业向价值链中高端稳步迈进前提条件（朱一梵等，2019），有力促进我国产业由生产制造型向生产服务型加速转变。同时，制造业的转型升级，推动着生产性服务业的高端发展。由于生产性服务业的主要服务对象为制造业，制造业的外迁，势必对生产性服务业产生较大影响。

未来，随着我国制造业的持续外迁，生产性服务业面临大幅收缩或者随迁，导致我国制造业和生产性服务业“双重抽离”。为我国生产性服务业迅速成长提供更有利的空间，推动制造业和生产性服务业向“高端延伸”，成为我国各界关注的焦点。在此背景下，本研究试图**提出一个问题**，即制造外迁对我国生产性服务业究竟造成了什么影响，是“随之外迁”还是加快成长？并试图**解释一个现象**，即制造外迁影响生产性服务业的机理是什么？生产性服务业迁出国外或在国内扩张取决于什么？见图7.4。

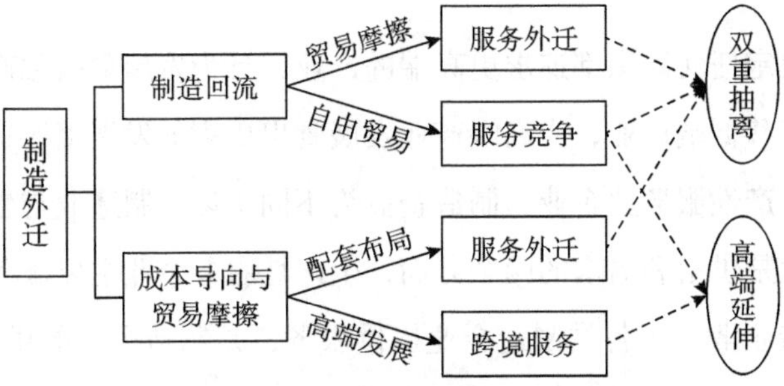

图7.4　制造外迁影响生产性服务业可能情形

广东省是我国第一经济大省，经济总量占全国的1/8，综合水平达中等发达国家水平，省域经济综合竞争力居全国第一，充分发挥了“试验田”、“窗口”和“示范区”的作用，是我国经济的发动机之一。其经济建设以制造业为主，具有完善的工业、服务业体系及独特的区域位置——3个特大城市群之一的珠三角特大城市群的主要组成部分，是产业转型升级的重点基地，其外贸依存度远高于全国平均水平，是中国第一外贸大省。其特殊的经济地位及地理环境，使得广东省制造业与生产性服务业的动态关联性成为我国制造业及生产性服务业发展的缩影。因此，本章首先构建了制造业外迁影响生产性服务业的分析框架，在此基础上通过了解广东省制造业外迁基本情况及制造业外迁对生产性服务业总量、集聚度和质量的影响，分析制造业外迁对生产性服务业的影响及其机理，最后得出相关结论及启示。

二、分析框架

假定任何国家都追求更高端的产业，且为发展更高端产业而逐渐转移低端产业，为高端产业发展腾出更多的发展资源；同时假定生产性服务业企业与制造企业为不同主体，制造业与生产性服务业是供给和需求的两个方面，生产性服务企业主要服务对象是制造企业，为各类制造企业提供服务，是制造企业的供应商，而制造企业是生产性服务企业的需求方。那么，判别制造外迁对生产性服务业的影响，将取决于供给和需求两个方面的具体情况。假设其他条件不变的情况下，考虑四个因素。**一是生产性服务业的可替代性**，也称技术黏性。制造外迁后，倘若生产性服务具有不可替代性，会随之迁出，但短期内迁入地无法提供与外迁制造业相匹配的服务业，则生产性服务业会在国内提供对外服务（胡安俊等，2014）。如果迁入制造业所需的生产性服务技术壁垒低、差异化小，或迁入地生产性服务发展程度高，具备与迁出地类似或更优的生产性服务提供能力，则生产性服务不会迁出。二

是生产性服务业的成本与收益之比，即生产性服务业提供服务的性价比。制造外迁后生产性服务业在国内提供服务的成本与收益之比如果大于随迁提供服务的成本与收益之比，则生产性服务企业可能考虑随迁，其中，外迁后生产性服务业的收益为在国外提供的服务获得的收益，留在国内企业提供生产性服务业的收益为对内对外提供服务获得的总收益（王文等，2017）。生产性服务业外迁的成本包括劳动力、资本、土地、税收等，以及在国内提供对外服务的劳动力、资本、土地、环境约束、税收、关税、距离等成本。**三是生产性服务业与制造业的融合度**，即制造业或服务业通过产业关联、链条延伸、技术渗透、业态创新、模式重构等途径，实现紧密联动、相互支撑、高效协同的程度（李晓华，2019）。当生产性服务业与制造业融合度较高时，生产性服务业与制造业一并外迁或都留在国内的概率比较大。**四是生产性服务业配套完整性**，即迁入地围绕迁入制造企业，提供与企业具有内在经济联系的上游和下游的相关生产性服务的支持情况（孙晓华等，2018）。如果迁入地能够提供完备的生产性服务，外迁制造业可能会直接使用当地的生产性服务。

一般而言，受外在因素影响，产业的收缩或者扩张的具体变化体现在产业规模、产业集聚度、产业质量、产业技术、产业政策等多个方面（张虎等，2018；叶琪等，2018；赵景峰等，2019；苏晶蕾，2018）。考虑我国制造外迁现象出现的时间并不长，且制造外迁对生产性服务业影响具有一定的滞后性，本章从中观层面把握制造外迁对生产性服务业的影响，将生产性服务业总量规模、集聚度以及发展质量[①]作为衡量其扩张或者收缩的具体反映。

据以上分析，在不考虑其他影响因素的情况下，制造外迁影响生产性服务业的扩张或收缩取决于生产性服务业可替代性、融合度、成本收益比、配套完整度四个因素，为此，本研究构建出了如图7.5所示的分析框架，并提出四个可能的影响机制。

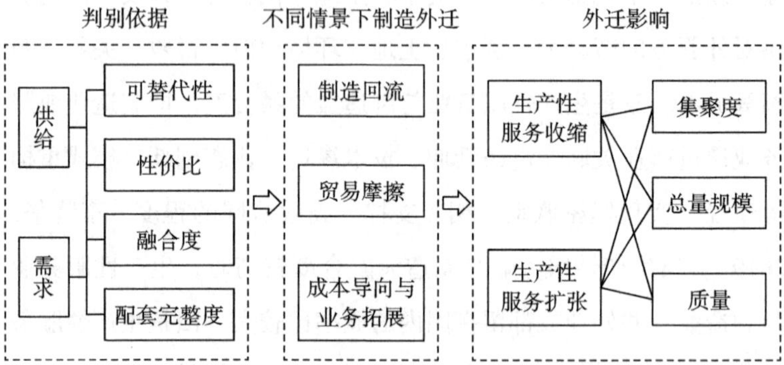

图7.5　制造外迁影响生产性服务业发展的分析框架

机制一：可替代性决定了生产性服务供给的稀缺性。制造外迁后，不可替代的生产性服务将会扩大服务范围，提供对外服务，进而直接带来生产性服务业总量规模的扩张、集聚度的提升和服务质量提高，反之亦然。

机制二：生产性服务业的成本收益比决定了其提供服务的地

① 发展质量是一个具有深刻内涵的概念，衡量指标较为复杂，本书仅以现代生产性服务业发展情况来反映。

区选择。制造外迁后，生产性服务业外迁后成本收益比越高，则我国生产性服务总量规模减小的可能性越小，产业集聚度将会上升，反之亦然。

机制三：制造业与生产性服务业的融合度决定了生产性服务与制造业是一并随迁或都留在国内，还是生产性服务业不随制造业外迁。“两业”融合度越低，则生产性服务业与制造业一并随迁的可能性越小，国内生产性服务总体规模将会收缩；“两业”融合度越高，“两业”将一并外迁，则我国生产性服务业规模和集聚度均会下降，如“两业”均不外迁，则生产性服务业不受影响。

机制四：迁入地生产性服务业配套完整度决定了我国生产性服务外迁的市场空间和竞争优势。在不考虑其他因素的条件下，制造外迁后，如果迁入地生产性服务业配套完整，则减少了生产性服务外迁提供服务配套的空间，这种情况下，我国生产性服务业不会随之外迁，但总体规模将会收缩，服务质量将会攀升，反之亦然。

三、制造外迁对生产性服务业的影响与机理分析

制造业作为生产性服务业的服务对象，无论是发达国家的制造回流减少的外商投资，还是劳动力、房价等成本的上升，以及近两年中美经贸摩擦下国际经济环境的不确定性等原因造成的制造外迁，都会对生产性服务业产生一定影响。

（一）广东省制造业外迁基本情况

2000年后，随着国内各项劳动力成本的上升，便开始有本国企业或外商投资企业将在国内的劳动密集型产业部分或全部转移到其他劳动力成本更低的东南亚等地区，这种情况一直持续至今。近10年来，制造业的回流以及国内产业生产成本的上升，东南亚国家（如越南、缅甸等地）成为广东省制造业迁移的主要方向之一，这些国家经济较为落后，劳动力成本低廉，是劳动密集型产业的优选之地。表7.1为广东省惠州市部分企业外迁情况。

随着中美贸易摩擦的加剧，广东省很多企业及在粤外资企业综合考虑国内成本、房价及国际环境，将部分产业转移至劳动力廉价，且政府有优惠招商引资项目的东南亚国家。**从广东省产业区域转移来看**，2018年广东省共有125家规模以上工业企业转移到东南亚地区。已在境外投资布局产能的140家企业中，目的地为越南的占36%，印尼占16%，印度占16%，这3个国家合计占68%。**从制造外迁的行业来看**，广东外迁企业以劳动密集型企业为主，在境外新建产能的企业中，纺织、轻工、消费类电子产品制造等劳动密集型企业占62.9%[①]。**从贸易摩擦的影响来看**，随着中美贸易摩擦升级，国外买方开始倾向与有跨国生产基地的企业合作，迫使一些企业加快调整外迁生产线。据广东省有关部门数据，2018年全省撤资的外资企业中，纺织服装、造纸、家具、玩

① 数据来源：广东省有关部门统计数据。

表 7.1
2000 年以来惠州市部分劳动密集型产业转移一览表

行业类型	企业名称	转承地	转移程度	外迁原因	转移影响
纺织服装类	南旋集团	越南	毛衣加工产业，转移占总业务的三成左右	劳动力成本、用地成本、原材料成本上升	正面影响：纺织服装类行业企业大多处于产业链低端，附加值低，转移后有利于留下的企业转型升级，为承接优质产业释放空间 负面影响：短期内造成经济增长放缓，就业压力大
纺织服装类	晶惠工业	越南、孟加拉国	整体迁移		
纺织服装类	泓骅制衣	越南	部分生产线转移		
家具类	敏华家具	越南	部分转移	拓展业务	不影响现有产能
电子制造服务业	光弘科技	印度	部分转移	拓展业务	
塑胶制品	惠州全品科技工业有限公司	越南	增加海外产能	国内生产经营成本（用工成本、土地成本、材料成本等）上升，周边国家优化营商环境	对现有工业生产经营环境、就业不造成影响
家具类	惠州市永展家具有限公司	越南	增加海外产能		

资料来源：国家发改委综合司广东省调研材料。

具等行业占比约33.5%，橡胶和塑料制品、化工等行业占比约为23.3%。一些技术密集型企业也开始外迁，三星电子在越南投资20亿美元建设新工厂的同时，关闭了深圳工厂。2018年8月以来，三菱电机、旭化成、小松等日资企业陆续将激光加工机、高端树脂、减压部件等先进制造产能迁出。此外，东莞京瓷办公设备、歌乐东方电子、惠州住润电装、日立乐金光科技、珠海伟创力等全球化布局的集团公司已转移或将加快转移订单至海外。**从制造企业预期来看**，2018年，对广东省9000家出口企业的调查显示，计划在海外投资的企业占19.5%，持观望态度的占38%，40%的企业认为外迁趋势还会持续。此外，广东省110家台资企业中，24家计划向东南亚地区外迁。对全省重点出口制造业企业的调查显示，若赴海外投资建厂，80%的企业首选东南亚[①]。例如，兴英科技（深圳）有限公司16%的进出口额受到中美经贸摩擦影响，计划将20%的产能迁往泰国。

为进一步发现广东省制造外迁具体情况，有必要对制造业分行业情况进行分析。从大类看，高技术制造业、装备制造业和先进制造业增速高于制造业整体，六大高耗能行业和优势传统产业增速低于制造业整体，见图7.6。从细分行业看，近年来，广东省制造业细分行业工业增加值增速分化明显，计算机、通信和其他电子设备行业，电气机械和器材，专用设备等装备制造业和先进制造业工业增加值增速较快；而纺织服装、服饰业、纺织业等传

① 数据来源：国务院发展研究中心问卷统计结果。

统制造业增速较慢，甚至已连续多年出现负增长，见图7.7。这种变化与前文所描述的相关制造行业外迁是一致的。

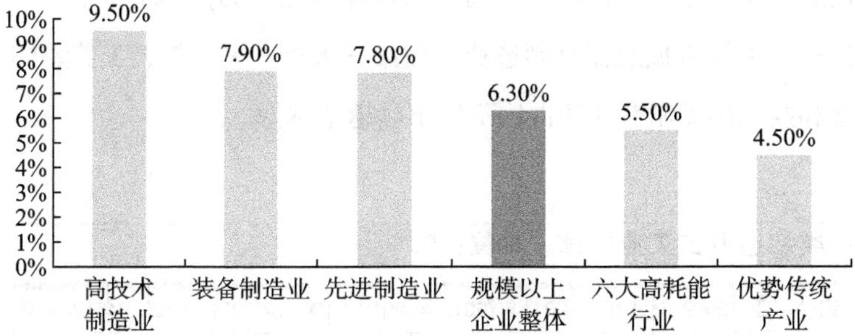

图7.6　2018年广东省制造业工业增加值增速

资料来源：Wind数据库。

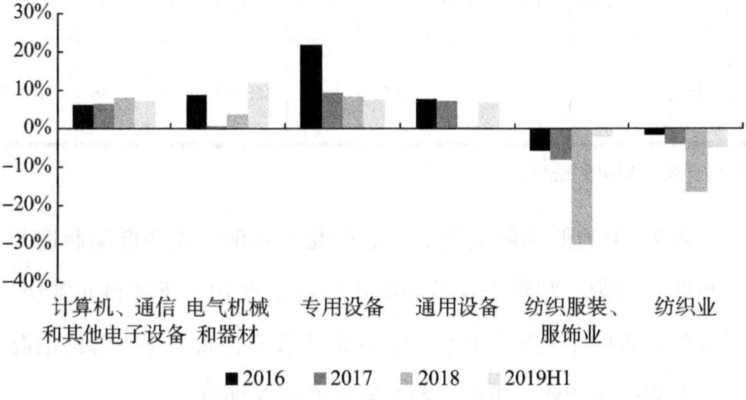

图7.7　2016—2019年上半年广东制造业细分行业工业增加值增速情况分化

资料来源：Wind数据库。

同时，制造业的选择性外迁和格局变化促进了制造业高端发展及去低端化。以深圳为例，近10年来，深圳市制造业占工业比值达90%，表7.2所示为深圳市制造业中占比前三的产业在工业产值中的比重。从表7.1可知，计算机通信和其他电子设备制造业在工业中的占比越来越高，2017年接近60%，远超于第二大类——电气机械及器材制造业。而第三大类——文教、工美、体育和娱乐用品制造业的占比不仅小且越来越低。

表7.2

各类制造业占工业比重（单位：%）

细分行业	2009年	2010年	2011年	2012年	2013年	2014年	2015年	2016年	2017年
计算机通信和其他电子设备	50.30	57.60	56.70	56.10	55.20	55.30	58.80	59.02	59.80
电气机械及器材	3.60	8.60	7.90	8.00	8.70	8.50	7.80	8.53	8.10
文教、工美、体育和娱乐用品	—	—	—	6.50	6.60	6.90	4.40	3.48	3.40

数据来源：Wind数据库。

表7.3中为低端制造业的工业产品产量值，这些低端制造业如布匹、服装、塑料等各类制造业产量在近10年下降得非常快，平板玻璃近两年几乎不再生产。在需求没有出现大幅下降的情况下，说明这些产业的生产厂商在陆续搬离深圳市。

与此同时，随着计算机通信和其他电子设备占工业比重上升，计算机通信和其他电子设备相关制造业产成品产量也快速上升，如表7.4所示，集成电路的产量呈上升趋势，微型计算机在2013年经过骤降后也恢复上升趋势。

表 7.3
低端制造业的工业产品产量下降项

年份	布（万米）	印染布（万米）	服装（万件）	塑料制品（吨）	平板玻璃（万重量箱）	铝材（吨）	两轮自行车（万辆）	照相机（万台）	家用电风扇（万台）	电话单机（万部）
2009	464	1322	35441	1396805	759	48087	398.60	793.86	1457.34	5312.90
2010	1904	1593	27217	1190914	349	53653	486.50	785.71	1393.28	5559.25
2011	716	498	19212	1337546	669	35014	438.43	631.57	1975.53	3229.52
2012	775	440	17408	1024870	718	13930	379.08	493.35	1771.45	3382.70
2013	1398	325	15130	888056	658	8580	347.82	404.51	1809.56	3139.46
2014	1474	1155	17005	836216	10	10454	310.95	317.91	1790.29	2711.63
2015	687	1291	21628	728073	5	6292	279.77	223.61	1639.74	2362.04
2016	664	1992	20023	711435	0	4171	224.41	220.00	1469.59	1801.72
2017	482	2065	17628	700522	0	4382	258.41	180.33	1248.95	1372.17

数据来源：Wind数据库。

表7.4
计算机通信和其他电子设备相关工业产品产量上升项

年份	微型计算机设备（万台）	集成电路（万块）
2009年	1802.34	737265
2010年	3403.30	1240820
2011年	4171.84	1589988
2012年	5228.56	1424912
2013年	1910.10	1455794
2014年	2607.33	1481497
2015年	2779.36	1311268
2016年	2956.76	1810728
2017年	2706.73	2185951

数据来源：Wind数据库。

综上，成本导向下，从广东大量迁入东南亚的制造业主要是纺织服装、服饰业、纺织业等传统制造业，这是目前制造外迁的主要动向。贸易摩擦影响下，电子设备、精密仪器、电气机械和器材等部分高端装备制造业也开始向东南亚国家转移。未来，随着贸易摩擦升级，在各种因素的综合作用下，一些高端装备、技术密集型制造业还将有较大概率进一步迁出。

（二）制造外迁对生产性服务业的影响

无论是受制造业回流、成本上升还是中美贸易摩擦影响，各企业为了实现自身的利润最大化或抢占市场份额等，都会考虑调整其产业及其相关生产性服务业的空间布局。制造外迁后，相关生产性服务业是扩张还是收缩，各细分行业受到的影响具体是什么，需要深入讨论。根据前文的讨论，此处用生产性服务业的总量、集聚度及质量的变动来反映制造外迁下生产性服务业受到的影响。考虑到广东生产性服务业的变化可能受到国内经济形势和环境变化等因素的影响较大，为了更好地剔除其他影响因素，突出制造外迁对生产性服务业的影响，又考虑数据的可获性①，本章拟通过三种方式来实现，一是观察关键时间节点前后异常变化，即以2008年发达国家制造回流和2018年中美贸易摩擦两个重要节点前后相关指标变化为依据；二是以相关案例辅佐说明生产性服务变化情况；三是观察同期东南亚国家生产性服务业的变化，即通过观测与外迁制造业紧密关联的生产性服务业的变化，验证我国生产性服务业的动态。

1.生产性服务业总量：总体规模影响不大，但行业受冲击程度不一

生产性服务业总规模和总水平用一定时间各行业增加值及其占GDP比重来反映。根据前文的假设，制造业是生产性服务的需求方，生产性服务业对于制造外迁的反应一般会有一定的滞后期。因此，为了更好地发现生产性服务业的影响，本章以2008—2017年和2018—2019年上半年作为生产性服务业变化重点关注的阶段②。制造业外迁背景下，与制造业结构性变化相对应，生产性服务业的发展也出现分化。从表7.5和图7.8可知，2008年以来，

① 生产性服务外迁相关数据缺乏官方统计，可获性难度较大，且生产性服务变化滞后于制造外迁的变化，也难以从短期数据中获取足够信息。

② 注：数据来源于Wind数据库，2019年数据为6月末数据。

在生产性服务业中，批发零售业[①]一直是重要生产性服务业，总体呈现先升后降趋势，2008年后5年内批发零售占GDP比重和行业增加值同比均呈上升趋势，2018年贸易战以来，两项比重又出现下滑，可见，制造回流和成本导向下的制造外迁对批发零售行业的影响并不大，但贸易摩擦下制造外迁可能对其有较大影响，例如，佛山一家跨国家电企业为了应对美国加税，已经将国内30%~50%的对美贸易生产线转移到东南亚工厂，如果中美贸易摩擦继续加剧，外贸税收进一步提升，会考虑全部转移对美外贸生产线。交通运输、仓储邮政业作为基础生产性服务业，从两个关键节点看，2008年后其增加值占GDP的比重及其同比均出现明显下降，直到2012年才出现上升，而在2018年后也同样出现了下降的情况。以广东仓储物流为例，2010年后，顺丰、京东、中通等物流企业纷纷在越南、柬埔寨和泰国等东南亚地区建立了海外仓储，为全球跨境电商卖家提供海外仓增值服务、海外仓储，以及东南亚代收付款等服务。2019年3月，顺丰与印尼主要从事制造业和矿业的Triputra集团建立了仓储物流合作关系。此外，2019年上半年，广东港口吞吐量同比增长仅6.8%，较2018年同比增速下降了2.8个百分点；2019年上半年越南港口货物吞吐量达近3.09亿吨，同比增长13%[②]。可以判断，交通运输、仓储邮

---

① 批发零售业中，仅批发属于生产性服务业，但由于批发零售业数据在一起，没有分开，因而采用批发零售总体数据。一般而言，批发占批发零售总体水平的3/4左右。

② 数据来源于2019年8月越南航海局公布数据。

政行业受制造外迁影响较大，随着中美贸易摩擦的升级，这种影响可能进一步转移我国航运、物流、仓储等生产性服务业服务能力。随着广东省产业的升级与转换，金融业占GDP的比重在逐渐增加，制造外迁对金融业规模的影响并不大。而作为现代服务业典型代表的信息技术服务业、租赁和商务服务业及科技研究服务业在近10年内占GDP的比重总体上受影响程度不一。从两个关键节点看，在2008年发达国家制造回流影响下，信息技术服务业占GDP比重开始下降，直到2012年才开始回升，这个时期，其增加值同比也出现大幅下降，而2018年后在贸易摩擦影响下，信息技术服务业增加值同比出现比以往更大幅的下滑，可以发现，信息技术服务业受到了制造外迁的较大影响。以检验检测服务为例，2018年，英特尔公司投资10亿美元在越南新建工厂，主要承接原来在广东的IC封装和检验检测服务部分产线。此外，贸易摩擦下，制造外迁使得马来西亚逐渐形成半导体封测的“重镇”，印度形成智能手机经销和分销的主要市场。租赁和商务服务业在两个阶段占比都比较平稳，制造外迁并没有对其造成显著的影响。科学研究和技术服务业占比上升说明现代服务业对GDP的贡献率越来越大，广东省对现代服务业的重视程度越来越高，成本导向与贸易摩擦下的制造外迁使得部分生产性服务业开始收缩，而科学研究和技术服务业则在迅速扩张。部分跨国公司将基地或工厂搬迁至东南亚后，仍将研发设计环节留在广东。例如，目前，晶苑毛织集团在越南的工厂有3万多人，而在东莞约1万人，企业计划逐步将生产制造环节转移东南亚，而在东莞工厂增加研发投入。

表 7.5
2008—2019 年上半年广东省各行业增加值占 GDP 的比重（单位：%）

年份	第二产业	第三产业	批发与零售业	交通运输、仓储和邮政业	信息传输、软件和信息技术服务业	金融业	租赁和商务服务业	科学研究和技术服务业
2008年	50.28	44.36	9.45	4.44	—	5.36	—	—
2009年	49.19	45.72	9.9	4.04	3.27	5.78	3.34	1.05
2010年	50.02	45.01	10.1	3.97	2.98	5.78	3.40	1.05
2011年	49.7	45.29	10.68	3.93	2.83	5.48	3.63	1.03
2012年	48.54	46.47	11.1	4.15	2.84	5.56	3.74	1.05
2013年	46.41	48.83	11.72	3.92	—	6.6	—	—
2014年	46.34	48.99	11.47	4.04	2.95	6.56	3.74	1.42
2015年	44.79	50.61	10.47	4.02	3.13	7.91	3.53	1.53
2016年	43.42	52.01	10.37	3.97	3.62	7.58	3.73	1.47
2017年	42.37	53.6	10.01	3.99	4.26	7.64	3.74	1.68
2018年	41.83	54.23	9.94	3.96	—	7.50	—	—
2019年	40.64	56.02	9.25	3.95	—	8.59	—	—

数据来源：Wind数据库。

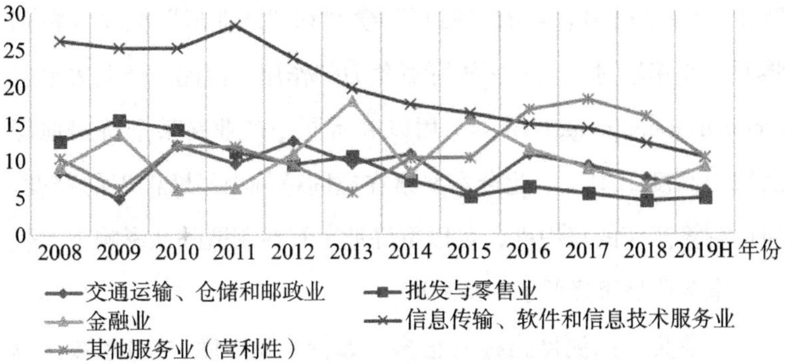

图7.8　2008—2019年上半年广东省典型生产性服务业增加值同比增速（单位：%）

数据来源：Wind数据库，其他服务业主要指租赁和商务服务业、科学研究和技术服务业。

2. 生产性服务业集聚度：总体集聚度略有下降，但现代生产性服务业集聚度仍在增强

产业集聚最早由新古典经济学家马歇尔于1890年提出，他认为产业在特定地区的集聚可以形成外部规模经济，而外部规模经济来源于劳动市场共享（labor market pooling）、投入共享（input sharing）和技术溢出（technology spillover）三个方面。随后，韦伯于1909年提出的工业区位理论将产业集聚理论发展成熟。韦伯认为，工业区位受两类因素影响。第一类是影响工业分布于各个区域的“区域性因素”；第二类是在工业区域分布的过程中，使工业集中在某一地点而不是均匀分布的“集聚因素”。韦伯认为，影响工业区位的区域性因素（即第一类因素）主要是运输成本和劳动力成本，这两种成本分别产生运输指向和劳动力指向的效果，影响工业区位的决定（刘军等，2011）。迈克尔·波

特于1990年提出著名的“钻石”模型和“产业群”概念，特别强调产业集聚对一定地区国际竞争力的作用。因此，产业集聚度（industrial congregativeness）用以表示同一产业在某个特定地理区域内高度集中，产业资本要素在空间范围内不断汇聚的程度。通过测算产业的集中度，可以更好地了解在制造外迁影响下，生产性服务业是否降低了集聚程度。

产业集聚的测度指标有很多，如行业集中度、HHI系数、熵指数、区位熵、空间基尼系数等。本章测度指标采用行业集中度，其优点是计算方法简单，采用最常用的指标，能够形象地反映产业集聚水平，是衡量某一市场结构的重要指标。计算公式为：

$$CR_n=\frac{\sum_{i=1}^{n}X_i}{\sum_{i=1}^{N}X_i}\times 100=100\sum_{i=0}^{n}S_i$$

其中，CR_n代表i产业的集聚度；X_i为第i产业的某项指标（如总量、总产值、就业人数、研发人员、研发支出、销售收入等）。本章选用就业人数为产业指标，则$\sum_{i=1}^{n}X_i$代表i产业的就业人数；$\sum_{i=1}^{N}X_i$代表全部产业的就业人数；CR_n实际为i产业就业人数占广东省全部产业就业人数的份额，以此来反映i产业集聚水平。为此，本章选取了广东省及四个主要地级市部分年份各产业的劳动人数及总劳动人数作为基础数据，来反映广东省制造业和生产性服务业的集聚状况。

从表7.6可知，近10年广东省第二产业的集聚度略有下降，但仍为最高，且制造业集聚度的下降幅度要略高于第二产业集聚度，因此，第二产业集聚度的下降，主要源于制造业集聚度的下降，这其中有劳动生产率提高和机器换人的原因，但这两个因素发挥作用都有一个缓慢的过程，而其集聚度在2008年关键节点出现急剧下降，显然制造外迁的影响作用更为明显。从第三产业的集聚度看，总体水平呈逐步提升趋势，且在2015年超过制造业，服务业的扩张也吸收了制造业集聚度降低所释放出来的部分劳动力。

表7.6

广东省各项产业集聚度的变化

产业	2005年	2010年	2015年	2016年	2017年	2018年
第二产业	38.1	42.4	41.0	40.5	40.1	39.3
制造业	33.17	37.73	35.96	35.52	35.01	33.69
第三产业	29.80	33.20	36.90	37.80	38.50	40
生产性服务业	16.4	19.59	21.86	22.41	22.66	23.54

数据来源：广东省历年统计年鉴。

对比表7.7中广东省四大主要地级市产业集聚度的数据，发现广东省各地区中的产业集聚有其自身特点。其中，佛山和东莞的制造业集聚度达到50%以上，说明佛山、东莞仍是以制造业为主。而广州和深圳逐步从制造业向服务业发展，深圳的生产性服务业集聚度最高。但就目前而言，虽各市在服务业上的集聚度都在显著增长，广州和深圳的生产性服务业更是占据总产业的35%以上，但是制造业仍是各市的一大重要产业。观察各市的信息技术服务业、租赁和商务服务业、科学研究技术服务业的产业集聚度，虽然这些现代生产性服务业的集聚度目前还并不是很高，但其集聚度呈现稳步上升趋势。因此，本章将历年广东省现代生产性服务业集聚度变动作了归纳，结果如表7.8所示。

表7.7

2009年与2017年四大市各项产业集聚度的变化

行　　业	广州		深圳		佛山		东莞
	2009年	2017年	2009年	2017年	2009年	2017年	2017年
第二产业	40.25	33.24	53.96	44.45	53.94	56.72	68.26
制造业	34.50	29.69	51.20	40.02	48.71	53.01	66.38
第三产业	48.95	59.57	45.98	55.38	38.92	38.37	30.86
生产性服务业	30.29	35.63	28.48	38.95	25.66	23.06	15.88
批发零售业	16.62	19.69	16.56	19.79	17.37	15.33	2.07
交通运输、仓储和邮政业	4.79	5.86	2.94	4.56	3.59	2.38	0.75
信息传输、软件和信息技术	1.91	2.8	2.10	4.41	0.98	1.15	7.05
金融业	1.11	1.39	1.31	1.22	0.98	1.41	0.40
租赁和商务服务业	3.53	3.63	4.20	6.69	2.47	1.96	4.60
科学研究、技术服务业	2.33	2.26	1.37	2.28	0.27	0.83	1.01

数据来源：广州市、深圳市、佛山市、东莞市统计年鉴。由于2008年和2018年数据缺失，故选取2009年与2017年相关数据。东莞2009年数据缺失。

表7.8

广东省生产性服务业集聚度变动表

年份	生产性服务业 CR_1	信息传输、软件和信息技术 CR_2	租赁和商务服务业 CR_3	科学研究、技术服务业 CR_4
2008年	18.35	0.91	1.59	0.62
2009年	18.80	0.94	1.64	0.62

续表

年份	生产性服务业 CR_1	信息传输、软件和信息技术 CR_2	租赁和商务服务业 CR_3	科学研究、技术服务业 CR_4
2010年	19.59	0.92	1.54	0.45
2011年	19.95	0.97	1.49	0.53
2012年	20.03	1.04	1.53	0.56
2013年	21.01	1.27	1.81	0.69
2014年	21.37	1.31	2.36	0.84
2015年	21.86	1.39	2.54	0.89
2016年	22.41	1.51	2.62	0.93
2017年	22.66	1.58	2.71	0.99
2018年	23.54	1.82	3.03	1.22

数据来源：广东省历年统计年鉴。

广东省生产性服务业中，批发零售业集聚度最高，这是由于批发零售业是社会化大生产过程中的重要环节，是决定经济运行速度、质量和效益的引导性力量，是我国市场化程度最高、竞争最为激烈的行业之一。随着电子信息技术的发展，批发零售业早已不是传统类别的批发零售，而是与现代先进科技深度融合的产业。各类电商通过电子商务平台实现线上线下的交易，极大促进了批发零售业的发展。如广州唯品会信息科技有限公司，还有各类电商平台、跨境电子商务平台企业都为广东省各类产业的发展提供了新的平台。金融业的产业集聚度与10年前相比变化不大，说明金融业处于稳定状态，各项因素导致的制造业外迁对其影响都不大。交通运输仓储邮政业、信息软件技术服务业、租赁和商务服务业、科学研究和技术服务业等其他生产性服务业虽集聚度在总体上不高，但是却在逐年增加，说明产业正朝着这些方向集聚。

从以关键节点划分的两个阶段看，2008—2017年，生产性服务业的产业集聚度一直处稳定增长的状态，且以信息传输软件技术服务业、租赁和商务服务业、科学研究和技术服务业为代表的现代生产性服务业产业集聚度呈现显著增长的趋势。2018年，生产性服务业集聚度继续增长，同时以信息传输软件技术服务业、租赁和商务服务业、科学研究和技术服务业为代表的现代生产性服务业产业集聚度延续高增长态势。由此可以看出，虽然制造业外迁可能引起了部分生产性服务业的外迁，但更多的制造业企业正在化成本压力为转型动力，沿着高端化、信息化、智能化、绿色化不断创新，新一代信息技术、航空航天和机器人智能设备等高新技术产业和装备制造业比重不断增加，先进制造业对现代服务业发展提出了更多更高需求，推动科学研究和技术服务业等现代服务业形成更高水平集聚发展。

3.生产性服务业质量：总体向现代生产性服务业攀升，贸易摩擦下提质较为艰难

考虑到制造业外迁对生产性服务业的质量影响无法从简单的变动比值看出，本章主要从生产性服务业中智力化、资本化、专业化、效率化水平较高的服务行业投资情况判断制造外迁对生产性服务业质量的影响。因此，本章以2018年为关键时间节点的广东省生产性服务业各行业固定资产投资、外商直接投资以及对外直接投资方向判断制造外迁对未来该地区生产性服务业质量的影响。同时，

也要考虑不同情景下的制造外迁对高质量生产性服务业带来的影响。

分析近年来广东省生产性服务业分行业投资增长情况可知（见表7.9），从制造业总体看，2018年，在制造回流、成本上升及中美贸易摩擦的不利背景下，制造业的固定资产投资、外商直接投资及对外直接投资都显著增加，说明广东省制造业仍然对外商有着很大的吸引力，这得益于广东省有完善配套的产业链。同时，对外直接投资的增加在一定程度上说明广东省对外在进行产业转移，对内在追求转型升级。制造外迁影响下，生产性服务业中，2018年固定资产投资同比增长最多的是租赁商务业和金融业，呈最大负增长的是批发零售业。外商直接投资中合同外资金额最多的是租赁商务业和金融业，同比增长最快的是交通运输、仓储和邮政业以及科学研究、技术服务业。对外直接投资中，金额和同比增长最多的均是租赁商务业，交通运输、仓储和邮政业同比增长也很快，而金融业和科学研究、技术服务业对外直接投资同比增长很低，信息传输、软件和技术业同比出现大幅下降。由此得出，制造外迁背景下，租赁商务及交通运输、仓储和邮政业以及批发零售等服务业既有较大的国内发展空间，也会将大量业务转移到海外，信息传输、软件和技术业国内外空间可能都受到挤压，金融业与科学研究、技术服务业国内发展面临的投资形势最好，几乎没有向国外转移的动向。总体上，制造外迁推动了传统生产性服务业部分向海外转移，而尽管研发、金融、科技信息等现代生产性服务业投资还相对薄弱，但在制造外迁的推动下，我国生产性服务业将会进一步向这些价值链高端环节攀升。

表 7.9
2018年广东省分行业投资增长情况

行业		固定资产投资同比增长（%）	外商直接投资				对外直接投资	
			合同外资金额（亿元）	同比增长（%）	实际使用金额（亿元）	同比增长（%）	金额（亿美元）	同比增长（%）
制造业		−0.10	729.05	36.40	520.45	57.90	15.30	30.30
生产性服务业	交通运输、仓储和邮政业	−1.00	336.15	591.40	80.47	231.00	1.30	142.10
	信息传输、软件和技术	−5.80	540.62	68.20	54.70	−61.80	3.90	−66.30
	金融业	16.20	1630.40	34.70	60.79	−19.00	0.50	4.40
	租赁和商务	63.50	1054.40	3.00	241.74	−15.20	66.50	155.60
	批发零售业	−39.50	851.96	36.50	103.19	−14.70	13.90	25.40
	科学研究、技术服务业	−10.30	264.33	589.85	38.83	348.76	0.97	5.53

数据来源：根据2018年广东国民经济和社会发展统计公报整理。

值得注意的是，制造回流和贸易摩擦引致的制造外迁也可能会同时带动部分现代生产性服务业外迁。以研发设计服务为例，制造回流情况下，发达国家一般选择将生产、研发、销售环节全部回流至本国或本地区；贸易摩擦情况下，部分企业出于成本考虑或者被美国作为打压中国的对象，也有可能导致研发设计受到冲击。2019年5月，中国美国商会（AmCham China）针对239家在华美资企业的调查显示，22.7%的公司将把整个供应链从中国转移出去，19.7%的公司正考虑将部分制造业迁出中国，33.2%的公司将推迟或取消其投资决策，只有2.9%的公司将增加其在华投资（刘利刚，2021）。

（三）影响机理分析

前文分析了制造外迁对生产性服务业的影响，为进一步分析在不同外迁背景下，生产性服务业各行业在其总量、集聚度和质量受到不同影响的深层次原因，本章将从可替代性、成本收益比、两业融合度以及产业配套完整性四个角度进行解释。

1. 可替代性

从前文分析制造外迁对生产性服务业的影响来看，广东在关键时间节点向东南亚地区转移的生产性服务业大多都是交通运输、仓储邮政和批发零售等传统生产性服务业，而租赁和商务、科学研究和技术等现代服务业在制造外迁关键节点后反而表现出国内增长更快的势头，且总量、集聚度和质量均有所提升。从可替代性的角度来解释，成本导向和贸易摩擦下的制造外迁，经济发展水平相对较高的迁出地一般不会向低成本地区转移人才、科技、资本、数据等现代要素和产业基础要求较高的生产性服务业，制造外迁反而推动了迁出地进一步提升生产性服务的总量、集聚度和质量。从广东和东南亚实际来看，外迁较多的是传统制造业或者是制造业价值链的中低端环节，对其配套生产性服务业的需求较低，而为传统制造业提供配套的生产性服务可能在经济发展水平较低的东南亚国家也可以实现，即与之配套的生产性服务业是可替代的，不存在稀缺问题。此外，低成本的东南亚国家并不具备迁入现代服务业的基础条件和比较优势，因此传统制造业的外迁并不会使现代生产性服务业随之外迁。正是由于存在不可替代性，广东省部分现代生产性服务业的总量和集聚度的提升说明该类生产性服务业除了服务业于广东省自身的制造业外，还很有可能服务于外迁至东南亚国家的制造业。例如，润田制衣已在东南亚设厂，但面料、钉扣等复杂工艺仍需在中国生产，再出口至越南。2009年开始，裕元鞋业将大部分产能转移至东南亚地区，其高埗工厂由高峰时期的11万人减至目前的8000人，但目前在东莞保留了5个开发中心，用于开发高端运动鞋品牌。进一步地，对越南投资分析也可以提供佐证，越南总体投资中，制造业外商投资金额占比53.3%，明显高于越南本国投资27.9%的占比。与此同时，外商投资的生产性服务业中，批发零售业和修理业，运输仓储业，金融保险业，专业、科学及技术服务业，信息通信业外商投资金额占比合计10.4%，低于越南本国投资20.8%的占比，且外商投资越南批发和零售等传统生产性服务业领域要明显高于金融保险业及专业、科学及技术服务业领域，见图7.9。同理，可替代性也可以解释制造回流下的制造外迁情形，发达国家在研发、信息科技、金融等现代服务业领域比我国更具优势，制造外迁大概率会导致部分现代生产性服务随之回流。

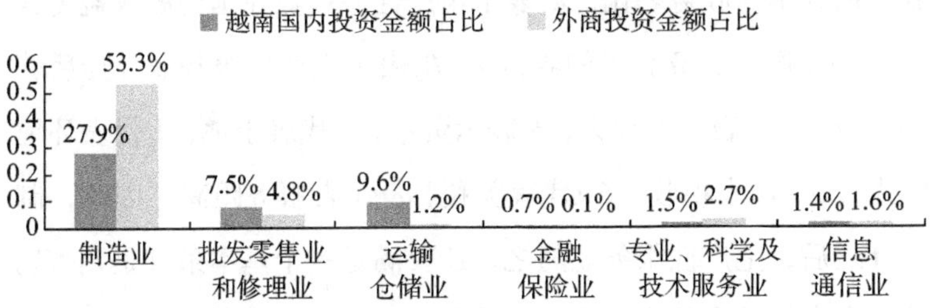

图7.9　2018年外商直接投资与越南国内投资金额分布情况对比

数据来源：Wind数据库。

2.成本收益比

对生产性服务业而言，总量大小取决于规模经济效应，集聚度取决于范围经济效应。对企业而言，经营状况取决于其成本和收益的权衡比较。前文分析了制造外迁对生产性服务业总量和集聚度的影响，制造外迁对广东省生产性服务业总体规模影响不大，但对批发零售业，交通运输、仓储邮政行业以及信息技术服务业总量规模影响较大，对总体集聚度负向影响较大，但对信息传输软件技术服务、租赁和商务服务、科学研究和技术服务等现代服务业反而起到了一定的提升作用。而且，这些影响主要是成本上涨、自然分工背景下的产业主动转移，制造回流和贸易摩擦下的变化只是加速了这种变化。从成本收益比的角度解释，制造外迁后，生产性服务业各行业在国内为外迁制造提供服务还是随迁提供服务，起决定性的因素还是成本收益的综合考量，假定 $F_1=R_1/(L+K+T+V+Tax+Cu+D)$，$F_2=R_2/(L+K+T+V+Tax)$，$F_1$和$F_2$分别为制造外迁后生产性服务业在国内提供服务和随迁提供服务的成本与收益之比，R_1表示生产性服务业在国内的收益（含为国外提供的服务获得的收益），R_2表示生产性服务业外迁后获得的收益，L表示劳动力，K表示资本，T代表土地，V代表环境约束，Tax代表税收，Cu代表关税，D代表服务距离。因此，制造外迁后，生产性服务业随之外迁要满足一个基本条件是$F_1<F_2$。从广东省和越南的成本收益比较来看，在收益既定的情况下，越南的劳动力成本也处于上升期，但总体仍要优于广东省。越南正处于劳动力红利期，劳动力平均年龄30.5岁，中国劳动力平均年龄37.4岁。越南的服务业税收政策要优于广东省，且越南低税率政策吸引了大量外商投资企业的迁入，越南对中国企业免征关税或征收优惠定税，越南的用地租金相较于广东有很大优势。越南政府专注吸引外商投资，外商享受与国内企业一样的融资待遇。外迁至越南的配套生产性服务的交通运输成本低于从广东省获得服务的成本，见表7.10。以国光电器为例，该公司前10大客户的总部或者市场总部都在美国，受美国政府对2000亿美元产品加征关税的影响，美国客户大概率会重新选择供应商以避免关税的影响，部分美国客户已要求该公司给出转移越南、柬埔寨、孟加拉国、缅甸、老挝等东南亚国家的时间表，如果生产基地不往东南亚国家转移，将取消国光公司2019年新产品开发权。

表7.10
广东省与越南生产性服务业基础成本比较

指标	广东省	越南
劳动力工资	2018年整体平均月工资6599元，服务业就业人员的平均月工资为7954元	各行业各单位领导者平均月收入约3360元人民币；普通劳动者约1440元
税收	现代服务业税率6%	科技文体服务5%；土地使用权、转让资本、证券和技术，公共运输、再保险、金融服务等提供的某些服务免税
关税	—	0%~40%，依据中国－东盟自贸区协定，目前双方大部分进出口产品免征关税，部分商品依据协定征税
土地政策	2019年1—6月广东省商服用地3759元每平方米	每公顷土地每年价格为1360~6800元
资本	平均综合资金成本率12%以上	短期贷款年利率为6%~9%，长期贷款年利率为9%~11%
服务距离	企业不外迁，且需要对在越南的企业进行配套服务，则服务距离的增加会促使运输成本的增加	交通运输成本低

资料来源：根据广东省和越南相关官网资料整理。

3.两业融合度

根据前文对制造外迁下生产性服务业的分析发现，无论从数据变化还是案例反映的情况来看，批发零售、交通运输、仓储邮政、信息技术服务等生产性服务企业随制造业外迁较多，而金融服务、研发等企业转移相对较少。从服务业和制造业融合的角度来解释，如果制造企业通过业务拓展，已经成为某领域整体解决方案系统服务商，或者品牌影响力强、服务业增值部分带来的营业收入所占比重较高，将会出现同时留在国内或者整体外迁的现象。由于当前外迁的制造企业大多为传统制造业，在长期的发展过程中，传统制造业与销售、物流、检验检测等生产性服务形成了紧密的关系，融合度较高，特别是在新一代信息技术广泛应用的背景下，信息技术服务与制造业已经实现融为一体、相融共生的格局，无法简单实现地域分割。汉帛国际是中国最大的女装制造商之一，当前正在进行女装生产线的柔性化改造，其柔性化生产线由光宇清源和富士康分别开发软件和硬件系统。汉帛国际将定制化生产的柔性生产线看作服装行业“提质增效，降本减存”和传统服装制造业升级的方向，汉帛国际认为能够搬迁东南亚的都是较为低端的服装生产线，其高档女装生产线必须在国内，因为国内拥有工业互联网领域的良好发展环境和配套环境，对服装产线进行柔性化生产提供无法替代的支撑（杨璐，2019）。也有部分外迁制造业与融合度高的生产性服务业一并转移。例如，2019年2月，TCL在越南平阳省正式开工建设TCL越南模组整机一体化制造基地。这是TCL越南公司的新制造基地，也是继国内的惠州基地以及国外的印度基地之后，其在全球布局的又一个模组整机一体化基地。TCL凭借近20年积累的全球市场经验和卓越的生产能力，致力将TCL越南打造成一个具备行业最新科技含量的综合性家电企业，进一步提升TCL产销一体化的核心竞争力，今后，TCL越南新制造基地将向越南市场和东南亚市场的消费者提供更多先进、优质的产品和服务。相反，如果制造与服务关联不紧密，制造外迁后，生产性服务不会随之外迁。

4. 产业配套完整性

根据前文分析，制造外迁下，广东省现代生产性服务业集聚度的提升幅度要低于传统生产性服务业集聚度的下降幅度，生产性服务业总体正在向高质量的方向发展。从产业配套完整性的角度解释，成本导向下的制造外迁，制造业迁入国家或地区一般是资源要素成本低，但产业体系和产业配套并不健全，基于制造业发展而剥离成长的生产性服务业可能并不完备，因此，制造业迁入地生产性服务业发育不好，在迁入地较大市场空间吸引下，国内生产性服务业可能随迁较多，而迁入地相关生产性服务发育较好，则可能随迁较少。一些制造企业外迁后，由于劳动力培训、检验检测、物流配送、经销分销等服务链配套太差，经营面临较大瓶颈。歌尔声学在越南的代工厂在尝试批量生产AirPods无线耳机，但结果却并不如预期，“越南制造”的AirPods无线耳机，质量达不到预期，并且由于技术的限制，还有员工的懒惰，致使生产效率极其低下。从这些问题来看，越南制造目前是有较大缺陷的。进一步分析越南生产性服务业配套情况，可以发现，近年来，随着越南制造业的攀升，生产性服务业出现明显滞后状况。生产性服务业中，批发零售业增速下降，金融保险业和运输仓储业增速平稳，信息通信业在多年的相对高速增长之后，增速有所回落，科学和技术服务业增速相对较低，见图7.10。可见，在制造业加速迁入越南的背景下，相应的生产性服务业发展速度仍然较低，越南本土的生产性服务业或将无法完全满足迁入制造业的需求，这可能引致未来一段时期广东相关生产性服务业外迁。

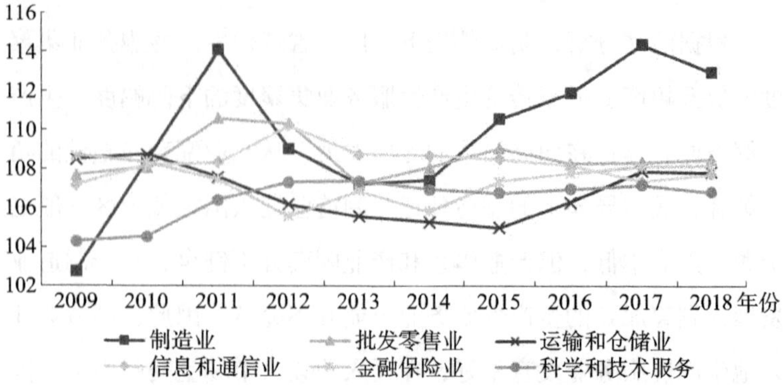

图7.10　2009—2018年越南制造业和主要生产性服务业增速情况（单位：%）

数据来源：Wind数据库。

从外商直接投资的行业分布对比来看（图7.11、图7.12），制造业项目占比最高，项目数量占比35.1%，投资金额占比53.3%。生产性服务业中，批发零售业和修理业占比较高，项目数量占比25%，投资金额占比4.8%。截至2017年累计有效项目中，批发零售业和修理业、科技活动、信息和通信、运输和仓储、金融银行保险等5个典型的生产性服务业累计数量占比30.9%，累计金额占比5.1%；2018年新增项目中，上述5个生产性服务业数量占比48.0%，金额占比10.4%，出现明显提升。这正好说明，随着制造业迁入越南，各国正在瞄准越南生产性服务业配套市场空间，积极谋求布局。此外，尽管科研等生产性服务业也有很大缺口，但受前文所提不可替代性因素的影响，各国并没有大量投资该领域。

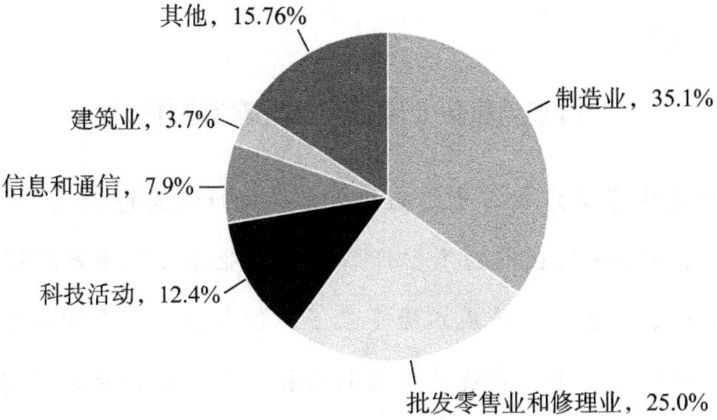

图7.11 2018年越南外商直接投资项目数量分布情况

数据来源：Wind数据库。

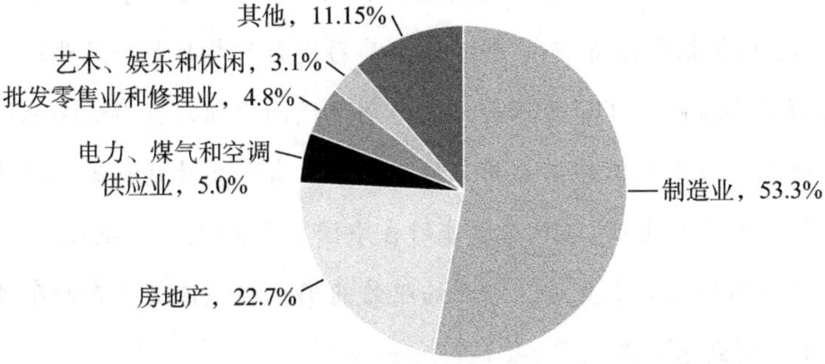

图7.12 2018年外商直接投资项目金额分布情况

数据来源：Wind数据库。

同理，从制造回流导向下制造外迁来看，由于发达国家生产性服务业更加完备，则我国生产性服务业随迁可能性较小，为其提供跨境服务的可能性也较小。我国作为近40年的世界制造工厂，制造回流下的制造外迁对我国制造业的发展及升级必然产生不利影响，也将使与制造业配套或关联性强的生产性服务业受到较大冲击。

专栏2

日本服装企业注重产业配套完整性

中国的劳动力成本是越南的2倍、孟加拉国的4倍。为了削减成本，包括GU在内的不少日本服装企业逐步把生产转移到了东南亚国家。虽然生产成本降下来了，但却出现了交货周期过久的物流问题。当企业发现某款商品热销、要求东南亚工厂增加生产，增产的服装运回日本后却可能面对已经赶不上快时尚的局面。为了把库存处理掉，GU能做的只有经常打折促销。GU没有明确公开打折促销带给利润的直接影响，但在8月的事业说明会上GU社长柚木治直言："为了减少库存进行的打折是导致业绩恶化的主要原因。"GU并不是把生产全部迁回中国，当季新品依旧会在人力成本较低的东南亚工厂生产，只有需要紧赶潮流的增产服装会在中国生产。GU希望能够在中国建立30天生产投入周期，由于中国距离日本更近，增产的服装能够比在东南亚生产的服装早1~2周到达日本。

日本服装企业STRIPE INTERNATIONAL在中国的生产比例曾一度下降到70%左右，但由于物流上的优势，生产比例再次超过了80%。已经形成成熟产业链的中国制造业的优势不仅限于物流。日本经营管理协会成员三好康司曾撰文表示，与东南亚国家工厂相比，中国工厂能够灵活调配面料、拉链等其他生产所需辅料。

［资料来源：《GU重新把生产迁回中国，这么做的日本服装企业不止一家》（好奇心日报，陈思吟）］

四、结论与启示

（一）结论

成本上升、制造回流和贸易摩擦下，广东省纺织服装、服饰业等传统制造业出现大量外迁，随着贸易摩擦升级，一些电子设备、精密仪器等高端装备制造业正在向东南亚国家转移，未来还有进一步转移的趋势。制造的外迁对生产性服务业造成了较大影响。**从总量上看**，总体规模受制造外迁影响不大，但批发零售、交通运输、仓储邮政、信息技术服务等生产性服务业随之转移较多，受影响较大，而金融业、租赁和商务服务业、科学研究和技术服务业等随制造外迁较少，国内发展势头良好。**从集聚度来看**，制造外迁影响下，广东省批发零售业集聚度较高，而交通运输、仓储邮政、信息软件技术服务、租赁和商务服务业、科学研究和技术服务业等其他生产性服务业集聚度较低但呈增加趋势，制造业外迁为先进制造业和现代生产性服务业腾出了集聚空间及条件，先进制造业的更高需求催生了现代服务业高级化发展。贸易摩擦影响下，生产性服务业总体集聚度略有下降，现代生产性服务业集聚度在增强，现代生产性服务业集聚度的提升幅度要低于传统生产性服务业集聚度的下降幅度。**从服务业质量看**，制造外迁推动了传统生产性服务业部分向海外转移，但投资正在向研发、金融、科技信息等现代生产性服务业方向集中，但是要警惕贸易摩擦升级背景下，设计、研发等高附加值生产性服务业也可能从我国撤离、回流母国，一定程度上切断了我国技术引进吸收的路径，致使产业升级面临困境。

从可替代性的角度来解释，成本导向和贸易摩擦下的制造外迁，由于广东省不会向低成本的东南亚地区转移人才、科技、资本、数据等现代要素和产业基础要求较高的生产性服务业，因此，制造外迁反而推动了迁出地进一步提升生产性服务的总量、集聚度和质量。**从成本收益比的角度解释**，制造外迁后，由于批发零售、交通运输、仓储邮政、信息技术服务等生产性服务业在越南提供服务的成本收益比要大于从广东本土提供服务，导致广东省总体规模、集聚度总体下降。**从服务业和制造业融合的角度来解释**，制造企业通过向研发、物流、金融、贸易等生产性服务领域拓展业务，已经成为某领域整体解决方案系统服务商，或者品牌影响力强、服务业增值部分带来的营业收入所占比重较高，生产经营无法在区域上分割，因此，出现了部分同时留在广东和部分整体外迁东南亚的现象。**从产业配套完整性的角度解释**，成本导向下的制造外迁，尽管东南亚资源要素成本低，但产业体系和产业配套并不健全，基于制造业发展而剥离成长的生产性服务业可能并不完备，因此，其生产性服务需求紧缺，在迁入地较大市场空间吸引下，批发零售、信息通信等生产性服务业随迁较多，而科学研究和技术服务业等生产性服务业尽管需求也很紧缺，但由于存在不可替代性，因而依然在广东本土提供相关服务。从制造回流导向下制造外迁来看，由于发达国家生产性服务业更加完备，我国生产性服务业随迁较少，提供跨境服务也较少。

（二）启示

通过对制造外迁下生产性服务业的影响与机理分析，得出如下启示：**一是促进制造业和生产性服务业的深度融合**。推动制造业外迁压力转变为高质量、优结构发展的动力，支持制造业与生产性服务业更好地融合发展，发挥生产性服务业在科技研发、信息互联、销售物流、金融方面的优势，加速实现产业转型升级，打造具有全球影响力和竞争力的世界级先进制造业产业集群。**二是提升生产性服务业核心竞争力**。在发达国家制造业回流过程中，因发达国家本身具备完善的配套体系，我国生产性服务业无法随迁而导致业务收缩。加强国家层面对生产性服务业的支持力度，鼓励生产性服务业高端化、高质量发展，提高生产性服务业的国际化竞争力，鼓励生产性服务业利用制造业外迁和多元化市场开拓机遇，主动走出国门。鼓励企业开展跨境业务，参与全球业务。**三是加强生产性服务跨境服务能力**。传统制造业和生产性服务向外转移情况下，大力发展服务贸易、数字贸易、保税业务、跨境电子商务等新业态，积极开展开放式创新、互联网定制、网格化研发等新型国际合作模式。**四是切实降低生产性服务业综合成本**。多措并举激励各类银行服务中小微企业，引导银行贷款向制造业和生产性服务企业倾斜，合理扩大贷款抵质押品范围，继续大幅降低增值税税率，进一步降低企业用工成本，降低社保缴费名义费率，持续降低制度性交易成本，继续深化“放管服”改革，优化当地营商环境，留住优质企业，防止出现产业链整体外迁和产业“空心化”。**五是建立全产业链保护区制度。**在京津冀、粤港澳等重点地区，选择产业链条完整、国际竞争优势明显的重点区域予以支持，加强用地、用能、信贷、人才保障，防止产业链核心环节向境外迁移，提升产业链关键技术自主可控能力。

第八章 构建以我为重心的“3+2”区域供应链体系

供应链是以需求为导向，以提高质量和效率为目标，以整合资源为手段，实现产品设计、采购、生产、销售、服务等全过程高效协同的组织形态①。2008年国际金融危机以来，贸易保护主义抬头，发达国家推进制造业回流，区域性经贸协定加快形成，特别是新冠肺炎疫情全球大爆发，可能引发全球产业分工格局和生产组织网络发生重大变化，全球供应链正在加快重构。

一、全球供应链变局新趋势

（一）开放性“全球模式”转向区域化“俱乐部模式”，全球供应链“三足鼎立”格局正在形成

在全球经济增长动能乏力背景下，主要经济体围绕产业链、

① 供应链与产业链涵义不同，产业链通常包括原材料加工、中间产品生产、制成品组装、销售、服务等多个环节，和供应链具备相同的微观基础。供应链则强调微观层面市场主体间的协作关系，其核心目标是“互利协同、智慧敏捷、弹性安全、绿色可持续、竞争力强”。

供应链、价值链的争夺更加激烈。全球供应链以欧美日韩主导研发设计、技术供给、品牌营销、关键设备和零部件生产，中国和东南亚等国家承担加工组装制造，中东、拉美、大洋洲及俄罗斯提供能源和原材料为特征的开放性“金三角循环”格局，正逐渐演变为以美国为主导，加拿大、墨西哥及其他相关协定国共同组成的北美经济圈、欧盟经济圈及以东亚为核心的亚洲经济圈“三足鼎立”格局。全球供应链呈现由全球性、开放性走向区域性、封闭性的趋势，原有互补性、合作性产业体系逐步转向替代性、竞争性产业体系。据麦肯锡公司测算，自2013年以来区域内贸易占全球贸易的比例提高了2.7个百分点，目前欧盟28国和亚太地区超过半数的商品贸易在区域内进行。全球贸易演变趋势见表8.1。

表8.1

全球贸易演变趋势

类　型	2008年	2018年
贸易主导国	美、日、中	美、中、欧
主要贸易方式	全球贸易与区域贸易并存	区域贸易为主
美墨加地区贸易全球占比	15.2%	15.5%
美墨加地区内贸易全球占比	7.0%	8.3%
中日韩地区贸易全球占比	15.2%	18.4%
中日韩地区内贸易全球占比	1.6%	1.8%
欧盟贸易全球占比	28.7%	24.7%
欧盟地区内贸易全球占比	3.1%	4.3%

数据来源：Wind数据库，CEIC。

（二）国际经贸规则面临调整，区域供应链参与壁垒升高

当前，发达国家和新兴经济体正在构建一些大型区域贸易协定来强化在全球供应链中的主导优势，成员参与方式由基于多元化的鼓励加入转变为根据主导国家需求有条件准入。比如全面与进步跨太平洋伙伴关系协定（CPTPP）、区域全面经济伙伴关系协定（RCEP）、欧日经济伙伴关系协定（EPA）、美国-墨西哥-加拿大协定（USMCA）等，详见表8.2。在此背景下，按“朋友圈”做生意盛行，区域性零关税、零壁垒、零补贴成为国际贸易新趋势。随着全球经济“东快西慢、南升北降”的格局持续演进，中国、东盟等亚洲板块快速崛起，新兴大国与守成大国博弈进一步加剧，发展中国家参与发达国家主导的区域供应链内配置技术、资本、人才等要素资源难度增大。

表8.2

近年来主要区域贸易协定情况

区域协定	签署/组建时间	主导国	参与国	经济规模全球占比
RCEP	2012年	东盟	中国、日本、韩国、澳大利亚和新西兰	28.9%
CPTPP	2017年	日本	加拿大、澳大利亚、智利、新西兰、新加坡、文莱、马来西亚、越南、墨西哥和秘鲁	13.1%
USMCA	2018年	美国	加拿大、墨西哥	27.6%
EPA	2019年	欧盟	欧盟、日本	28.1%

数据来源：Wind数据库，CEIC。

（三）全球供应链布局导向出现新变化，从成本节约“单维度”转向成本降低与风险分散“双维度”

以WTO为基础的多边体制下，跨国公司以降低成本为导向，在世界各地布局供应链。近年来，越南、印度等新兴国家工业化加快，劳动力、土地、能源、环保等成本优势显著，国内部分劳动密集型制造企业直接跨过中西部地区向东南亚国家转移，中美贸易摩擦更加速了这一趋势，一些跨国公司纷纷按照“中国+1”或“中国+X”思路，即在中国之外再建一个或若干个生产基地，以对冲中美贸易摩擦风险。据广东省统计数据显示，2018年全省共有125家规模以上工业企业转移到东南亚地区，对广东省9000家出口企业的调查显示，计划在海外投资的企业占19.5%，持观望态度的占38%。新冠肺炎疫情下，全球范围内“零库存”配置资源生产方式让各国意识到供应链“中断”风险，可能加剧供应链本土化、分散化。

综上所述，以大国为主导的区域供应链渐成“三足鼎立”之势，区域供应链内部愈发开放和活跃，而区域供应链之间趋于封闭，区域供应链进入门槛变高，各国供应链布局由成本导向转向成本降低与风险分散。

二、构建以我为重心的区域供应链的总体考虑

当前全球供应链变革趋势下，“去中国化”成为欧美共识，

制度竞争更加显性化，全球供应链面临严峻挑战。改革开放40多年来，我国经济发展在全球供应链分工协作中受益良多，应对新变化新危机，构建以我为重心的区域供应链，是维护和推动全球化的战略选择。考虑到我国与东盟、日韩、中东非洲等地区经济贸易协作紧密、依存度高、互补性强，建议坚持“以点带面、链式关联、区域协同、共同繁荣”原则，以我为重心，以“一带一路”为纽带，构建“3+2”区域供应链体系：“3”即中国－东盟、中日韩俄、中国－中东非洲三大区域供应链，“2”即建立区域协同发展体系、畅通“大、中、小”区域循环体系，并以此为突围路径，推动区域供应链全球化，最终形成以我为重心的全球供应链体系。主要考虑如下：

（一）我国与东盟地区：农产品与劳动密集型制造优势互补

东盟10国与我国地理位置接近、贸易关系成熟、文化背景相似，且拥有6亿人口的庞大消费市场。2010—2019年，我国与东盟贸易总额年均增长率达12.2%，见图8.1。海关数据显示，2020年，疫情下我国对东盟地区进出口逆势增长，东盟已成为疫情下我国第一大贸易伙伴。我国粮食、油料油脂、橡胶等战略物资对东盟进口依赖度高，从东盟进口大米、动物和植物油脂分别占全部进口的76%、39.8%。东盟是我国劳动密集型和资本密集型产业转移主要承接地，我国对东盟鞋帽等日用品制造及其零件进口和车辆、飞机、轮船及运输设备进口占我国全部进口的30.6%和69.9%。东盟对我国电气机械和设备、化工产品、农产品等进口需求较大。我国入驻东盟地区的世界500强企业有中粮、双汇、伊利、徐工等，这些企业将成为我国在粮食、农产品、机械制造等领域构建以我为重心的区域供应链的关键支撑。详见表8.3。

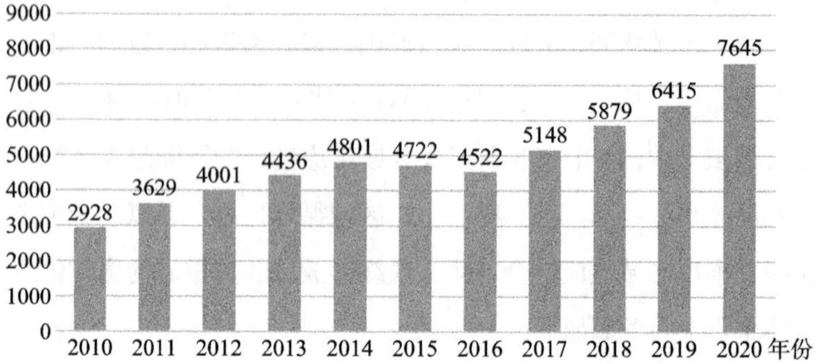

图8.1　中国对东盟进出口贸易总额（2010—2020年）（单位：亿美元）

表8.3

我国与东盟地区供应链合作基础

中国进口东盟产品	进口额/量	占我国该产品全部进口比重	东盟进口中国产品	进口额/量	占东盟该产品全球进口比重
大米	9.6亿美元	76.0%	基本金属及其制品	701.6亿美元	38.3%
车辆、飞机、轮船及运输设备	679.5亿美元	69.9%	电气机械和设备	539.6亿美元	8.0%
其他动物和植物油脂	39.6亿美元	39.8%	核反应堆，机械	432.7亿美元	10.4%

续表

中国进口东盟产品	进口额/量	占我国该产品全部进口比重	东盟进口中国产品	进口额/量	占东盟该产品全球进口比重
鞋、帽、伞、杖、鞭及其零件	25.8亿美元	30.6%	矿物产品	1161.2亿美元	30.9%
塑料、橡胶及其制品	25.4千亿美元	16.5%			
水果	89.6亿美元	32.7%			

数据来源：CEIC，2019年。

（二）我国与东北亚地区：优势制造与关键技术深度融合

东北亚地区是亚太也是世界经济活动最为活跃的地区之一，我国是东北亚五国最大贸易伙伴，日、韩是我国第二、第三大贸易伙伴。2018年，中日韩地区贸易总量占全球18.4%。2020年1—2月，我国与日韩进出口贸易总额达769.7亿美元，远超中美贸易总额605.7亿美元。日韩汽车、集成电路、自动化设备等强烈依赖我国机械、电信、录音设备、钢铁等中间品进口，我国制造业对日韩有机化学品、电气机械、半导体、农业机械部件等新材料和关键零部件依赖较大，在美国、欧盟对我国加大技术封锁的情况下，日韩可能是保障我国供应链安全的重要合作伙伴。海尔、中兴通讯、阿里巴巴、华为等世界500强企业一直在日韩地区布局供应链，顺丰集团正在布局日韩物流市场“最后一公里”，我国具备将产品以最高的效率和最低的价格提供给消费者的能力，将有助于我国在关键零部件、中间品制造、消费等领域构建以我为重心的区域供应链。详见表8.4。

表8.4

我国与日韩供应链合作基础

中国进口日韩产品	进口额/量	占我国该产品全部进口比重	日韩进口中国产品	进口额/量	占日韩该产品全球进口比重
有机化学品	111.4亿美元	53.8%	蔬菜	153.9万吨	52.0%
音频设备	33475千单位	45.5%	办公机械及自动数据处理	72.3亿美元	51.6%
电气机械	412.7亿美元	35.0%	电信、录音设备	107.7亿美元	48.8%
半导体：IC	174.3亿单位	27.4%	医疗产品	237.8亿公斤	22.6%
农业机械部件	88.2亿美元	38.0%	钢铁	62.2亿美元	41.9%

数据来源：CEIC，2019年。

（三）我国与中东非洲地区：战略资源与优势产能高度依存

中东非洲地区是我国“一带一路”建设的重点合作区域，据统计，2019年，中国与中东非洲地区的进出口贸易额分别为2800亿美元、2068.3亿美元。中东非洲国家工业基础普遍较薄弱，产业结构以能源及相关产业为主。从进出口结构看，中国主要从中东、非洲地区进口原油、矿产及其相关制品。2019年我国石油对中东非洲依存度升至66.8%；我国纺织品、医疗器械、计算机、家电、五金工具等工业制成品在中东非洲地区拥有较大市场。我国中石化、中国电力、中国能源、中国中铁、中国机械等“国字头”世界500强企业云集中东非洲地区，助其提升炼油、发电、建设能力，促进当地就业和经济发展，同时保障我国的能源安全。美的集团等企业先后在中亚非洲等国际市场布局组装、仓储、销售及售后等供应链环节。综上，在能源、矿石等原材料、优势制造等领域，我国具备在中东非洲地区构建以我为重心的区域供应链的基础优势。详见表8.5。

表8.5

我国与中东、非洲供应链合作基础

中国进口中东非洲产品	进口额/量	占我国该产品全部进口比重	中东非洲进口中国产品	进口额/量	占中东非洲该产品全球进口比重
石油	3400亿美元	66.8%	纺织类商品	908.7亿美元	27.4%
矿物原材料	633.8亿美元	10.5%	家用品	373.1亿美元	11.1%
农林业原材料	213.5亿美元	3.5%	机械设备及相关产品	998.8亿美元	20.4%
			交通运输工具	572.9亿美元	15.1%
			建筑材料	480.5亿美元	21.9%

数据来源：CEIC，我国与中东非洲石油贸易为2019年数据，其他为2015年数据。

三、构建以我为重心的“3+2”区域供应链战略路径

构建以我为重心的区域供应链基础良好，但也面临“商流、物流、信息流、资金流”不畅、上下游跨区域协同机制缺失、外部环境干扰等挑战，亟需找准战略方向，明确突破路径。

（一）“3”：明确领域、强化关联，构建三大区域供应链

以粮食、农产品、加工制造领域为重点，构建面向东盟区域供应链。以北部湾经济区为支点，整合中国–东盟自由贸易区、重点开发开放试验区、跨境电商综合改革试验区、中马产业园等面向东盟开放合作平台功能，推动与东盟重点农产品和制造产品要素自由流动，推动我西南地区、粤港澳大湾区与东盟10国相关产业纳入区域供应链分工体系，打造高水平、宽尺度、深层次的开放高地。依托中国–东盟区域资源禀赋，设立一批海关特殊监管区域，支持区内围绕粮食、农产品开展面向东盟的委内加工业务，打造一批检验检测、认证认可的国际标准。在东盟地区打造若干产业转移示范区，有序推进劳动密集型的制造环节外迁成本更低的东盟国家，推动我国企业攀升研发设计、品牌营销等高技术含量、高附加值环节，壮大半导体芯片产业、集成电路、显示材料等战略性新兴产业，提升我国区域分工地位。积极应对疫情下区域供应链安全风险，加大对东盟产业帮扶力度，及时为我方受波及行业企业提供支持，同时适当为在华东盟企业提供政策支持或项目推介，增强供应链协同，维护区域供应链稳定。

以关键零部件、中间品制造、消费领域为重点，构建面向东北亚的区域供应链。以青岛、大连等环渤海经济区重点城市为支点，联动京津冀协同发展区、东北地区，打造中日韩高端合作园区载体，引进日本、韩国关键零部件制造企业，支持日韩借助中国大市场，有效释放其技术竞争潜力。吸引部分日韩汽车、集成电路、自动化设备、消费电子等强烈依赖中间品贸易的制造产业迁入我国，同时在环渤海区域优先布局中间品生产制造和相关生产性服务业，加大日韩对我国依存度。秉承合作共赢理念，推进中日韩自由贸易区建设，积极参与中日韩俄陆海空国际交通走廊建设，借道俄罗斯打通东北地区面向日韩入海口。加快建立国际跨境电商商品流通安全通道，不断扩大运输商品种类和辐射地域。

以能源、原材料、优势制造等领域为重点，构建面向中东非洲区域供应链。支持我国具有全球影响力和知名度的跨国公司、骨干企业主导建立以我为重心的中东非洲区域供应链网络，提升供应链各环节协作水平，率先形成货源、物流、资金“三融通”，制定风险监测预警方案，增强对中东非洲地区能源、矿产等资源的整合和掌控能力。依托我国在消费品工业、原材料型重化工业等领域驻中东、非洲跨国企业，鼓励优势产能向中东非洲拓展业务，推动我国从产品输出向设备、技术、服务、品牌和标准输出转变。支持我国供应链服务商为中东非洲能源、制造企业提供跨境服务系统解决方案。

（二）“2”：链主开路、逆向突围，构建供应链协同循环两大体系

共建区域供应链协同体系，提升地区整体竞争力。“链主”企业是推动区域供应链协同的关键主体。顺应全球产业转移规律，围绕我国具有优势的制造、流通环节，依托供应链“链主”企业，支持设立海外生产基地和分销服务网络，推动商品和要素的品类、标准、物流、信息服务以及技术设备等要素无缝衔接，形成资源要素最佳配置和协同路径，重构竞争新优势。推动供应链水平分工与垂直整合相结合，区域垂直整合为主，全球水平分工为辅，提升区域供应链高效协同性和安全韧性。发挥市场体制服务供应链协同网络的优势，推动区域供应链各国家各环节形成紧密的利益联结机制。有效降低区域供应链协同发展的制度障碍，提高供应链组织效率。

畅通区域循环体系，引领更高层次开放合作。建立北部湾经济区、环渤海经济区与长三角区域、长江经济带、京津冀、粤港澳等战略区域形成紧密关联，形成内部“小循环”，打通东盟区域供应链、东北亚区域供应链、中东非洲区域供应链“中循环”，推动三大区域供应链与全球其他供应链组织中心开放合作，争取迈向“大循环”，推动“大、中、小”循环有效互补。继续维护以WTO为核心的多边贸易体制，稳步推动降关税、降壁垒、降补贴。通过贸易协定的共同成员，积极推动不同区域贸易协定成员国之间的相互对接，推动全球供应链重新走向开放融合。

第九章　生产性服务业协同制造业区域梯度转移

近20年，我国东部沿海地区产业向中西部地区转移的条件趋于成熟，如何推进产业向东西部地区转移、避免过快过多向外转移成为各界讨论热点。按照产业转移理论，东部地区会有大量传统性成熟产业往中西部地区转移（陈建军，2007；冯根福等，2010）。但是现实却并非如此，西部大开发战略实施以来，东部产业向中西部地区大规模转移现象并不显著，部分制造业甚至跳过向中西部地区转移的阶段，直接向东南亚国家转移（曹洪华等，2008；张国胜等，2014；罗军等，2018）。从产业全球分工的视角看，产业转移是客观规律，产业向何处转移是市场选择的结果。但是，从当前我国国情看，国内新兴产业尚未完成对传统产业完全有效的更替，疫情下产业发展特别是服务业发展受到较大冲击，经济脱实向虚的局面尚未根本扭转，大国发展对多层次产业需求的基本国情没变，因此，亟需避免产业特别是制造业过早过快过多向外转移。那么，如何增强制造业向中西部地区转移的吸引力，提升制造业产业链根植性则显得十分重要。

从制造业的地区成本比较可以发现，我国西部地区制造业劳动力成本、税费成本、能源成本、土地成本、融资成本远高于东南亚地区，通过进一步降低要素成本提升西部地区对制造业的吸引力的政策空间非常有限。从优化营商环境的角度看，通过深入推进“放管服”，制度性交易成本正在降低，但营商环境是一个慢变量，短期内难以对西部地区制造业形成足够的黏性。而从产业发展与演变看，产业链中生产性服务业与制造业是上下游的关系，制造业的转移与生产性服务业等相关配套产业的发展有很强的关联性。当前向中西部地区转移的制造业中，制造业各环节已经形成了较为紧密而稳定的关系，而生产性服务业与制造业尽管是产业链上下游的关系，但总体处于一种关联而不融合、合作而不协同的状况。

综上，在不考虑要素成本上升和营商环境因素的情况下，推动生产性服务业与制造业在产业转移过程中形成紧密的供应链协同组织关系，可能是促进相关产业区域转移的一个新突破口，是避免相关产业过早过快过多向外转移的有效方式，也是促进形成国内大循环格局的现实要求。基于此，本章试图**从供应链发展的视角提出“我国生产性服务业协同推进制造业区域转移的动因与机理”，分析机理下是否能通过促进中西部生产性服务业与制造业协同发展，提高制造业的根植性**。

一、理论分析

（一）文献回顾

生产性服务业产生并服务于制造业，不少学者对二者的协同关系进行了研究。在工业化发展前期，制造业是主体，生产性服务业高度依附于制造业，生产性服务业服务制造业价值链上下游的某个非核心环节，没有形成一个外部的生产性服务市场（吕政等，2006；贾勇等，2011）；在工业化中后期，生产性服务业与制造业相互支撑，两者关系对等，行业界限较为清晰，生产性服务环节与制造环节分离（Grubel et al., 2013；庞博慧，2012）。人类社会经过工业社会发展到后工业社会（信息社会），相应地经济活动也由以制造为中心转向以服务为中心，生产性服务业新行业、新业态及新商业模式的持续涌现为制造业再造生产业务流程、创新产品、拓展行业领域提供条件，进而成为引领制造业发展的重要力量（宣烨等，2018）。国内学者一直认为，生产性服务业与制造业协同对产业结构优化、价值链层级提升和整体经济竞争力水平的提高具有举足轻重的作用。从产业区域转移的动力看，周江洪等（2009）从宏观层面指出区域产业转移推力的形成源于国家区域经济政策导向、转出地经济发展战略及政策导向、区域及产业生命周期演化规律、市场机制作用以及转出地成本上升的压力五类因素。陈建军（2002）和李学鑫等（2006）从微观层次面指出区域产业转移的动力源于市场的扩张、产业结构的调整、追求经营资源的边际效益最大化、企业成长的目标四类因素。

目前，国内外学者研究重点在如何实现生产性服务业与制造业之间分工协同和探讨产业转移的影响因素，而从供应链视角研究生产性服务业协同制造业转移的文献却很少。本章在梳理已有研究成果的基础上，先构建生产性服务业协同推进制造业区域转移的分析框架，再从供应链的视角探讨如何增强制造业区域转移的动力，规避制造业大规模过快过早外迁风险。

（二）分析框架

供应链是以需求为导向，以提高质量和效率为目标，以整合资源为手段，实现产品设计、采购、生产、销售、服务等全过程高效协同的组织形态（王佳元，2019）。庞巴维（1989）等奥地利学派提出生产性服务业渗透在产业价值链的上游供应商、下游分销商等众多环节中，占据着提高制造业产品附加值的关键位置，是产品价值的重要组成部分与产品差异化的主要来源。生产性服务业与制造业在产业链上下游的分工协作和组织形式很大程度上会影响制造业产品价值和对上下游产业的依赖，制造业选择区域转移还是向外转移也取决于企业对产品价值的追求（降低成本、提高效率）和制造业对上下游产业的依赖，而这些目标与供应链组织协同目标正好耦合。当前，在制造业区域转移过程中，从东部地区转出的制造业与生产性服务业原有的协同体系可能被打破，造成了较大的“无谓损失”，即间接提升了制造业运行成本，降低了制造业生产效率，同时也弱化了生产性服务业对制造业的黏性。本研究以供应链组织关系下生产性服务业协同推进制造业区域转移为主线，建立“协同–动力”分析构架，围绕提升“降低成本、提高效率、增强黏性”三大动力，一方面解释制造业区域转移过程中生产性服务业和制造业通过供应链协同能否提升三大动力，另一方面分析生产性服务业和制造业需要优化哪些协同短板才能提升三大动力（见图9.1）。

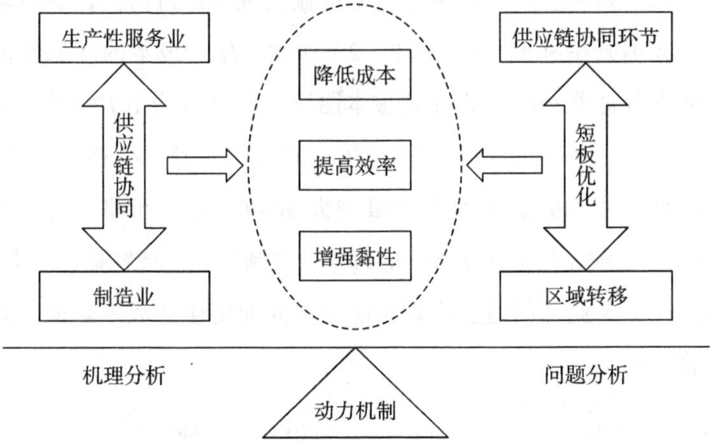

图9.1　生产性服务业协同推进制造业转移分析框架

总体思路是，先从理论上提出三大动力机制，再从实证的角度探讨其合理性。从实际问题的角度分析生产性服务业协同制造业区域转移的短板，提出如何优化供应链组织关系，推动生产性服务业协同制造区域转移的路径。

动力机制一：在制造业区域转移过程中，通过整合研发、流通、销售等生产性服务环节，推动生产性服务业与制造业实现供应链协同，大大降低生产运行成本，使制造企业和产品价值得到大幅提升，制造业区域转移动力增强。如图9.2所示，制造业转移后，制造业生产组织方式较为松散，如图9.2（1）所示，一般来看，制造业对成本价格波动比较敏感，因此，可以认为转移的制造业需求弹性大于1，根据企业利润最大化原则（$MR–MC$），企业会选择在均衡点E点进行生产，此时，产量为Q_0，价格为P_0。如果生产性服务业与制造业实现供应链协同，制造业生产成本开始降低，如图9.2（2）所示，生产成本的降低使得边际成本曲线（MC）和平均成本曲线（AC）向右下方移动，此时，企业的生产均衡点由E变为E_1，产量变为Q_1，价格变为P_1。在新均衡点，制造企业的产量增大$\Delta Q–Q_1–Q_0$，价格降低$\Delta P–P_1–P_0$，总收益增加$\Delta TR–P_1Q_1–P_0Q_0$。在制造业区域转移过程中，生产性服务业与制造业实现供应链协同使得生产成本降低，总收益增加。

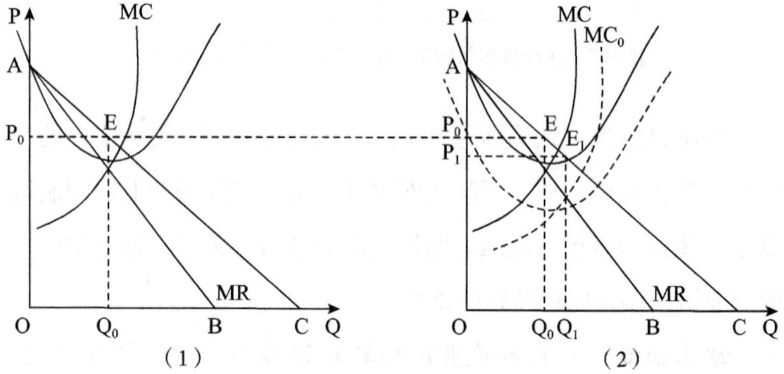

图9.2　生产性服务业协同制造业：降低成本

动力机制二：通过推动生产性服务业与制造业实现供应链协同，生产性服务供给更快速、更灵活、更经济、更有效，使企业的运作经营效率提高，制造业生产和销售量因而增加，制造业产品价值同样得到大幅提升，制造业区域转移动力增强。如图9.3

所示，制造业区域转移后，生产性服务业与制造业关系松散，如图9.3（1）所示，根据企业利润最大化原则，均衡点为E点，产量为Q_0，价格为P_0。生产性服务业与制造业形成供应链组织关系后，生产性服务业与制造业通过供应链协同，提高了制造业生产效率，在相同生产时间内企业的产量增加，如图9.3（2）所示，生产效率的提高和产量的增加使得边际收益曲线（MR）和平均收益曲线（AR）向右上方移动，此时新的均衡点，企业的生产点由E变为E_1，产量变为Q_1，价格变为P_1。在新均衡点，制造企业的产量增大$\Delta Q-Q_1-Q_0$，价格上升$\Delta P-P_1-P_0$，总收益增加$\Delta TR-P_1Q_1-P_0Q_0$。制造业区域转移过程中，生产性服务业与制造业实现供应链协同使得生产效率增加，制造业的产量得以提升，总收益增加，制造业区域转移动力增强。

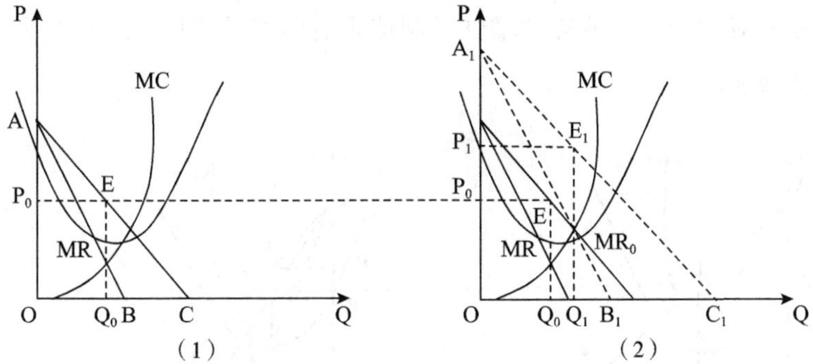

图9.3　生产性服务业协同制造业：提高效率

动力机制三：通过强化生产性服务供给，制造业对生产性服务业的黏性得到提升，生产性服务的不可替代性增强，制造业产品价值也得以提升，对供应链的依赖增强，制造业区域转移动力随之增强。如果制造业区域转移过程中形成了与生产性服务业的供应链协同关系，如图9.4（1）所示，根据企业利润最大化原则，均衡点为E点，产量为Q_0，价格为P_0。如果制造业区域转移后未能形成与生产性服务业协同，则制造业黏性会降低，一部分产量向国外转移，如图9.4（2）所示，由于$MR=P+\frac{dP}{dQ}\times Q$，价格不变的情况下，产量的非生产性减少使得边际收益曲线（MR）向左下方移动（MR_0），此时新的均衡点变为E_1，产量变为Q_1，价格变为P_1。在新均衡点，制造企业的产量减少$\Delta Q-Q_1-Q_0$，价格保持不变，总收益减少$\Delta TR-P_1Q_1-P_0Q_0$。图9.4分析的是产业黏性降低时的情况，当生产性服务业对制造业产业黏性降低时，产量减少，企业总收益减少；相反，当制造业区域转移后，生产性服务业对制造业产业黏性增强，制造企业的产量增加，总收益也会增加。

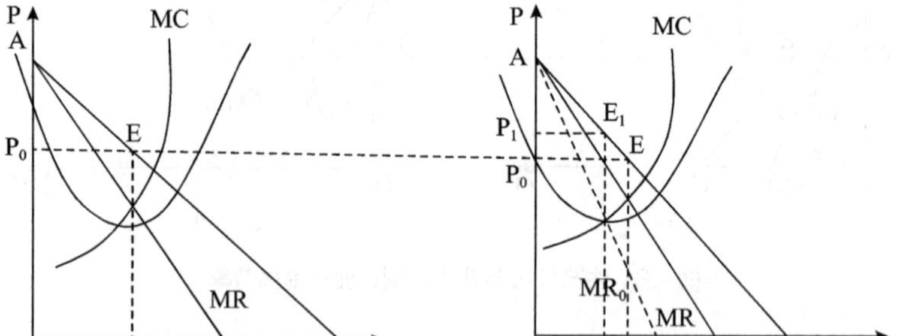

图9.4　生产性服务业协同制造业：增强黏性

二、制造业区域转移总体情况与案例来源

（一）产业区域转移的类型、主要行业与转移方向

近年来，我国产业区域转移的类型主要有成本导向型、市场开拓型和政策影响型3种类型。成本导向型转移是以降低成本为目标的一种产业转移模式，企业转移决策往往要考虑转移前后的成本变化情况，主要涉及土地、劳动力、资本和技术等要素的成本。市场开拓型转移是以接近市场为目标的一种产业转移模式，也被称为扩张型转移。企业在成长过程中必须扩大现有市场，开拓新的市场。政策影响型转移是在政府政策影响下的一种产业转移模式。政府通过制度和政策安排，利用法律和经济的手段影响人们的经济关系，从而达到促进经济增长、公平分配、增加就业以及保护创新、激励发明等各种目的（马子红等，2009）。

目前，我国的产业区域转移以加工制造业为主，并且主要是劳动密集型产业和高耗能产业。20世纪末，我国东部地区集中了全国70%以上的纺织业、80%以上的服装制造业和90%以上的加工贸易，但随着生产要素成本上升、相关政策调整和市场拓展的需要，这些行业陆续从东部地区转移出去。此背景下，东部经济发达地区的劳动密集型产业和能源指向型产业向中西部欠发达地区转移不可避免。珠三角和长三角地区的劳动密集型产业大批向中西部转移，而东部地区重点发展技术密集型和知识密集型产业。从宏观层面上看，当前我国发生区域转移的制造业主要为劳

动密集型产业（例如，纺织业、食品制造、饮料制造等）、资本密集型产业（例如，金属制品、通用设备、专用设备等），中部地区承接产业转移的规模整体高于西部地区。从制造业细分行业看，8年间，汽车、通信及电子设备、专用设备等制造业加速向西部地区转移，2019年西部地区三大行业产值分布比2012年增长19.28%、12.05%、12.05%，8年间，通信及电子设备和食品制造业是东部地区转移最多的制造行业[①]（见表9.1）。

表9.1

2012—2019主要制造业行业增长率

细分行业	东部	中部	西部
纺织业	–3.14%	11.24%	7.61%
食品制造	–7.61%	9.60%	11.94%
饮料制造	–1.91%	7.06%	–6.13%
金属制品	–3.71%	11.41%	15.15%
通用设备	–4.28%	15.52%	6.74%
专用设备	–1.66%	1.03%	12.05%
汽车制造	–1.75%	–2.69%	19.28%
通信及电子设备	–7.02%	42.87%	12.05%

资料来源：中国工业经济统计年鉴，2020。

① 东中西部各行业产值变化既是产业转移所致，也有中西部地区自身产业发育的原因。但从实际情况看，中西部地区产业发育相对缓慢，难以支撑行业产业的迅速增加，而汽车制造、通信及电子设备等产值变化较大的行业大都是产业区域转移的结果。因此，本书考虑用产值的变化大体上反映产业转移的总体情况。

从生产性服务业细分行业看，8年间，交通运输、仓储及邮政业，信息传输、计算机服务和软件业，租赁和商业服务业，科研、技术服务和地质勘查业等行业在西部地区都出现了较快的增长。交通运输、仓储及邮政业，租赁和商业服务业生产性服务业东部地区下降最快，而西部地区上升最快，分别增长36.39%、35.45%。金融业在各地区增长均较慢，中部地区甚至出现负增长。信息传输、计算机服务和软件业，科研、技术服务和地质勘查业在东、西部地区均有增长，而中部地区出现大幅度下降，降幅分别为33.13%、19.03%（见表9.2）。

表9.2

2012—2019主要生产性服务业行业增长率

细分行业	东部	中部	西部
交通运输、仓储及邮政业	–13.19%	–3.71%	36.39%
信息传输、计算机服务和软件业	3.14%	–33.13%	22.04%
金融业	0.91%	–3.08%	2.06%
租赁和商业服务业	–6.25%	–9.82%	35.45%
科研、技术服务和地质勘查业	4.49%	–19.03%	7.28%

资料来源：中国统计年鉴，2020。

从产业区域转移的空间方向看，产业转出地主要集中在东部地区，包括广东、上海、江苏、浙江、北京、天津、山东等。承接地主要集中在中西部地区，具体包括湖北、湖南、河南、四川、重庆、云南、广西、陕西、新疆等地。以浙江和四川为例，2002—2008年间，浙江在四川的投资从23亿元增加到2000亿元，增长了86.9倍。

（二）案例来源

按照分析框架的思路，本章不仅需要在企业层面，还需要在行业层面、区域层面对生产性服务业协同制造业区域转移的情况进行对比分析。因此，本章研究的案例包括三个层面，一是国内发展具备一定规模、发展比较成熟，且向中西部地区转移生产或者业务环节的大型制造企业，如富士康、小米、苹果、美的、格力等。二是向中西部地区转移较多的纺织业、通信及电子设备、食品制造、金属制品、专用设备、汽车制造等重点行业。三是产业转移比较热门的中西部区域，如重庆、成都、贺州、长沙、株洲、湘潭、郑州、合肥、新疆、宁夏等地区。其中，重庆、成都、郑州、长沙、株洲、湘潭等行业企业案例来源于2020年笔者对其实地调研、座谈、走访，其他地区案例来源于内部资料搜集。见表9.3。

表9.3

本章案例涉及地区、行业、企业一览表

类别	具体内容	数量
地区	重庆、成都、贺州、长沙、株洲、湘潭、郑州、合肥等地级市及新疆、青海及宁夏地区	8个地级市及3个西部省份
行业	纺织业，食品制造，饮料制造，金属制品，通用设备、专用设备，汽车制造，通信及电子设备等制造业；交通运输、仓储及邮政业，信息传输、计算机服务和软件业，金融业，科研、技术服务和地质勘查业等生产性服务业	11大行业

续表

类别	具体内容	数量
企业	富士康、小米、三星、苹果、美的、格力、复星、正邦集团、金三发集团、东风小康汽车、宁夏共享装备、怡亚通供应链、大皇蜂无车承运物流、中资控股、OPPO、vivo、格芯、TCL、ARM、光罩巨擘美国福尼克斯光罩、杰发科技、辉烨、群光、中光电	24家企业

三、案例分析

本章重点从成本、效率、黏性三个维度来考察生产性服务业与制造业形成紧密的供应链组织关系对促进国内产业区域转移的影响。

（一）成本分析

成本因素一直是产业转移的直接原因，通过推动生产性服务业与制造业建立紧密的供应链协同关系，降低产业转移成本，增强中西部地区承接产业的吸引力。**一是通过强化生产性服务网络，降低制造业原材料、产品空间转移距离影响，减少制造业空间转移成本**。制造业向中西部地区转移首要考虑的因素是与原材料市场和产品市场的空间距离，如果空间距离过长，制造业脱离了原有相对成熟的物流体系支撑，无疑会增加转移成本，那么，中西部地区物流服务业发育和布局对制造业发展的协同支撑能力将是吸引东部地区产业转移的重要因素。富士康为苹果公司代工的优势之一是通过空运产品来降低成本，实现“零库存”，而“零库存”的实现需要强大的航空运输系统支撑。2010年，富士康将苹果手机整机生产项目搬迁至河南郑州，主要考虑郑州显著的交通枢纽优势。2007年郑州新郑国际机场扩建后，物流业持续不断发展，截至2019年，郑州新郑国际机场货邮吞吐量52.2万吨，形成了以航空为核心，“航空+城际铁路+高铁+公路+地铁”的多式联运综合交通枢纽。目前，郑州富士康在园区规模和用工人数上都已超过深圳富士康。对比而言，富士康虽在西北部早有布局，但目前仍未真正落地。2015年，借助丝绸之路经济带建设的机遇和“互联网+”行动带来的政策契机，富士康正式布点西北市场，并计划在甘肃兰州建设西北富士康电子产品加工基地，但该加工基地至今仍未建成。主要是兰州地理位置偏远，物流服务网络布局难以有效支撑产品和零部件的运输。2019年兰州中川国际机场年货邮吞吐量仅6.3万吨，仅为郑州新郑国际机场的12%，土地、税收等优惠政策难以抵消航空物流带来的巨大成本。

二是通过政府支持培育现代生产性服务业，打造生产性服务平台，降低转移制造业共性服务成本。制造业转移是一个由单个企业转移到链条转移的渐进式进程，在这个过程中，单个转移企业或行业往往无法实现生产性服务业配套，亟需承接地政府搭建具有准公共品性质的生产性服务平台，以降低制造业转移的公共成本，这对吸引制造业转移起到重要作用。合肥集成电路产业园区自2013年成立以来，已吸引并承接集成电路企业总计186家，复合增长率全国第一。合肥高新区把集成电路产业发展共性问题的解决放在首位，通过构建产业生态圈，投资建设合肥市集成电路验证分析服务平台，为企业提供设计、硬件测试、人才培训、IP共享等服务，自主建设提供科技服务平台，为转入企业提供优质服务，降低制造企业共性成本，提高企业经济效益。近年来，全球IP龙头英国ARM（Advanced RISC Machines）、光罩巨擘美国福尼克斯光罩、杰发科技等一批优质项目纷纷入驻合肥高新区。同为中部地区城市，湘潭地区承接产业转移过程中，因共性生产性服务平台缺乏造成了企业落户难的局面。2017年以来，湘潭致力于打造15条工业新兴优势产业链，但15条产业链龙头企业实力都不够强，本地配套率普遍偏低，中小企业配套能力弱，规模化、集群化程度低，科技、金融、物流、人才服务、法律、广告、设计、管理咨询等生产性服务业平台缺乏，目前意愿引入的东部大企业落户当地的积极性不高，愿意转移过来的企业很多与15条产业链关联度不高，与湘潭地区产业耦合关联不紧，不能满足形成良性循环产业生态圈的发展要求。

三是通过增强转移制造业对生产性服务可获性，降低生产性服务获取成本，进而降低制造业生产成本。生产性服务业获取的便利性是制造企业转移要考量的重要因素，如果获取比较便利，无疑会降低制造企业的生产成本，反之则会给企业带来比转移前更高的成本。近年来，很多电子、芯片等高端制造企业将其总部机构向重庆转移，如小米华西总部、复星西南总部、正邦集团在重庆高新区成立西南总部等，众多制造企业向重庆转移的一个重要原因是获取人才和科技服务的便利性。重庆高新区与北京理工大学、电子科技大学、西安电子科技大学、重庆大学等高校分别签约，在园区设立微电子或半导体研究院，与新加坡国立大学、香港中文大学和澳门大学分别签约合作共建集成协同创新中心，汇聚国内外创新人才和创新要素，小米、复星等企业通过人才服务中介获取了大批人才，降低了企业的人才获取成本。同时，在强大研发创新机构引领下，研发投入逐年增加，2019年研发投入占高新区GDP比重达4%，提高了当地科技服务配套水平，降低了企业的研发成本。再如，株洲市2017年引进上海国家新能源机动车检测中心并设立分中心后，显著地降低了新能源汽车零部件企业的研发试验检测成本，缩短产品研发和上市周期，推动了新能源汽车产业链在周边区域快速转移集聚。相比而言，金融服务的可获性对制造企业影响最大，企业融资成本较高，则不利于当地产业承接。从西北五省看，近年来，西北五省制造业中长期贷款呈现缓慢增长或负增长的情况，2019年9月，陕西省制造业中长期贷款增长2.1%，青海和宁夏分别下降7.82%、0.78%，新疆增长最为迅速，增速也仅为8.65%，远低于各项贷款增速，甘肃制造业中长期贷款余额539亿元，同比增长4.02%，低于各项贷款增速2.85个百分点。贷款放缓造成了制造业获贷不便，意味着企业将会面临较高的融资成本，影响了相关企业在西北地区落地的意愿。

（二）效率分析

运行效率是影响制造企业生存和发展的关键，生产性服务的效率提升将会促进制造业效率的提升，而影响生产性服务效率的因素既来自企业外部环境，也来自企业内部的调整。**一是通过政府主导改善生产性服务硬环境，提升生产性服务效率，进而提高转入本地的制造企业生产效率**。物流、研发等很多生产性服务并不是天然具有效率，而是在政府全面部署下生产性服务业外部环境得到改善、效率得到提升，进而提升了转入制造企业生产效率。近年来，重庆着力于支持交通网络设施建设，推动物流业的发展。目前已形成区内高速公路四通八达，外环高速连接川、黔、湘、鄂、陕的省际高速公路，成为全国五大铁路枢纽之一，从重庆的物流园区可以通过发达的铁路网到达中国的各个角落，集装箱运输更是能直达香港。随着物流业基础设施的不断完善，物流质量和效率不断提高，重庆实现了国内运输时间在3天左右，与东部地区从广东发货的时长并无差别，这对企业落地重庆的意愿产生了很大影响，如浙江金三发集团计划投资5亿元在重庆巴南区建设非织造布生产线。相比而言，新疆的交通基础设施条件较差，目前物流企业大多数是由传统的运输公司改名而来的，规模小，管理不规范，专业化程度低，在服务内容上局限于一般的运输、仓储和搬运，无法提供综合的物流服务，国内运输时间大多是在7~10天以上，物流效率较低，无法与转入的制造业协同运行，导致相关产业不愿意落地。见表9.4。

表9.4
东西部地区物流效率对比表

东部地区	西部地区	
广州	重庆	新疆
全国（非偏远地区）基本3天	全国（非偏远地区）基本3天	全国地区7~10天

资料来源：公开资料整理。

二是通过建设产业园区集聚制造企业和生产性服务企业，强化生产性服务企业对制造企业的支撑作用，提升协作效率。在生产性服务业集群内，实现物流管理、人力资源管理、信息技术研发等生产性服务行业企业的聚集，支持设立和发展专业化服务外包企业，为制造业提供专业化、个性化服务，推动产业链节点细化和功能延伸，打造特色生产性服务业集群，实现制造业规模经济和核心竞争力的提升。长沙浏阳生物医药产业集群园区目前位于国内生物医药领域前列，园区内集聚了威尔曼、天地恒一、明瑞、九典等制药企业，同时也集聚了多类为之提供服务的研发、物流、金融、产品认证、知识产权等生产性服务机构，共同构成了服务支撑体系，为制造企业提供配套服务，推动了产业集群的健康发展，提高了企业生产效率。这种集聚化、配套化的产业组织形态，不仅能够使制造商和服务提供商共享基础设施、技术、人才等资源要素，同时大大提高生产性服务业与制造业的协作效率，增加了二者的市场机会，促进二者共享规模经济收益。同处长株潭地区，这种生产性服务集聚现象在周边的株洲和湘潭两地还没有形成，株潭地区大部分制造业的自配套能力低于50%。据株洲市驻外招商小分队反映，当前东部地区牛仔生产加工产业向内地转移的意愿强烈，但东部地区的牛仔项目落地对洗水服务配套要求较高，对年洗水服务能力需求为10万吨，但当前株洲芦淞洗水工业园的年洗水服务能力仅1万吨。

三是通过支持制造业拓展生产性服务业，推动生产性服务业与制造业融为一体，将外部行为内部化，进而提升制造业生产效率。一些制造企业通过技术渗透、产业联动、链条延伸、内部重组等途径，推动制造企业服务需求内部化，实现制造业和服务业相互支撑、高效协同、融合互动。东风汽车集团是中部企业向西部地区转移的典型企业，顺应汽车行业优势整合的变革趋势，与重庆小康工业集团股份有限公司组建了东风小康汽车有限公司。东风有着丰富的国际汽车资源和合作经验，而小康积极布局智能电动车技术与产品研发，拥有国内领先的智能化数字工厂，双方合作推动东风小康基地的各种生产设备和流程不断优化，完成了电子智能制造车间自动化生产线、自动化物流线和生产管理信息系统的无缝连接，东风小康基地数字化普及率、关键工序数控化率、智能制造就绪率大大提高，汽车生产效率大幅提升。同时，依托小康集团数字化、智能化和自动化方面的优势，整车质量持续提升，真正实现了国有企业提质增效目标。但是一些地区对推动生产性服务业和制造业融合发展的认识仍然滞后，以致生产效率难以提升。例如，宁夏共享装备股份有限公司花重金开发、打造云共享平台，并积极向该企业的上游、下游企业推广与宣传，但只有13家企业加入使用，推广难度非常大。究其原因，其他企业担心本企业数据发生泄漏、租用费用较高等问题，对云平台仍然有所顾虑，不愿参与其中。

（三）黏性分析

黏性反映制造企业对生产性服务的依赖程度，通过发挥供应链上核心生产性服务企业或制造企业的资源整合作用、打造系统集成式和“一揽子解决式”服务，强化制造业对生产性服务的黏性。**一是通过发挥关键生产性服务环节的核心作用，利用关键生产性服务在供应链上进行链条配置与资源整合，增强制造业对核心生产性服务的黏性**。近年来，电子信息行业区域转移和对外转移都比较突出，销售服务成为供应链上整合和配置资源的关键环节，并主导其产业转移的方向。以三星和小米为例，三星曾是在中国与苹果同名的手机品牌，近年来却逐渐撤离中国市场，2018年三星关闭深圳工厂，天津智能手机制造工厂停产，同年在印度诺伊达建成了全球最大规模的智能手机工厂。同样是手机生产商的小米，2020年第三季度，小米手机全球出货量同比增长45%，增幅超过所有手机厂商，市场份额重返前三。虽然小米在印度也有两座工厂，但其主要生产仍在国内。从研发设计来看，三星和小米均将研发中心设立在总部，自主研发关键核心技术，将产业链分开，生产基地设立在生产成本较低的地区。由于研发环节设立在总部的原因，企业转移到东南亚还是中西部地区所获得的研发环节配套差别不大。从运营销售来看，三星手机业务的前五大出口地为印度、美国、巴西、印尼、中东非洲，印度是三星手机业务第一大出口地，2020年第三季度抢占印度市场第二名，市场份额达到20.4%，同时，三星在中国的市场份额不到1%，因此，三星通过发挥销售服务环节的主导作用，对制造环节形成了较大黏性，进而在印度布局生产基地。相反，2020年第三季度小米手机销量逆市增长，在中国的市场份额虽然排名第5，占有10%，小米在售后服务环节的主导下，对国内配套的研发设计、运营销售、售后服务等生产性服务业对其形成较强黏性，因此，小米不会考虑将生产基地完全撤离中国市场，而是重点考虑向中西部地区转移。见表9.5。

表9.5
三星与小米产业转移对比

环节	三星	小米
研发设计	研发中心设立在总部，自主研发芯片等关键技术，仅将工厂转移到印度地区配合生产	研发中心在北京总部，设立手机BSP研发团队，将生产基地转移到重庆、西安等中西部地区
运营销售	三星手机业务第一大出口地为印度，占据印度市场龙头地位。2019年，三星手机在中国的市场份额不到1%	市场份额重返前三，达到13.5%
售后服务	在销售当地提供相应的售后	在销售当地提供相应的售后

资料来源：公开资料整理。

二是通过延伸拓展生产性服务业务广度和深度，提升生产性服务配套完整性和解决方案的系统性，增强制造企业对供应链的

黏性。制造企业不仅对关键生产性服务环节会产生依赖，对“一揽子解决式”系统性生产性服务更易形成黏性。近年来，贺州市围绕碳酸钙产业发展，先后从东部地区引入了人造岗石、高端粉体、塑料母粒、涂料、新型建材以及机械加工、树脂加工、废弃物综合利用等行业企业，谋划打造千亿元产业。为提升转入产业的根植性，贺州市围绕碳酸钙产业上下游产业链，引进和搭建了科技服务、现代物流、电子商务、供应链金融等生产性服务业公共服务平台，投资兴建了集交易、会展、研发、检测、物流、孵化等功能于一体的广西东融石材碳酸钙交易中心，并依托碳酸钙交易中心，吸引了深圳怡亚通供应链股份有限公司、大皇蜂无车承运物流科技平台、广西碳酸钙产品质量检验中心、中科院过程研究所石材碳酸钙产业研发中心等系列配套产业和中资控股等龙头企业入驻，初步形成了涵盖碳酸钙平台交易、产品展示、技术研发、专业论坛、检验检测、物流配送、金融服务等全产业链功能的全国区域性市场，强化了生产性服务配套完整性，培育了一大批生产性服务系统解决方案服务商，2018年该交易中心被授予优秀自治区现代服务业集聚示范区，制造行业对生产性服务行业的黏性大幅增强。2019年全市规模以上碳酸钙企业达到115多家，产值128亿元，全市与碳酸钙生产相关联的服务企业占比超过15%，重质碳酸钙系列产品产量居全国第1位，成为全国最大的碳酸钙产业基地。一些地区围绕引进的制造业龙头企业持续完善产业链配套，降低产业链供应链协作成本，推动区域内产业高效循环，重庆在承接OPPO、vivo手机生产基地后，吸引辉烨等代工企业和及群光、中光电等配套企业的转移，构建“整机+配套”以及“生产+检测+供应链服务”手机生产体系，2019年笔记本电脑和手机产量分别占全球的36%和11%，手机生产制造对相关生产性服务的黏性进一步增强。相比之下，一些制造行业向中西部地区转移后，缺乏与生产性服务业的紧密融合，中美贸易摩擦引发了国内“芯片热”，2018年以来，格芯成都总投资规模累计超过100亿美元，但建成后项目受限于生态系统不够完善，芯片设计、科技服务、人才服务与生产脱节，而向这些关键生产性服务环节拓展业务又存在融资困境，最终成了“烂尾”半导体项目。

三是通过核心制造企业整合东西部区域比较优势，推动东部地区现代服务业与西部地区优势制造业互济互补，增强转移制造业的技术和制度黏性。一般而言，产品处于生产制造环节的时间只占少部分，大部分时间处于研发、储存、运营、销售、售后服务等生产性服务环节。东部地区现代高端生产性服务业发育比较早，较中西部地区具有比较优势，而中西部地区在土地、税收等优惠政策下建设生产制造基地较东部地区具有比较优势。如果通过企业跨区域配置生产业务和生产性服务业务，或者依托供应链核心企业推动东部发达地区与中西部相对落后地区结成“对子”，发挥各地区比较优势，则能够实现优势互补、形成强大黏性。格力电器（重庆）有限公司成立于2001年，公司年产家用空调超过600万套，年产值超过120亿，是西部最大、最专业的空调生产基地。当格力电器将制冷产业链部分转移到中西部地区之后，格力就有更多的精力投入到珠海总部研发设计，集中力量在总部发展研发中心，通过和高校科研机构的合作，提升研发水平。通过合理利用生产性服务业与制造业比较优势，形成协同稳定关系，提高了制造业对生产性服务业的黏性，企业更愿意留在中西部地区且不容易外迁，见图9.5。再如，重庆推动两江新区、万州经开区与上海张江、南京高新区等47个国家级开发区组建长江流域园区合作联盟，加强与合作联盟成员开展战略规划、技术研发、技术转移、检验检测、人才培养、资源开放等服务合作业务，创新“飞地经济”“结对子”“收益共享”等多种合作模式，为重庆生产性服务打开了新的供给渠道。相比之下，一些制造行业的生产和服务于中西部地区比较优势相对东南亚地区而言并不明显甚至缺乏，导致产业缺乏黏性而向外转移。例如，由于TCL总部研发与中西部地区产销基于比较优势的合作空间趋于弱化，而与东南亚国家的合作空间逐步扩大，2019年，TCL在越南平阳省正式开工建设TCL越南模组整机一体化制造基地，试图打造成一个具备行业最新科技含量的综合性家电企业，提升TCL产销一体化的核心竞争力。

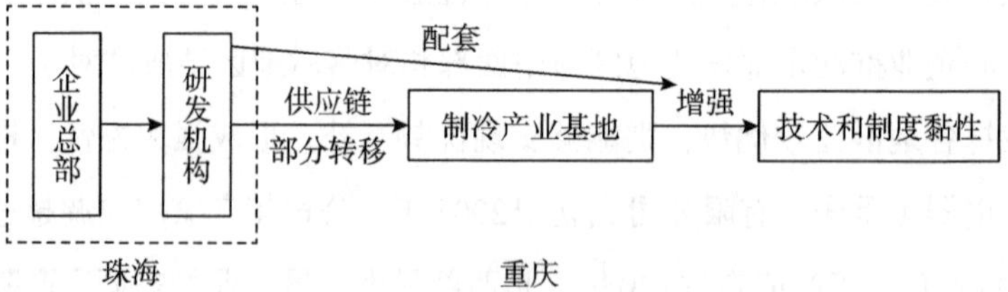

图9.5　配套服务协同格力制造向重庆转移基地

四、进一步讨论：难点与短板

通过案例分析发现，推动生产性服务业与制造业形成供应链组织关系，能够降低制造业成本、提高生产组织效率和增强制造业黏性。但是在案例对比中也发现，部分地区生产性服务业未能很好协同制造业转移，其背后的难点与短板也需要进一步关注和讨论。

（一）重转入制造企业要素配套而轻生产性服务供给

西部地区积极承接东部地区制造业转移的过程中，中西部地区各省份在产业承接过程中都表现积极，各地不惜血本完善企业发展要素配套，有的给出落户的条件是零价供地、修建标准厂房、完善生活配套、配备企业通勤车和协助招工，有的地区甚至大规模举债搞园区基础建设。但是，对当地的生产性服务业的配套落后问题却没有足够重视，使得这些引入的项目迟迟未成功落地，如甘肃兰州的富士康与当地政府早已签约，却至今仍未成功落地。西部地区重单点企业转移而轻生产性服务业配套发展的现象较为普遍，导致生产性服务业与制造业难以匹配，影响了东部地区制造业区域转移的积极性。

（二）中西部地区生产性服务业发育土壤有缺陷

生产性服务业产生于制造业，又服务于制造业。中西部地区制造业落后于东部地区，生产性服务业发展水平自然也偏低，造成了先天发育不足。同时，中西部地区生产性服务业还存在要素保障水平不高、服务体系不完善等问题，困扰着生产性服务业的发展。例如，物流方面，中西部地区的物流成本优势不明显，如株洲地区，其进出口贸易平台和物流渠道没有比较优势，已开通的湘欧快线成本高，使得平台之间的相互联动作用与预期目标有较大差距，远远落后于东部地区。金融方面，西北五省的金融服务业融资成本较高，促使制造业长期贷款呈现缓慢增长或负增长的情况，不利于制造业的落地。科技服务方面，中西部地区目前拥有自主核心技术的制造企业比率偏低，研发能力不强。湘潭市的汽车行业车身系统、电子电器、主被动安全、转向系统、制动系统和悬架系统研发投入较低，仅占6%，且拥有20项以上专利的企业只有6家，大多企业甚至没有专利，总体上科技服务能力不足。

（三）转入生产性服务业与制造业不适配

东部地区希望通过“腾笼换鸟”转走传统制造业，而不愿意同步转走技术含量高、经济效益好的生产性服务业，导致中西部地区“想要的生产性服务企业要不来”。从承接企业的质量看，中西部地区需要能够带动产业集群发展的“航母型”高端服务企业，但转入的生产性服务企业大多还是中小规模的加工服务型企业。株洲市包装营销服务业有150多家企业，但规上企业总数不到1/3，年产值超过30亿元的行业“领头羊”基本都在长三角、珠三角地区。从转入产业与当地产业链的适配性看，中西部地区承接的生产性服务项目往往不能与当地优势产业链形成配套协同的耦合关系，湘潭地区15条产业链与其招引的生产性服务配套项目关联度低反映了中西部地区生产性服务业与制造业的错配问题。

（四）生产性服务业协同制造业转移机制不完善

东部、中西部地区之间的区域产业转移普遍缺乏转出地与承接地之间的协同合作和利益共享机制。无论东部发达地区还是中西部地区，大多以实现本地区利益最大化的思路推进产业转移和承接，地区之间的利益难以协调，人才、技术、资源等关键要素配套不到位，东部地区生产性服务业与中西部地区转入制造业地区协同不够。目前，具有明确利益共享机制的产业转移案例还不多，大部分产业转移依然属于转出地和承接地之间的“零和博弈”，生产性服务业与制造业跨区域利益关联机制尚未建立。此前国家发展改革委、商务部、工信部等国家部委先后开展了承接产业转移示范区建设、编制产业转移指导目录、“东桑西移”“万商西进”的工作，但并未突出生产性服务业与转移制造业的跨区域关联。这种关联如果只靠国家和地方政府的行政干预，而缺乏必要的利益激励，也很难增强中西部地区对东部地区制造业转入的吸引力。

五、结论与建议

近年来，我国产业并未出现如我们原先预想的由东部地区向中西部地区转移，而是直接跨过中西部地区直接向东南亚等地区和国家转移，社会各界对如何避免产业过快过早向外转移展开了充分的讨论。本章依据中西部地区8个地级市、11大行业（含4大生产性服务行业）、24家企业的案例调查，从供应链的视角分析了生产性服务业协同制造业区域转移能否有效增强中西部地区产业吸引力、避免产业过快外迁，对比发现了生产性服务业协同推进制造业区域转移的短板和难点，得出了四点结论：一是生产性服务业通过缩短产品或原材料空间距离、提供专业平台服务、增强服务可获性等方式协同制造业转移，能够降低制造业生产成本，进而增强中西部地区对东部地区制造业的吸引力；二是生产性服务业通过提升服务效率、集聚服务配套、深度融合制造业等方式协同推进制造业区域转移，能够提升制造业效率，进而促进制造业向中西部地区转移；三是生产性服务业通过发挥关键环节供应链核心作用、提供系统性解决方案、配合区域互济互补等方式协同推进制造业区域转移，能够增强制造业黏性，推动制造业转入中西部地区；四是生产性服务业协同推进制造业区域转移还有较大短板和困难，如重转入单点制造企业转移要素配套而轻生产性服务配套供给、中西部地区生产性服务业发育土壤有缺陷、生产性服务业与转移制造业不适配、生产性服务业协同推进制造业转移机制不完善等问题。

上述问题的政策建议主要有：第一，加快中西部地区配套生产性服务业的发展。中西部地区在承接产业转移过程中，不能忽视配套生产性服务业的发展，要加强中西部地区配套生产性服务业的引进与培育，为承接制造业转移营造良好生态。第二，厚植生产性服务业发育土壤。进一步拓展深化东西部产业合作，支持打造一批国家级产业转移示范区和示范园区，聚焦“生态圈”建设，在土地、税收、金融、政策等方面加大中西部地区生产性服务业培育力度，培育汇聚生产性服务业和制造业的产业集群。推动东部地区制造和服务各环节整体搬迁转移到中西部地区，提升生产性服务业协同制造业发展的能力。加快复制推广先进地区经验，鼓励地方政府通过提升生产性服务业配套水平进行差异化竞争。第三，提高生产性服务业与制造业的适配性。充分发挥地方政府的协调、督办作用，对生产性服务业协同制造业转移进行经费支持、业务指导、政策指引、管理监督。在研发设计、检验检测、成果中试、众创空间、孵化器、加速器等环节优先支持，提高生产性服务业协同推进制造业区域转移的能力。第四，探索建立跨区域产业协作机制。遵循“主体集中、区域集聚”的产业转移思路，对龙头企业、领军企业和骨干企业等，以大型国企为重点，探索实行“窗口指导”，引导东部地区现代生产性服务业与中西部优势制造业联动布局。协商建立成本分担和利益共享机制。畅通科技成果转移转化通道，支持科技成果服务异地产业基地。鼓励东部地区开发区、战略投资者和中央直属企业与承接地园区共同出资成立生产性服务公司。

实践篇

第十章　关于生产性服务业高质量发展的经验、问题与对策

为贯彻落实党的十九大关于推动经济发展质量变革、效率变革、动力变革的战略部署，做好《服务业重点领域高质量发展行动纲要》编制工作，由国家发改委牵头，与工业和信息化部、人力资源和社会保障部、住房城乡建设部、农业农村部相关人员共同组成调研小组，于2018年9月17日—21日赴江苏省、上海市开展了生产性服务业重点领域高质量发展调研。实地调研中，调研组与两地相关部门及协会座谈4次，深度访谈生产性服务企业20多家，听取了受访企业和相关部门负责人的意见与建议。形成调研报告如下：

一、生产性服务业重点领域正在释放强大经济动能

（一）信息技术渗透加快，生产性服务水平大幅跃升

利用移动互联网、云计算、大数据、人工智能等技术，生产

性服务业对提升工业和农业企业效率、实现市场精准匹配的水平有了突破性提升。

一是在现代信息技术的支撑下，生产性服务业大大降低了制造业的生产成本。上海中储智运平台通过智能配对、精准推送及竞价交易方式，搭建了物流运力竞价交易共享电商平台，2016年6月正式与南钢集团成为战略合作伙伴，共同打造“阳光物流”。半年时间，南钢在中储智运平台上的发货量突破400万吨，成交金额约1.2亿，平均降低物流成本达到800万元左右，降低比例达7%~9%。福佑卡车基于“AI+大数据”，运用机器学习、虚拟现实平台（virtual reality platform）、物流知识库、特征工程等先进技术，对整车运输的各个业务节点进行重构，实现了运输全过程智能化。

二是通过释放大数据的巨大能量，信息产业正在推动实体经济与市场精准对接。天泽信息综合利用云计算、GPU计算加速、智能传感、信息安全、数据挖掘等业内领先技术，面向在机械管理、车辆管理、供应链管理、精准农业、工业互联、商业智能等领域具有需求的客户，对相关人、物信息进行采集、传输、存储、分析和展现，帮助客户实现了控制成本、透明管理、保障安全、提高效益的目标。

（二）服务业与工业深度融合，互为依存格局加速形成

调研发现，现代生产性服务业既独立于工业，又难以与工业割裂。一是生产性服务企业立足服务工业企业后市场，加速了生

产性服务业与工业的融合。苏州东方雨虹打造了后建筑时代修缮领域高价值“建筑医院”，成为防水系统解决方案的提供者，将各种专项放水系统成功应用于房屋建筑、高速公路、城市道桥、地铁及城市轨道、高铁、机场及水利设施等众多领域。上海携程负责人指出，“我们把工业标准用在服务业上，每个环节都要做到出错率最小。”

二是生产性服务企业瞄准制造业关键共性领域，衍生了集服务与制造于一体的服务新模式。NSK公司充分利用生产轴承锤炼出的精密加工技术，从很早以前就开始向汽车零部件、精密机械产品、电子应用产品等领域进军。当前，NSK以技术为核心，提供产业机械轴承、精密机械产品、转向器等产品，专业服务人造卫星、飞机、船舶、CT扫描、建筑机械、电梯、汽车、智能家居等制造领域。上海市经信委与会人员座谈时强调，服务业和制造业是高度渗透融合的，制造业以后会以服务业的形式来表现。

（三）生产性服务业集聚发展，规模经济和范围经济突显

生产性服务业的不断延伸与拓展吸引了更多的大量同类或关联企业集聚，产生了更大的规模经济和范围经济。

一是通过政府引导，生产性服务业开始集聚，带来了规模经济效应。南京生态科技岛以人工智能为主导的新一代信息技术和以水科学为先导的生态环保产业“双轮驱动”格局，先后引进落户科大讯飞、地理信息产业园、赛莱默智慧水务平台、胜科国际水务中心、国际水生态创新中心等一批优质项目。昆山花桥跨境

贸易小镇依托“昆山海峡两岸电子商务经济合作实验区”，打造以出口业务为发展方向、以两岸电子商务为特色的产业集聚区，集聚区含有新零售展示体验区、物流配套区及产业孵化区。截至目前，跨贸小镇累计引进电子商务企业131家，注册资本7.2亿元。

二是围绕主导性生产性服务业，大量关联性生产性服务业也在加速集聚，带来了范围经济效应。南京科技园聚焦文化创意、移动互联两大产业方向，形成了广告创意、游戏动漫、电子商务、移动互联、检验检测5个细分方向，2017年，集聚企业1100余家，实现税收总收入15.5亿元。上海金桥生产性服务业功能区以总部经济、商贸营运、研发设计和信息服务（含服务外包）等为主导的生产性服务业已形成较大规模和产业特色，生产性服务业企业超过500家，建成了金桥总部集聚中心、商贸营运中心、研发设计中心和服务外包中心，形成了先进制造与生产性服务二元驱动、“叠加式”发展的产业新格局。

三是依托生产性服务业的集聚优势，新业态、新模式不断涌现。春秋租赁作为国内拥有航空公司背景的专业租赁公司，充分利用自贸区内提供的优惠政策，发挥其资金、技术、人才方面的优势，迅速搭建航空租赁业务平台。截至目前，春秋租赁在上海自贸区内已经设立13家SPV（特殊目的机构）项目子公司，开展业务的达10家SPV公司，这10家项目子公司在2015年至2018年6月共缴纳税费累计2.5亿元。新与力文化传播公司负责人说，“3年前，别人说我们YOHO这类互联网企业是新兴产业，现在就开始说我们是传统产业了”。

（四）专业分工与协同整合加快，产业竞争力持续提升

生产性服务业专业分工不断深化，生产性服务企业纷纷专注核心业务，外包非核心业务，同时依托各领域供应链强大的协同整合能力，产业整体竞争力得到很大提升。

一是专业性平台服务企业竞相涌现。南京贝登医疗股份有限公司借助互联网，精选和整合国内医疗器械行业上游2000个厂商/代理商资源，打造国内最大的医疗器械供应链平台，为国内各级医疗机构和近18万家医疗经销商提供相关医疗器械网上一站式采购平台。对上游厂家，帮助其进行产品推广与销售、仓储配送、售后维修服务外包，让厂家回归产品的研发和生产、扮演第二厂家的角色；对下游终端医院，为其提供从医院工程与施工、医疗器械一站式采购与配送、融资租赁解决方案、完整售后维修服务、医护人员招聘等全面的服务，帮助医院回归“治疗”主业。

二是依托供应链服务的强大协同整合功能推动商流、物流、信息流、资金流、知识流的有效配置。江苏宏坤供应链管理有限公司依托自主研发的绿道跨境供应链综合服务平台，形成了以数字化供应链板块、物流板块并驾齐驱的产业布局，为外贸企业提供进出口报关、境内外物流整合、供应链金融、仓储管理、电子商务等一站式供应链解决方案。慧聪集团形成以交易服务作为场景、数据服务作为基础、信息服务作为支撑的完整闭环，通过“信息+交易+数据”的产品和服务的搭建，形成了点线面的产

业互联网生态布局。特别需要指出的是，以人力资源为核心的知识流、人才流也成为供应链服务的重要内容。2017年，某零售行业巨头需要进行部门业务调整规划，将大量促销人员、辅助人员等岗位人员进行外包，合杰与其签约后，提供的服务包括业务外包、人员培训、保险福利、薪资发放、预算成本分析以及系统外包解决方案。

二、地区推动现代生产性服务业发展的有益探索

生产性服务业良好的发展势头源于发达的经济体系，也得益于地区政府不断探索有效的管理模式，将生产性服务业作为主攻方向，创新政策服务、平台服务、资金服务和人才服务。

（一）统筹推进政策规划，创新生产性服务业管理思路

在服务业整体规划层面，江苏省、上海市均研究编制了服务业相关规划与政策，如《上海市“十三五”服务业发展规划》《江苏省“十三五”服务业发展规划》《服务业创新发展江苏行动纲要（2017—2025年）》等，提出努力构建优质高效、充满活力、竞争力强的服务新体系，培育壮大经济发展新动能。

在生产性服务规划与政策设计层面，为加快构建现代化经济体系的重要载体，2018年4月20日上海市出台了《关于全力打响上海“四大品牌”率先推动高质量发展的若干意见》，同时印发了《全力打响“上海服务”品牌加快构筑新时代上海发展战略优

势三年行动计划（2018—2020年）》。江苏省也出台了《加快发展生产性服务业促进产业结构调整升级的实施意见》，明确了生产性服务业的发展方向。

（二）构建生产性服务业发展平台，打造良好营商环境

在生产性服务业发展平台建设方面，江苏省提出了“十三五”期间大力推进生产性服务业“双百工程”和培育壮大100家互联网重点平台企业的目标。同时，对“十二五”期间认定的125家省级现代服务业集聚区继续实施滚动管理。此外，2018年，为持续推动创新驱动发展、经济转型升级，破解制约服务业发展的难点问题，推动服务经济高质量发展，探索服务业迈向高端化、国际化、品质化、集聚化发展之路，根据国家服务业综合改革试点部署，上海市出台了《关于全面推进静安区国家服务业综合改革试点的若干意见》，为生产性服务业提供了良好的发展平台，成为静安区优化营商环境、提升城市能级和核心竞争力的重要抓手。

（三）发挥财政资金导向作用，引导生产性服务业优化发展

为最大限度地发挥资金导向作用，采取股权投资、融资增信、贷款贴息、项目补助和政策奖励等多种方式组合使用，提高资金使用效益。江苏省发改委与财政厅共同研究成立“江苏省现代服务业发展创业投资基金”，并委托专业投资机构为管理运营方，基金初始规模为7.5亿元，通过进一步吸纳募集社会资本参

与，目前规模达到20亿元，一定程度上缓解了生产性服务业中小企业“融资难、融资贵”的问题。此外，为更好地发挥融资租赁服务实体经济功能，上海市人民政府办公厅出台了《关于加快本市融资租赁业发展的实施意见》，拓宽了融资租赁业的发展空间。

（四）多措并举，吸引重点生产性服务行业人才

为解决现代生产性服务业人才短缺问题，江苏省先后建设了江苏现代服务业北大、清华培训基地，成功组织江苏现代服务业企业家创新创业沙龙、赴港亚洲金融论坛等活动。实施了现代服务业领域海外引才计划，先后组织了赴美国、加拿大、英国的服务业专场人才交流和推介活动，吸引更多高端化、国际化的服务业人才汇聚江苏。此外，还开展了第四届“江苏服务业专业人才特别贡献奖”评选活动，评选突出对新业态高增长现代服务业企业领军人才的重视，对来自现代金融、大数据服务、跨境电子商务、检验检测、文化演艺等领域的十位优秀服务业人才予以奖励。

（五）完善平台支撑体系，推动生产性服务业聚力发展

为实现生产性服务业聚力发展，各地区正在完善行业主管部门联手推动服务业提速发展的协同配合机制。江苏省依托以云计算技术为支撑的江苏省服务业公共服务云平台，提升工作效能，实现权力阳光运行；全方位打造集媒体宣传、专家咨询、政产学研合作、大数据管理等功能为一体的多层次平台服务体系，全面

动员和强化社会各界齐心协力共谋共创现代服务业发展新生态。为推动上海卓越的全球城市和具有国际影响力的科技创新中心建设，《上海生产性服务业功能区建设指引（2018版）》提出，构筑空间布局合理的产业发展新高地，建设功能完善、高效便捷的产业社区，推动信息化、智慧化功能区建设，提高产业创新能力和品牌效应，提升园区管理水平和营商环境。

三、生产性服务业高质量发展面临的主要瓶颈

调研组发现，生产性服务业要迈向高质量发展阶段，还面临诸多难题和制约。

（一）政策法规滞后于新兴生产性服务业

首先，法律法规滞后于产业融合发展进度。对于新兴服务业的身份认定存在分歧，物流、通关专业服务具有跨界性、综合性、混业性特点，与电子商务的平台型企业结合后，难以界定其产业属性。如NSK等企业是以装备制造业为依托，与制造业高度融合的生产性服务业。其次，生产性服务业“走出去”受限。上海电器输配电负责人说，“当前外汇管制严格，我们前不久向巴基斯坦一个项目汇款40万，前后花了2个多月的时间”。再次，企业高质量发展缺乏政策活力。国内众多生产性服务商在“低价中标”的大环境下，受限低价项目经费约束，科技创新投入积极性不高，在国际舞台上竞争优势不明显。

（二）行业准入和标准有待规范

从调研中发现，生产性服务业准入和标准问题突出。一方面，行业准入门槛低。生产性服务业一般呈现固定投入少、进入门槛低的特征，低质低效发展的问题还较为突出。在信用体系不健全的情况下，大量生产企业的低端服务活动仍选择在企业内部消化完成。另一方面，行业标准缺失。安吉汽车物流股份有限公司忻坚敏副总经理表示，“从物流业来讲为企业服务，我们现在独立出来，成为物流企业，我们服务制造厂，方方面面去对标全球企业，参与国外项目的竞标，在不能对接国际标准的情况下会显得非常被动”。

（三）行业管理部门条块分割

生产性服务业与制造业正在加速融合，而行业管理却依然是切割式管理。以关于离境业务退税为例，随着国家越来越重视检验检测行业发展，2015年上海市商务委和统计局联合出台了《服务外包统计报表制度》，把检验检测纳入知识流程外包（KPO）板块，但是在操作过程中，上海市财税局不认可，文件已经出台3年了，至今没有使用过。上海生产性服务业促进会秘书长指出，现在的制造业不光只生产一个零件，而是打包产品，从实体经济来讲是融合的，但管理上又必须进行切割，这项工作需要多部门，如规土局、环保局、质监局、统计局等形成合力，协同推进。

（四）行业同质化竞争严重

各地都把加快发展现代服务业特别是生产性服务业作为经济转型的重要抓手，不断加大招商引资力度，但这个过程中也导致了低效率同质化竞争现象。以地理信息行业为例，根据国家测绘地理信息局发布的数据，目前，按照工信部“人员300人以下或产值1亿元以下标准”，90%以上地理信息企业为中小微企业，由于其缺少核心技术、服务以及创新人才，主要从事技术门槛较低、劳动密集型的数据生产工作，从事软件开发和地理信息服务的较少，造成了地理信息行业中小微企业数量庞大，同质化竞争严重的局面。

（五）企业税费负担较重

调研所到之处，企业均在反映税费压力依然很大。以南京贝登公司为例，公司员工和单位承担的社保金缴纳压力较大，贝登公司为员工支出的全部人员成本中，社保比例接近40%。据中储南京智慧物流负责人介绍，作为经营无车承运人业务的企业，通过公司平台整合的下游司机是依法无需办理税务登记且从事小额零星经营业务的个人，按照国税总局2018年28号公告的要求可以以收款凭证作为税前扣除凭证，而目前税务部门在实际执行中仍以发票作为成本入账依据，且对于小额零星业务的认定缺乏准确定义。

（六）企业发展要素支撑不足

在土地方面，生产性服务业用地大多属于商业用地，取得项目用地较为困难。金桥集团招商部总经理金玮琦从园区角度表示，作为国家级的开发区，转型升级时会遇到“土地到期”的状况，对园区产业发展将造成困扰。在人才方面，随着生产性服务业快速扩张，以信息科技为主的企业对于IT技术、现代物流、市场、运营、金融等各方面高端人才的缺口巨大。在资金方面，生产性服务企业以无形服务为主，缺少可供抵押的固定资产，造成融资困难。

四、对策与建议

调研组认为，推动生产性服务业高质量发展应立足破解现实瓶颈，从政策法规、行业标准及信用、行政管理、减税减负、要素保障等方面解决发展难题。

（一）建立与生产性服务业发展相适应的政策法规体系

坚持动态跟踪现代生产性服务业最新变化，把握发展趋势和规律，根据市场发展需求适时调整相关法律法规。坚持合法合规经营，营造公平竞争的良好环境，坚决反对低价竞争、反对垄断，健全知识产权保护体系，让规范经营者得到保护并努力做大做强。建立包容审慎的监管法规政策，对新业态、新模式留有新空间。进一步放宽对外资的限制。

（二）完善行业标准和信用体系

设置门槛、资质、规范，完善相关政策，推进能源服务等模式。进一步更新完善全国服务业统计调查体系，保障促进服务业新产业、新业态、新模式的统计调查制度落地，推进指标数据开放共享。尽快建立适用于现代服务业企业的信用评价体系，以帮助企业扫除一些不合理的障碍，助力其快速成长。鼓励创新升级，推进技术进步，反对低层次发展。鼓励生产性服务企业专业化、数字化、信息化发展，支持新技术、新装备、人工智能的运用。

（三）加强生产性服务业行政管理

完善服务业发展自上而下的纵向组织领导和横向协调推进体制，建立健全协调例会、跨区域交流合作、形势分析调查和信息管理等职能和机制，牵头研究制定有关服务业发展的重要政策意见，支持长三角等地建立完善区域协同创新示范平台。建立针对跨界融合新行业和新业态的协同监管机制，给予平台型服务企业更多机会，推动生产性服务业专业化发展。进一步加强国家层面的服务业重大抓手和平台建设，明确例如国家级服务中心创建、国家级现代服务业集聚区建设、“中国服务”品牌和标准化提升等一系列重要抓手和实施方案，为各地推动服务业提质增效发展树立标杆和设立工作手段依据。

（四）切实减轻生产性服务企业税费负担

建立全国政府性基金和行政事业性收费目录清单、政府定价的经营服务性收费目录清单。明确小额零星业务，企业按照付款凭证作为成本扣除依据，同时接受税务部门的系统对接监控，保证业务真实合理，减轻纳税人的办税负担和税务部门的征管负担。将交通运输业和物流辅助业统一税率，降低企业管理成本及税务征收部门的征收难度。降低社保缴纳比例，政府帮助企业与有相关对口专业的高校建立“校企直通车”，帮助企业解决一部分人才问题。

（五）优先保障现代生产性服务业要素供给

大力推进现代服务业人才工程，高标准组织现代服务业人才境内外培训，着力培养现代服务业发展急需的知识化、专业化、复合型、创新型人才。帮助优质企业或潜力企业留住高端人才，例如给企业一些积分，由企业推荐的人才，可以在申请户籍时增加积分等。优先保障生产性服务业载体土地供给。设立现代服务业项目专项发展基金，针对重大项目给予重点补助，同时兼顾扶持中小企业发展。应用大数据技术，进行线上征信体系建设和建立大数据风控体系，让供应链各节点的小微企业主体能够享受更为便捷、高效、低息的金融产品。

第十一章　关于成渝双城经济圈服务型制造业高质量发展的调研报告

服务型制造是推动产业结构升级和价值链攀升的重要推手。近日，国家发改委产业经济与技术经济研究所和电子科技大学经济与管理学院组成联合调研组，围绕成渝地区双城经济圈服务型制造发展，先后在重庆、成都、德阳、绵阳、宜宾、乐山、眉山等地进行深入调研。调研发现，目前成渝地区服务型制造已取得较好成效，但由于与支柱产业体系有效结合的顶层设计缺失、完善的产业链缺失、配套政策缺失、企业服务化转型意识和能力缺失等问题，成渝地区服务型制造总体水平有待提高。建议聚焦支柱产业制定相应的“路线图”，实施延链补链强链，完善要素保障，提高企业转型意识和能力等，加快推动服务型制造，促进我国制造业高质量发展。

一、成渝地区服务型制造总体水平有待提高

近年来，成渝地区通过加强服务型制造示范基地建设，共

培育150个省级服务型制造示范企业，一些典型制造业企业逐渐向服务型制造转型升级。截至2019年，四川省服务型制造企业占全部制造业企业比例已达34.3%，重庆市比例接近30%。但总的来看，成渝地区服务型制造总体水平还比较低。一是企业产出服务化水平低。四川省制造业企业的服务收入占销售总收入的比例仅为20%，部分企业的比例甚至低于10%。比如，四川电梯龙头企业科莱电梯服务收入占比不足20%，这与同行业领先企业80%的水平相比差距较大。二是国家级示范数量少。四川省、重庆市国家级服务型制造示范数量分别有8个和7个，全国排名第13和第16位，而全国排名前三的山东、浙江和福建的国家级示范数量分别为20个、19个和19个。三是对先进制造业发展支撑不够。2019年，先进制造业发展指数成都排名第8，重庆排名第13，成渝两地先进制造业产值占制造业总产值比重分别为41.2%和35.8%；生产性服务业产值占第三产业产值的比重为46.1%和42%，与深圳的70.5%和58.0%相比有较大差距。

二、“四缺”问题制约服务型制造发展

成渝地区制造业基础较强，其反映的问题对我国特别是中西部服务型制造发展具有较强的代表性，具体表现为四个方面。

（一）缺乏与支柱产业有效政策协同

成渝地区城市间产业结构相似、产业协同度较低，服务型制

造政策设计未能与支柱产业紧密结合。近年来，四川省出台《四川省关于进一步促进服务型制造发展的实施意见》、重庆市出台《发展服务型制造专项行动计划（2016—2018）》等政策，为制造企业服务型制造转型发展提供方向，但缺乏针对支柱产业对服务型制造转型路径和模式的统筹设计。

（二）缺乏完善的配套产业链

目前中西部地区服务型制造对应的支柱产业普遍存在配套产业链分散的问题，如电子信息产业和装备制造产业的部分配套企业分布在沿海地区，产业链上下游不完整，影响了服务型制造链群式发育。四川雅化集团负责人提到，“一些精密元器件加工必须到沿海地区完成，成本高、时间长，而省内周边没有相应的产业链”。成渝“双核”未能引领双圈互动，形成优势产业链辐射全域发展。雅迪科技集团负责人提到，“重庆电动车制造零部件的本地化率只有30%，还未在成渝地区形成供应链集群”。

（三）缺乏人才、金融、财政等保障政策

人才方面，缺少人才引进、人才服务保障措施，导致两地行业高端人才紧缺，尤其是复合型人才缺失。成都极米科技负责人谈到，“外籍人才引入无法解决在成都的购房问题”，目前在成都具备外销证的项目比较少，大部分属于一线开发商开发的较为高端的项目，价格相对较高，且无法支持银行按揭。金融方面缺

乏服务型制造的配套金融服务，现有金融产品无法满足企业开展服务型制造的资金需求。调研过程中企业反映，在开展总集成总承包时前期投入大、回款慢，部分企业约3到5年才能实现盈利。财政方面缺乏服务型制造专项发展资金、税收减免等政策推动服务型制造发展，目前四川仅有3个地市州有针对服务型制造的专项资金支持。此外，两地政策之间缺乏有效协同，重庆忽米网负责人在座谈会中谈到，“我们到成都开展业务时，无法享受当地的优惠政策”。同时，制造企业开展服务活动无法享受相应的行业支持政策。

（四）缺乏服务化转型意识和能力

一是“不会”转型。调研中发现，有的企业不了解自己未来转型应该做些什么，盲目跟风，选错方向。部分服务型制造模式对企业技术、资源整合能力要求较高，“不会”转型升级。二是“不想”转型。成渝地区制造企业普遍对服务型制造认识不清晰，对服务型制造转型路径不明确，导致转型升级的意愿不强。大部分企业认为服务型制造的核心是服务或是互联网，而不是制造，导致企业出现“去制造化”的误区。三是“不敢”转型。投入风险大，效果不可预知，导致企业“不敢”转型升级。一位相关负责的同志说，“有的企业自身能力不够，‘心有余而力不足’，有的企业转型方向不对，转着转着就转‘歪’了”。

三、全面提升服务型制造水平，推动支柱产业高质量发展

（一）聚焦支柱产业体系，制定切实可行的“路线图”和“施工图”

一是强化制造业高质量发展的顶层规划设计，围绕支柱产业转型发展需求，将发展服务型制造与提升特色优势产业紧密结合，探寻适合支柱产业服务型制造发展路径和模式。二是依托数字经济加快支柱产业服务型制造转型，鼓励重点行业龙头企业率先将智能化融入制造和管理过程，带动产业链企业协同推进数字化改造。

（二）实施延链补链强链，提升产业链竞争力

一是整合区域内龙头企业、拳头产品和知名品牌，进一步强化装备制造、电子信息等支柱产业上下游配套协作，打造世界级先进制造业集群。二是围绕支柱产业加强全产业链招商，搭建区域联动招商网络，加强中西部地区与沿海地区的对接协同联动，打通产业链堵点、补齐断点。三是实施延链补链强链工程，围绕支柱产业打造重点产业链，全面推行“链长制”，实现优势产业互补，提升产业链整体竞争能力。

（三）完善要素保障政策，营造良好的政策环境

一是通过人才机构引才进行补贴，降低高端人才个人所得

税，“引进+本土挖掘”一批制造业高端人才和复合型人才。二是政府引导建立产业基金，鼓励金融机构创新金融方式，对重点融合项目给予支持，为产业集群提供专业融资服务。三是推广浙江、江苏、福建等地经验，设立省级服务型制造发展专项资金，对评为国家、省级示范企业给予奖励；推广上海、江苏、浙江等地经验，对部分企业采取税收洼地优惠政策，给予企业税收一定比例的返还支持企业发展。四是消除制造业与服务业企业在优惠政策和能源资源使用的差别化待遇。比如，制造业企业的服务业务用电、用水、用气等采取与一般工业同价的政策。

（四）提高企业转型的意识和能力，促进企业转型发展

一是加强服务型制造创新应用的宣传推广，通过开展服务型制造现场推介会，编写服务型制造典型案例集等方式，提升企业对服务型制造的认识。二是结合各地区实际情况制定完善具有本土特色的服务型制造标准体系，针对服务型制造各项指标，制定关键技术标准和细分行业应用标准。三是鼓励服务型制造示范龙头企业将成熟的经验模式向同行业同类企业复制推广。四是鼓励产业联盟与行业协会共同搭建服务型制造咨询服务平台和共性技术平台，解决产业转型遇到的共性技术问题。鼓励大型制造企业率先向服务化转型，培育生产性服务供给主体；发挥工业互联网的数字化优势，赋能产业转型发展。

第十二章　关于引导供应链服务前置破解农产品产销循环制约的建议

当前，在以城市消费端为重心的农产品供应链组织体系下，“小农户”对接“大市场”依然不畅，农产品标准缺失、寄递物流成本偏高、中间环节过多、增值利润难以与农民共享等制约成为扼住农业发展“咽喉”的“黑手”。这四重制约产生的关键在于农产品供应链组织中心在城市消费端。建议引导支持一批专注加工或者流通等自身主业的链主企业推动供应链组织中心前置于“农村生产地”，加快构建“政府引导扶持、链主企业管理运营”的产销衔接数字化平台，提供“一站式”生产服务、“无中间商”销售服务，全面打通农产品供应链产销循环梗阻，为促进城乡区域循环增添内生动力。

一、农产品产销循环面临四重制约

（一）供应链标准化数字化建设滞后导致农产品上行困难

从农产品标准化程度看，初级农产品标准化难度大，农业标准化覆盖率低，特色农业标准体系建设滞后，农产品种苗种性、质量等级、产品规格、贮存运输等标准化缺失导致农产品附加值低，甚至产生“劣币驱逐良币”。调查显示，农产品标准化程度低和品牌缺失是导致农产品上行困难的最重要原因。从农村数字化进程看，部分农村地区人口密度小、地形复杂，引致农村网络设施铺设成本高、搭建难度大；部分农村地区固定宽带实际价格要高于城镇地区，农村地区家庭固定宽带接入的积极性不高，限制了数字基础设施进一步向自然村和农户的延伸。

（二）农产品上行与工业品下行通道分离导致物流成本偏高

从农产品进城看，农村地区农产品种植规模普遍较小且碎片化，同时大部分村落分布相对分散，单一的商品和服务上行或下行模式既产生高消费成本，也导致低消费效率。以贵州为例，贵州山地农产品十分丰富，且全省已实现“快递进村”，但分散经营的农产品走向城市依然面临高昂的物流成本，贵州本地辣椒价格普遍高于市场6~8元/公斤，玉米、豆粕运费比广东、广西高192元/吨。从农村电商平台看，京东、淘宝、拼多多等现有平台向农村拓展消费以产品下行为主，盒马生鲜、每日优鲜等平台以生鲜农产品上行为主，下行和上行各自运行，没有串联上行与下行物流资源及线路，难以从物流时间、数量、规格等方面统筹控制，导致农村物流成本居高不下。

（三）供应链中间环节多导致农民收益被挤占

从供应链全流程看，从农产品种植到农产品加工或消费，供应链中间环节参与主体过多，“多级代理”“低买高卖”“恶意囤货”等现象层出不穷，侵占了农民大部分收益。调研显示，小龙虾从田间到餐桌需经过乡村小商贩、乡镇商贩、县城转运商贩、城市农贸市场或超市等多个环节，从湖北监利农民手里收1两左右的小龙虾不到1元/只，而到北京簋街做成熟食却能卖出40元/只的价格。从农产品线上平台看，各类农产品销售平台企业围绕消费市场，在流通销售等环节“与民争利”。如，拼多多、盒马等线上平台供应商从中间供应商获得农产品，云集、社区团购等线上平台直接从原产地获得第一手农产品，但不论哪一种模式都是赚取了较多的中间差价。

（四）农民缺乏分享供应链增值利润和服务机会

从城市消费端看，农产品供应链的重心在城市消费端，增值环节远离农业生产环节，供应链服务体系也围绕城市消费展开，如新零售、消费金融、社区团购等，而农民在供应链生产端缺乏生产服务平台，在中端缺乏参与机会，在后端缺乏融资、直接交易等供应链服务支撑。从城乡产业分工看，相比工业和服务业，农业比较效益已处于低位劣势，农民受资金、技术等条件制约，参与农产品高价值环节难度大，城市工业与农村农业在产业链上缺乏有效的分工协作机制，农村产业难以获得参与工业和服务利润分配的机会。

二、建议加快构建以生产地为重心的农产品供应链组织体系

支持一批专注加工或者流通等自身主业的链主企业推动供应链组织中心前置于“农村生产地”，以“政府投资、企业运营”模式搭建“准公共品”式农产品供应链数字化平台，推动补齐农产品供应链基础短板，强化供应链主体直接关联，并依托数字化平台为农民提供“一站式”生产服务、“无中间商”销售服务、高附加值环节参与服务，推动实现小规模、非标准化的生产交易转变为大规模、低成本的生产交易。链主企业既不“与民争利”，又能带动农民参与供应链增值环节，还能推动农产品产销协同增值。

（一）推动链主企业前置供应链服务

一是支持龙头企业畅通农村运力与资源衔接渠道。立足地方优势产业，支持培育龙头企业担任链主。依托参与农业生产经营较为充分的大型国有企业或民营企业，如邮政、顺丰等企业，整合上下行双通道，推动农村运力与资源无缝衔接；又如京东，在江苏丰县等打造京东农场，建立《京东农场丰县苹果生产管理标准》，引入物流一站式配送解决方案，推动农村农产品优质优销。二是以推动源头标准化提高农产品附加值。支持建立以生产

端为主体的供应链组织平台，从生产平台、服务站点、产地集配中心、冷库等商品化处理设施入手，构建产地直采体系，让农产品在田间地头就变成标准化的高附加值商品，推动农产品增值环节下沉乡村、惠及农民。三是构建多元化供应链服务体系。推动家庭农场、集体合作社等农业主体与链主企业深度战略合作，构建集种植、销售、物流、品牌、金融等于一体的农产品产地供应链服务体系。积极发展供应链金融服务，推动链主企业以担保形式或者直接贷款给生产者。鼓励链主企业通过数字化平台提供气象、咨询、农产品种植、病虫害防治、物流等“一揽子”生产服务。

（二）加快农村供应链数字化平台建设

一是推动政府与供应链链主企业共建智慧农业生产平台。平台建成后由链主企业运营，为新型现代农业生产主体提供产前、产中、产后涉及全产业链的综合经营服务。二是提升小规模农户与大市场的议价能力。针对小规模农户生产分散化、细碎化、难以直接对接市场需求主体的问题，支持销售相同农产品小农户直接通过平台提供小规模农产品，聚少成多，让小规模生产农户以“拼团”方式满足市场大规模的产品需求，链主企业主要负责控制进入平台的农产品标准，从事加工、物流等“与民无争”的供应链其他环节。三是支持物流企业通过数字化平台匹配货源和运力。不断优化提升现有城乡配送功能、优化配送线路、开展循环送（取）货，进一步降低物流成本。

（三）补齐农村现代供应链基础短板

一是完善农产品标准体系。支持供应链链主企业与重点物流企业、科研机构、行业协会等单位合作，根据不同需求制定实施一批重点果蔬、生鲜肉制品、水产品等农产品单品标准，支持供应链链主企业依据单品标准设置线上或线下平台准入门槛。二是构建农产品全程冷链物流体系。支持现代物流集团、冷链投资公司、物流龙头企业等大型企业增加公益型冷链设施投入和运营费用，重点推动田间地头预冷设施、节能环保长短途冷链物流运输车辆，新改建一批冷链物流集散中心。三是加快推进“智慧农批”建设。强化市场交易、结算、仓储、运输、配送等过程的数字化升级，利用大数据、人工智能等手段强化对市场各交易主体的组织服务。统筹协调农产品线上线下销售，协调建设冷链物流、农商联动集配中心等物流基础设施建设，搭建乡村优质农产品向城市、西部地区向东部地区有效流通的渠道和途径。

（四）强化农村供应链主体利益联结

一是强化农村现代供应链主体关联。鼓励探索建立以供应链链主企业为龙头、家庭农场为基础、农民专业合作社为纽带，基于股份制和专业化分工的现代农业产业联合体。鼓励链主企业通过设立风险资金等多种形式，帮助农牧民更多分享产业利润效益，创造农民参与更多供应链中后端环节的机会。二是建立农户+消费者的超短供应链模式。推动农民直接进入销售环节，支持农民在产地将农产品集聚、分级、加工、包装后通过电商平台直接发货给消费者。发展以销地直营店、前置仓、线上线下融合体验店为主导的电商平台，推动农户直接与消费者对接。三是鼓励农民进入中后端加工和服务环节。支持链主企业组织开展农民农产加工技术培训，鼓励一批农民依托数字化平台从事农资供应、土地托管、代耕代种、统防统治、烘干收储、乡村旅游服务、批发零售等生产性服务，形成“离农业最近、联农民最紧”的产业集合体。

（五）推动农村供应链产销协同增值

一是创新资源整合模式。支持链主企业整合种子、农资、技术指导、标准控制等生产资源，引导分散经营农户走向线上平台，推动农业分散化种养走向规模化入市。鼓励各地链主与大型电商平台签订合作协议，推动电商平台与数字化生产平台整合，支持链主企业通过线上销售平台对接分散化消费群体。二是完善供应链创新链价值链协同模式。推动上行和下行商品研发、采购、生产、加工、物流、销售及消费全程紧密对接，支持供应链各节点拓展创新链，推动高附加值节点“红利”向种植和加工环节溢出，形成“以服务增值反哺加工、以加工增值反哺种植”的价值溢出导向。三是推动农产品加工与产区对接。建立产加“直通车”，支持加工企业通过数字化平台优化多渠道采购途径，支持发展分散化同标准采购、多渠道定制化采购。

第十三章　关于农产品电子商务支撑“菜篮子工程”的建议

农产品电子商务起源于20世纪70年代，初期电子商务主要以电话作为主要的交流工具，然后随着计算机的不断发展，电子商务出现了网上交易的模式，最后卫星技术以及互联网等技术的出现和日益成熟催生了通过电子网络进行的电子商务贸易形式，即建立在网络平台基础上的一种电子商业贸易活动，而且近几年来，由于网络的普及和技术的成熟，农产品电子商务得到快速发展，电商模式也呈现出多样化的特点。

1988年，农业部根据农产品市场的发展现状和时代背景，提出建设“菜篮子工程”，旨在缓解我国副食品供应偏紧的矛盾，重点解决市场供应短缺问题，蔬菜产业发生了根本变化。然而随着工业化、城镇化进程的加快，大中城市周边“菜篮子”基地逐渐被“蚕食”，大部分城市“菜篮子”产品自给能力大幅下降，而大中城市周边农村地区农产品产能过剩却时有发生，受信息不对称、供需不匹配等因素的影响，“菜篮子”产品价格波动较大。农产品电子商务模式的日益完善和技术应用的不断成熟，有利于更好地支撑“菜篮子工程”，进而有助于平抑“菜篮子”产品价格，缓解供需不均衡问题，实现大中城市地区“菜篮子”产品供求平衡。

一、农产品电子商务模式的国内外研究现状

首先，农业领域的研究成果不计其数，其中对于农产品的定义也颇为丰富，《中华人民共和国农产品质量安全法》所称农产品，指的是来源于农业的初级产品，包括植物、动物、微生物及其产品，其中包含了农业、林业、畜牧业和渔业四个大类。“菜篮子”农产品则主要以肉类、蔬菜类和果类等农副产品为主，着重实施设施化、多产化和规模化发展，逐渐形成以蔬菜、肉、水果和蛋奶为主的农业市场流通格局，旨在满足城市居民的生活需求。

农产品电子商务模式，顾名思义就是在农产品市场领域中应用的电商流通及业务模式，即电子信息技术在农业生产活动全过程中的应用实践。狭义上，就是利用互联网、信息化等设施为农业领域的生产、交易等活动提供帮助和服务；广义上，则是信息技术在农业生产领域中的运用，涵盖经营过程中的全部活动（王崇锦，2013）。

农产品电子商务成为全球电子商务发展的新增长点，2010年联合国发表的一份报告显示，2000年全球电子商务的交易额达到3770亿美元，2010年达1万亿美元，2010年的后10年1/3的全球

国际贸易将以网络贸易的形式来完成（贾俊敏等，2011）。

（一）国外农产品电子商务模式研究

从国外发达国家来看，农产品电子商务模式创新日益多样化、网站内容日趋丰富、基础设施比较完善，农产品电子商务正在改变农业经济，未来农产品电子商务将呈现渠道融合化、市场全球化、技术移动化三大趋势。

陈生萍（2008）研究并分析了日本的农业与农村信息化发展战略，该战略主要是用于平衡城乡信息化之间的鸿沟，促进信息资源在农村的充分有效利用，同时在战略实施过程中，政府通过组建市场销售系统（农产品批发市场联合会），将全国各个农产品批发市场和海关等单位互联，从而实现订单、市场行情的及时有效获取；韩国农林部于1992年专门组建了主管农产品电子商务技术支持的农林水产信息中心（AFFIS），为农民发展农产品电商提供支持，并积极鼓励和引导，此外，韩国农林水产信息中心还主动为农民提供信息技术相关培训，并发放相关软件，提供市场信息，帮助农户快速有效选择农产品；蒋倩（2015）认为，美国农产品电子商务具有信息化程度高、行业集中度高、农民积极性高、集体规模大、政府重视程度高等特点，并在多年的发展经验积累下，形成了农产品电子交易所、农产品网上超市、电子商务农产品批发市场等几种模式；张哲（2014）通过采用文献分析法，对美国在农业领域的电商模式进行了认真研究，结合其发展历程和特色，为我国农产品电子商务的发展模式提供了借鉴。

目前，国外的农产品电商模式也在不断创新发展，从模式的创新到供应链的构建均体现了一定的优势，其中包括以下几种创新型模式：

1.深度整合行业上下游模式

上游，即通过消费者的参与掌握需求，其基本模式是建立连接本地中小型农场的网购平台，消费者进入网站之后搜索农产品的同时，网站利用谷歌地图定位消费者的地点找到其周边可提供相应农产品的农场进行在线购买。这种模式得益于美国的中小型农场的形式，在这种模式下，消费者购买到的食物通过本地区宅配的形式即可实现运输，保证食品的新鲜，实现农产品的生产透明化和可信化。

下游，即管理软件开发，除了提供上游供售卖的在线交易市场，还提供相应的农场管理软件开发，涉及的功能包括在线订单服务、会员服务管理、配送服务管理和财务管理，旨在不断改善农场管理的效率，从而更好地专注于农业生产（蓝梦婕，2014）。

2.O2O+B2C社区化导流模式

该模式首创的社区理念和团购形式解决了生鲜农产品中的物流成本问题，同时让消费者得到了实惠，真正开启团购模式，引入并打造了“食物社区”的理念，即以地理位置为依据将消费者和附近的中小农场建立连接。由发起人（即食物社区创建后的“带头人”）向网站申请建立食物社区，对每个社区，该模式会分别制作专门的网页，带头人可以将农场的产品添加到所建立的社区里。作为回报，带头人可以享受到相应比例的销售奖励或者折扣福利，从而激发带头人发动周围人加入社区的积极性（模式要求至少需要邀请20人加入社区中，没有上限）。模式图如图13.1所示。

图13.1 O2O+B2C社区化导流模式图

该模式以社区作为订单单元，以周作为订单周期，基于社区成员在相应网页上的订单情况进行汇总，给出订购需求，报送给农场，然后按期定点配送，最后消费者自行获取订单食物。

3.“农村包围城市”的另类扩张模式

该模式利用小城市和城镇来扩大规模，具体模式如图13.2所示。

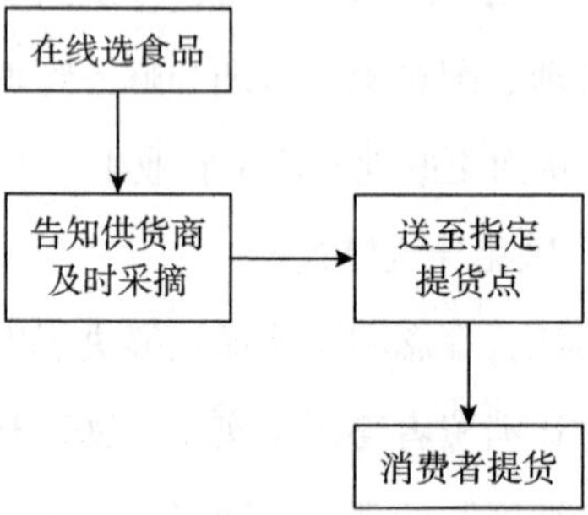

图13.2 “农村包围城市”的另类扩张模式图

（1）导流方式：口碑建立在供应商已有的品牌上，与零售商（如全食）、农场主、企业合作。

（2）配送：着力培养独特的本地化能力以尽量减少投资，与各地农场和商店建立协作网络。

①配送中心的设置：在每座城市提供多种商品，设置多个配送中心；

②配送站合理选址；

③取货点选址在家庭成员更容易聚集的地方，通过顾客自提的方式解决最后一公里的问题。

总结而言，国外发达国家的农产品电子商务具有如下特点：

第一，计算机技术和互联网等科技的出现以及不断应用成熟，提供了农产品电子商务的技术支撑；

第二，采取电信资费的适当优惠，促进了农产品电子商务的广泛应用；

第三，农产品电子商务平台网站迅速发展并日益增加，极大地丰富了各种服务功能，推动了农产品电子商务的发展。

第四，机器人技术广泛应用在供应链各个环节，降低对人工的依赖，提高效率，完善物流的标准化作业，为农产品电商运营保驾护航。

（二）国内农产品电子商务发展现状

随着农业与电子商务的不断发展和融合，中国在农产品领域出现了许多不同特色的电商模式，而对模式的研究则追溯到21世纪起始，起步相对比较晚。2001年，出现了涉及B2B、B2C与B2G的三种模式类别，然后有研究学者结合我国早期农产品电子商务的实践，归纳出市场间模式、战略联盟模式、中介模式以及会员模式等四种电商模式（姜华，2006；胡天石，2005）；2006年，许多学者基于农产品电子商务模式分类（即B2B、B2C与B2G等模式）进行了继承与创新，通过介入供销中介，形成新的B2B2C模式，以及改进创新的P2G2B（农民to合作社to企业）、P2G2B（农民to政府to企业）等模式；也有研究学者通过分析农产品供应链的特点及现状，基于信息网络的供应链电子商务信息平台，提出电子商务背景下的农产品供应链模式，实现各个环节的有机结合以及无缝衔接；2010年，有研究学者提出我国农产品电子商务不应照搬既有的C2C、B2C和B2B模式，提出基于第三方交易平台的产品营销模式，此外，还结合农业领域贸易特点和电商模式适应性匹配分析，形成了分别集中到买方、卖方以及第三方的电子商务模式（Tucci, 2001；尹艳冰，2001）。

此外，纵观BAT（百度、阿里巴巴、腾讯）三大巨头在O2O市场的布局，无不围绕着O2O的基础结构展开，在农产品流通领域的案例也屡见不鲜。千鲜汇是一家典型依靠O2O增加营销渠道的企业，其主要业务范围是广州。2011年，千鲜汇网站正式上线，在这之前，他们主要是做农产品的渠道供货，包括连锁超市和团购网站的供货，他们从新疆、山东等地挑选一些特色的、差异化的绿色农产品，为用户提供优质的农产品。千鲜汇将O2O模式的电商行业应用于农产品交易领域，建立起线上线下的综合农产品交易平台，为全面促进农产品销售和农产品流通渠道的发展奠定了坚实基础。

二、农产品电子商务支撑“菜篮子工程”存在的问题

“菜篮子工程”于1988年由农业部提出，旨在逐步平抑我国副食品供应长期短缺的问题，平衡供应总量，这不仅关乎最重要的民生问题，也涉及社会和谐的经济和社会问题。然而在当前大中城市资源约束下，又加上“菜篮子”产品存在需求弹性较低、保质期较短、变质风险较大、运输较困难、贮存成本较大等特点，使得个别“菜篮子”产品价格大起大落的现象时有发生，“菜贱伤农”和“菜贵伤民”形成鲜明反差。目前我国“菜篮子工程”主要存在如下几个问题：

（一）大中城市“菜篮子”产品自给率下降

首先，城镇化建设的迅速扩张以及建设新区步伐的不断加急，导致部分大中城市的城郊农村土地资源日益减少，从而对农产品的种植播种以及产量造成了很大影响，有的城市在短短的8年时间里，蔬菜播种面积下降了33.25%，蔬菜总产量下降了43.70%。此外，我国大中城市工业化、城镇化进程带来人口的日益扩张，而其农产品的自给率却逐渐下落，导致许多大中城市“菜篮子”农产品需要从其他省市获取，从而形成较高的对外依存度。购买外地农产品难免就需要涉及物流运输，而这又易受天气、运输条件、道路设施等外在环境的影响，再加上“菜篮子”农产品在类型、保质期以及储存条件上存在不同要求，使得其运

输过程变得相对困难复杂，难以有效及时地保障“菜篮子”产品供应，进而会对其价格波动产生影响。

（二）“菜篮子”产品物流体系不健全

“菜篮子”农产品的价格主要由生产成本、运输成本、加工包装、流通环节等费用构成，而长期以来，对“菜篮子工程”的重视程度和投入资金相对不足，物流体系建设不健全，对保鲜期短、易腐烂变质的生鲜类农产品缺乏相应的保障措施，对不同类型的“菜篮子”产品运输缺少应有的配套条件，采取“一概而论”的运输方式，即比较单一化，缺少产品特殊性方面的考虑，而且现有的一些物流模式虽然可以满足特殊运输环境条件的农产品，但尚未形成一体化、系统化模式，间接地增加了运输成本，从而影响“菜篮子工程”的不断发展和农产品的有效流通。

（三）“菜篮子”产品产销信息不对称

准确及时的农产品信息是有效建立“菜篮子”产供平衡调节机制的关键所在，通过信息的流通和传递实现用信息引导生产，进而在一定程度上规避农产品总量供求失衡和价格的大幅度波动。然而，目前大多数城市的“菜篮子”产品存在产销信息不对称，现代信息技术手段在“菜篮子工程”中的应用和实践相对比较匮乏，现有电商模式的农产品信息化建设相对不够完善，无法满足“菜篮子工程”的发展需求，从而易导致农民“卖菜难”和市民“买菜贵”并存的现象，进而在一定程度上阻碍“菜篮子”

产品生产和销售的有效衔接。

与此同时，农产品电子商务的发展随着农村网络化水平的不断提高也日益彰显着巨大的市场潜力，而其涉及全产业链的各个环节，因此农产品电子商务与“菜篮子工程”的有机结合机遇与挑战并存：

第一，农产品电商基础设施遭遇瓶颈。物流运输以及产品配送作为农业电商发展过程中的关键环节，需要大量资金投资、运输设备和人力，而现阶段农产品电子商务能提供现代化物流配送服务的很少，而且其产销及运输之间的协调机制缺失，在一定程度上限制了其规模化的发展。同时，鉴于农产品自身的特点，其所特有的保鲜储藏要求也随之变高，物流运输环节中地理位置的南北纵跨，都会给农产品的运输提出更加严苛的要求，然而当前我国的物流体系基础设施还存在投入资金的不足，亟需进一步提高和继续加强。

第二，农产品电商食品安全问题亟需解决。影响农产品质量安全的因素，会产生于多个环节：在农业生产时农药的使用情况、在蔬果培育时技术应用的问题，最终都会成为影响食品质量安全的某些因素，甚至是消费者的身体健康。在农产品流通环节，仓储管理以及物流运输的情况也可能会对农产品的食品安全产生一定的影响。对于特定类别的农产品，除了具备特殊的保质期要求以外，还需要有严格的运输环境要求。然而现阶段我国农业领域的物流建设在质量跟踪监测方面不够完善，从而在农产品物流市场上出现了鱼龙混杂的现象，导致出现一些农产品质量安全的隐患和危机。

第三，农产品电商主体素质有待提高。中国作为一个农业大国，农村人口多且教育程度相对较低，从事农业领域生产活动的农民自身素质更低，加上受传统观念的束缚，对电子商务的认识尚需时日。而且农村网民中管理类、技术类人员及年轻人占绝大多数，真正从事农产品种植生产的农民上网却相对比较少，再加上农村的信息化程度比较低，信息基础设施也比较落后，更不利于农业生产者素质的提高，进而影响到农业领域电商模式的整体发展和广泛应用。

此外，由于我国农产品电子商务发展起步比较晚，还处于初步阶段，相关的法律法规尚不健全，电商市场的设施及环境建设阻碍了其快速发展，出现诸如网络诈骗、产品不达标等问题，再加上目前在相关平台上缺少统一的规范和标准，更不利于其整体发展。总的来说，电商模式在农业农产品领域的实践应用还需继续探索、不断研究，从而提升服务能力，更好地服务于诸如“菜篮子”类的农产品工程，进而助力我国农业发展。

三、农产品电子商务支撑“菜篮子工程”的模式探索研究

农业自身的特点决定了农产品电子商务是不同于一般意义上的电子商务，很难直接应用传统的B2C、C2C、B2G、C2G电商模式，因此要在农产品电子商务模式研究上不断探索创新，尽最大

限度缓解并解决现有瓶颈和问题，为“菜篮子工程”发展保驾护航。

近两年，我国的许多学者对农产品电子商务进行了不同领域的研究，如金融、电子商务技术、贸易、物流、食品安全等，总结国外相关经验以及国内理论研究，我国的农产品电子商务可以通过结合农产品发展的现状，创新探索新模式以支撑“菜篮子工程”的研究和发展。

（一）模式创新：基于领域研究的农产品电子商务匹配模式

在运筹学学科领域，针对供应链研究，一方面，注重探讨不同的服务因素对运输过程、配送媒介以及供应链网络产生的影响，另一方面，创新提出将消费者与工厂（供应商）进行有机匹配，实现问题的不断优化设计。通过借鉴运筹学领域的相关研究思路，结合目前已有的农产品电子商务模式研究，从农产品特点与运输模式相匹配的角度，提出农产品电子商务的匹配模式，支撑“菜篮子工程”的研究和建设，如图13.3所示。

该模式依据“菜篮子工程”的建设模式，从“菜篮子”产品自身特色和其运输模式选择匹配入手，以“流程化”的视角建立定制化农产品电子商务平台模式，线下合理分配高效专线物流服务，同时线上共同分享实时库存、物流信息、产品相关数据等，以实现信息共享、管理结构扁平化，实现诸如生鲜类农产品等特色产业链上的效率最优和快速流通。

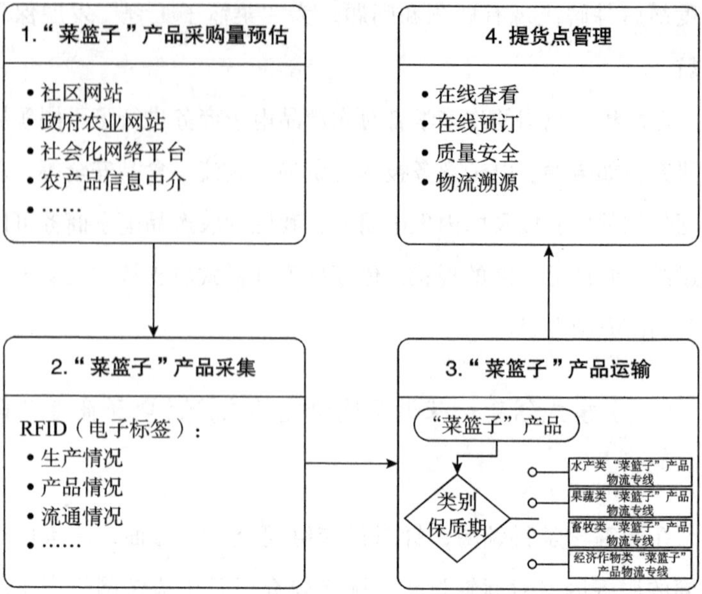

图13.3 “菜篮子”产品电子商务匹配模式图

1.第一阶段：“菜篮子”产品采购量预估

传统模式上的农产品流通和购买，具备时间和空间的双重限制，形式上主要为批发或集贸市场，不利于拓展市场，而且存在过程复杂、环节较多等问题，从而易导致信息失真，甚至产生错误，造成供需信息不对称，出现产地市场供过于求和销地市场供不应求的巨大落差，进而导致“买贵卖难”的局面。因此结合农产品电子商务的全球性特点以及现有的模式研究，该模式打破因地域差别导致的市场分割，有效结合线上资源，辅助线下工程，并根据地理城域发展特色，合理选择诸如社区网站、政府农业网站、社会化网络平台等相应的预估途径和方式，最大程度地增加销售机会，拓宽销售领域，同时通过线上平台资源，可以帮助销售参与者及时获取市场行情，了解相关信息，从而有益于缓解“菜篮子”产品存在的信息不对称、供需不匹配等问题，助力“菜篮子工程”的深入研究和不断发展。

2.第二阶段：“菜篮子”产品采集

首先，根据预估量采购相应“菜篮子”产品，由于目前存在“菜篮子”产品标准化不统一、质量安全有待解决等问题，该模式提出使用RFID（射频识别）技术，根据各个环节建立“菜篮子”产品的电子标签，借助信息化技术和手段实现产品的跟踪反馈，从而对“菜篮子”产品进行有效监控，使其具备可追溯性。一方面，有助于确保“菜篮子”产品的运输效率及质量保障，在一定程度上利于缓解“菜篮子”产品食品安全问题，保障消费者合法权益；另一方面，有利于推动形成“菜篮子”产品信息网，充分发挥农业信息的应用价值，从而拓宽渠道、培育产业。

3.第三阶段：“菜篮子”产品运输

随着市场化程度的逐渐细化，农产品物流服务需要日趋专业化、精准化，农产品要求日渐严格化、特殊化，该农产品电子商务模式从农产品与运输模式匹配的角度，杜绝传统物流模式下“以一代十”的状态，为“菜篮子”产品运输实现专项定制化组织，全面有效管理。针对不同的“菜篮子”产品类型及保质期信息，采取匹配模式，实现“菜篮子”产品自身特点以及运输方式的有机匹配，通过不同的运输媒介、运输条件以及保存要求等满足相匹配的“菜篮子”产品，分别设置水产生鲜类、果蔬类、畜牧类以及经济作物类专项物流运输模式，采取专业的工具、专业的方式，完成专业的物流运输工作，积极发挥匹配模式设计在农产品运输安全、效率中的巨大作用。同时，通过进一步完善物流运输系统，降低信息流对物流产生的约束，从而确保效率和质量。此外，在该环节中，应注重加强物流配套设施的建设，包括仓库、信息网络等，可通过设立跨区域物流中心，配合专业化的匹配模式，实现“菜篮子”产品生产、物流与消费之间的有效紧密衔接，打牢“菜篮子”农产品现代物流体系的基础，提升系统的整体水平。

4.第四阶段：提货点管理

对提货点实行定点专人管理，并建立在线互联的提货点平台，同时实现线上线下有机整合，消费者可实时进行物流动态跟踪，并根据自身情况确定获取途径，可购买送货上门服务，也可线上提前预订，按要求线下取货。提高准时服务水平，提升“菜篮子工程”服务效率。

（二）模式运行保障

1.完善与农产品电子商务发展相关的法律法规

结合该领域总体发展的趋势及需要，通过完善既有电子商务、食品安全、消费者保护、信息技术、物流运输、标准规范、基础设施建设等领域的法律规范，加强政府及相关部门对农产品电子商务发展的规范引导，完善对其公共政策支持，促进其长远持续发展。

2.相关部门设立专项基金支撑“菜篮子”产品生产流通

通过设立专项储备基金，积极调动和保护农业生产者的意愿和热情，稳定和增加农产品的生产来源，有效提高城市“菜篮子”产品的自给能力，从而有利于建立“菜篮子”产品生产和供应平衡调节机制，进而避免总量供求失衡和价格巨幅波动的现象，以保障市场及时供应和价格基本稳定。

3.建立“菜篮子”产品保险减少风险

将政策性业务和市场化运作模式有机结合，充分发挥农业保险的准公共特征，设立农产品保险机制，调动农业生产者的积极性，统筹兼顾各方利益，保障市场供应，有效平抑农产品价格，促进缓解“菜贵伤民”“菜贱伤农”的问题。

4.重视人才培养实现可持续发展

通过高校、企业以及政府相关部门之间的通力合作，着力推动“菜篮子”产品的信息化教育和应用实践，培养具有创新能力、具备信息技能的农业人，加强对农民在信息技术方面的再教育以及相关培训，吸纳更多的农民和相关者，共同致力于农产品电子商务模式的建设和发展。

四、结论与讨论

借鉴运筹学科学研究思想，基于现有农产品电子商务模式的研究和分析，通过农产品特色与运输方式的有效匹配，提出一种针对“菜篮子”产品电子商务的匹配模式，有效利用农产品电子商务的已有研究模式来支撑“菜篮子工程”的发展和研究，着重构建定制化、专项化的特色物流系统，并实现“菜篮子”产品电子建档，更好地帮助解决农产品电子商务物流体系建设存在的不足，解决抑制农产品质量、运输保障等问题，此外，政府应充分发挥主导作用，联合相关行业、机构、组织等，实现农产品电子商务的标准化、规范化。同时结合“菜篮子工程”的全过程，针对从产地到销地各个环节的服务，研究制定出具有行业特色的法律法规及标准规范，为“菜篮子”产品电子商务的发展营造稳健、可靠的政策环境，为其发展保驾护航。

伴随着农产品电子商务模式的不断创新研究和发展，其在农业领域及相关经营活动中的应用无疑也越加广泛和深入，而“菜篮子工程”在研究发展的过程中，显现出其独有的特点和问题，因此今后的研究方向，我们将继续深入研究现有的农产品电子商务模式，并不断跟踪现代电子信息技术的发展。一方面，进一步完善“菜篮子”产品的质量溯源系统，对于农产品生产加工全过程分类建立数据库，系统完善互通的可溯源数据链；另一方面，随着消费者对农产品需求的不断变化和服务需求的不断增加，我们将进一步研究建立完善的现代农业物流系统，使农产品能更好地体现其价值，节约农产品生产和交易的成本，促进“菜篮子工程”实现高效的自我调节。

第十四章　关于中西部和东北地区承接东部地区产业转移的经验、问题与建议

加快承接东部地区产业转移、推动构建“双循环”新发展格局是中西部和东北地区的重要发展路径和时代使命。为准确判断当前承接产业转移的最新动态和趋势，调研组先后赴部分东部地区城市和中西部、东北地区的国家级承接产业转移示范区（以下简称示范区）开展实地调研。总体来看，当前中西部地区出现了较大规模承接东部产业转移的现象，东北地区承接较少，全国尚未发生向东部地区规模性回流或者向境外地区大规模转移的现象。在推进产业转移的过程中，各地以承接产业转移示范区为载体，围绕主导产业布局建设了一批千亿、百亿级重大项目，带动上下游企业快速集聚，形成了“龙头企业－重大项目－产业链”的产业承接路径，培育打造了一批具有较强竞争力的产业集群，积累了大量可复制推广的经验。

一、中部地区承接产业转移典型做法和经验

（一）聚焦“首位产业”，打造产业转移集聚新高地

承接产业转移示范区设立以来，围绕“首位产业”，坚持“提着篮子去选菜”，推进产业承接转移。部分地区通过“无中生有”，率先引进东部地区龙头企业，吸引上下游企业在本地区集聚。合肥市通过大力实施龙头企业培育工程，积极引进京东方、长鑫电子、维信诺、联宝、蔚来、大众等一批领军企业，初步奠基新型显示、集成电路、新能源汽车、智能装备四大产业根基，再聚焦各领域的“龙头大哥”，持续引进优质产业链上下游项目，着力做强、做长、做精、做深产业链条。合肥招商负责人说：“家有梧桐树，自然引来金凤凰。”如，当前京东方在合肥已经实现了显示产业“从沙子到整机”的全产业链布局，合肥跃升为全球最大的显示屏生产地之一。

部分地区通过“有中生新”，聚焦本土“首位产业”，积极承接上下游配套企业，做长做强做优产业链。赣州市坚持“不搞大而全、着力专而精”，围绕现代家居、电子信息、有色金属、纺织服装、新能源及新能源汽车、医药食品“1+5+N”主导产业，突出招大引强，带动上下游配套企业落户。赣州经开区围绕新能源汽车和电子信息“双首位”产业，持续推进“粤企入赣”“央企入赣”“三清三回”等举措，从深圳、宁波承接转移同兴达、立德电子、能之光新材料等重要技术创新配套企业。芜湖围绕轨

道交通产业园的龙头企业中车庞巴公司，陆续招引常州新誉集团、南京雷尔伟新技术公司、南京苏铁技术公司、常州今创集团等11家轨道交通上下游企业落地落户，带动芜湖当地和周边的小规模配套企业成长发育，形成了芜湖轨道交通装备产业集群。

（二）深挖区域合作优势，拓展产业承接转移新模式

中部地区依托自身优势，积极创新与东部发达地区开展产业合作模式，推动东部优势产业资源融入中部地区。

一是组建产业联盟。皖江示范区通过深入推进与长三角分工合作，建立长三角人工智能产业链联盟，以及G60科创走廊机器人、新能源汽车和智能网联汽车、新能源、通航、环境等5个产业联盟，加快沿沪宁合产业创新带建设步伐，推动长鑫电子与沪苏浙相关企业达成总投资2200亿元的晶圆制造合作基地、宝武集团在马鞍山市投资建设特种冶金材料新基地项目。

二是推进省际产业合作园区建设。安徽省发展改革委、中新苏滁高新区与江苏省发展改革委、苏州工业园区四方签订产业转移结对合作协议，积极探索园区合作共建与利益分享新模式，截至目前，园区各类注册企业超600家，协议引进资金超720亿元，已投产运营项目150多家。江北新兴产业集中区与上海闵行区南虹桥商务区签订合作协议，在江北新区大龙湾片区选择适当区域合作共建园区，围绕现代服务业和数字经济领域，共同推动江北新区发展大数据、云计算、人工智能、数字经济、软件开发、服务外包及总部经济。

三是开展资源互换合作。一些地区通过以市场换项目、以资源换项目、以股权换项目推动产业转移。如，依托赣州国际陆港，赣州与深圳盐田港集团合作共建深赣港产城特别合作区，借势借力引进20多家企业入驻，开启了“特区+老区”合作共赢新篇章。安徽金山集团与宁波舟山港股份公司签署合作协议，加强货源和港口运力资源合作，共建港口和铁路货运基地，开展件杂货、散货运输业务。

（三）瞄准转移产业需求，精准运用产业承接政策新工具

围绕东部地区产业转移的政策诉求，从金融支持、土地保障、营造无差异营商环境、完善配套产业等方面精准支持产业转移。一是金融创新支持。赣州市针对中小企业转入后融资难问题，设立纾困发展基金，深入推进降成本、优环境专项行动，陆续推出“小微信贷通”“创业信贷通”和“产业扶贫信贷通”等金融产品，支持企业转入。滁州市针对大企业落户资金需求缺口大的问题，实施“基金+项目”方式支持转移企业，2020年设立20亿元的苏滁产业投资基金，通过股权投资7.8亿元撬动了69.5亿元的项目落户。池州市针对部分转入企业科技创新投入不足的问题，通过优化贷款贴息政策，与杭州银行、浦发银行等长三角金融机构合作，共建金融蓄水池，做大“创新贷”“助保贷”“科技保险”“知识产权质押贷”规模，助推创新成果转移转化。

二是土地优先保障。为增强对东部地区优质企业吸引力，合肥通过优先保障企业用地、持续保障土地供给、完善“九通一

平”园区配套等措施，吸引京东方等企业入驻。赣州经开区大力实施工业标准厂房“梧桐树”计划，企业可“拎包入住”。

三是全力打造与东部地区无差别营商环境。为解决粤港澳地区企业对营商环境“水土不服”问题，赣州市启动实施与广州、深圳、惠州、东莞、中山等大湾区城市实现政务服务“跨省通办”。龙南建立了一套“快”字当头的全流程产业承接转移机制，安排13名网格长、48名区市领导、70余家单位（部门）挂点服务320家企业，江西恩欣龙特种材料有限公司项目从第一次洽谈到正式签约只用了12天，从签约到开工仅1个月，年内实现项目投产，体现了“龙南速度”。

四是完善产业配套。一些中部地区围绕“差什么就引什么、缺什么就补什么、什么弱就强什么”，着力引进产业链关键环节、核心企业、上下游配套企业，加快产业集群发展、创新发展。如，南康经开区通过引进红星美凯龙、居然之家、月星集团等全国三大家居销售渠道巨头，解决南康家具过去几十年进不了一线城市、高端卖场的问题。

（四）聚力竞争优势再造，构筑承接产业提质升级新动能

中部各地承接产业转移不是简单“移栽”，而是通过科技和管理创新，不断推动承接产业提质升级，释放承接产业未来的发展潜能。

有的企业通过加大科技投入增强企业内生动力，如，京东方、视崖科技等企业入驻合肥以来，都加大了合肥基地技术创新投入，

京东方打印OLED 8K显示技术实现了突破，彩虹自主研发液晶玻璃基板更是打破了国际垄断；视崖硅基OLED微显示器性能达到了国际领先水平，实现了产品的升级换代。新华三信息安全技术有限公司落户合肥后，每年将销售收入的18%投入到次年的产品技术研发中，目前已经可以提供40大类超400款安全产品，并在云安全、态势感知、高性能综合业务网关等前沿领域处于世界领先地位，业务规模飞速发展，营业收入连年上台阶，市场份额排名稳居全国前三。

有的企业通过资源整合、管理创新等方式推动企业转型升级，如，池州西恩科技前身是上海西恩化工设备有限公司，专业从事三废资源综合利用和环保治理，2010年转移到池州后，通过整合西恩科技、池州西恩固体废弃物资循环利用产业技术、资源及经验优势，已成为中国最大的电镀肥料镍盐再生利用生产商，形成了一套集重金属固废资源回收技术研发、产业运行、危废管理、废物回收于一体的含重金属固废资源综合利用完备技术及管理体系。又如，山东凯马汽车2017年在赣州设立分公司以来，以载货汽车为主导，以市场为龙头，通过深入推进管理升级，实现产品换代、质量跃升，稳步向中高端整车生产企业迈进。

二、面临的主要问题

（一）承接地要素成本比较优势趋弱

追求成本最小化、利益最大化是企业调整生产力布局、参与产业转移的直接驱动因素。近年来，与东部地区相比，中西部和东北地区的成本优势正在持续减弱。来自东部地区的企业反映，平均销售费用、财务费用、管理费用、营业税金及附加等四项费用，东北地区普遍高于东部地区；东北地区人工成本快速上升，人力资源缺口大，“缺乏企业大规模投资需要的高素质廉价劳动力，以及应用型骨干人才、经营管理和创业人才”。在贵州、甘肃、陕西等西部省份调研发现，工人工资近年来增长普遍较快，劳动力结构性问题突出。与东南亚新兴国家相比，中西部和东北地区的成本已经有明显劣势。国际劳工组织发布的全球工资报告显示，近年来我国工人实际工资增幅在全球处于前列，其中西部和东北地区工资水平是印度、越南、菲律宾等东南亚国家的2~3倍，劳动力成本劣势正在加速扩大。

（二）承接产业转移的综合配套能力不足

一些地区尚不具备承接产业转移的配套条件，短板明显、欠账较多。一是基础设施短板突出。部分欠发达地区财力较弱，在基础设施建设方面“捉襟见肘”。一些企业反映，西部地区物流基础设施建设相对落后，仍以传统运输模式为主，但其目标市场和原材料采购市场多以东部为主，导致物流成本居高不下。还有企业认为，中西部、东北地区吸引新一代信息技术、生物医药、新能源等高技术产业转移的难度大，一个重要原因是“移动及光纤通信网络、高铁等基础设施的配套条件远远落后于东部地区”。二是高层次人才供给匮乏。与东部发达地区相比，中西部、东北地区科教资源相对匮乏，人才供给先天不足，再加上经济欠发达、平均收入水平偏低，对高层次高技术人才的吸引力有限，对引进高新技术产业形成制约。据合肥市有关部门测算，到2025年全市集成电路专业人才缺口将达1.2万人。在东北调研时有部门反映，东北地区向外流失的劳动力呈现“青壮年人口比重高、高素质人口比重高、城市人口比重高”的“三高”特点，导致本地高素质高层次人才紧缺。三是财政金融资源配套不足。在财政方面，一些欠发达地区公共财政收入有限，主要用在“保工资、保运转、保基本民生”方面，可用于吸引产业转移和园区建设的财力偏紧、财税工具不多；随着国家严格控制地方债务风险，政府融资环境趋紧，进行产业配套建设的资金缺口进一步扩大，直接影响企业和项目的转移、入驻进度。在融资支持方面，各类创业资本基本都集中在北上广深浙等地区，中西部、东北地区的风险投资机构偏少，难以支撑资金需求较大的创新创业型项目；虽然近年来地方政府也出资设立了产业投资基金，但有些基金要求投资后1年就从企业退出，不符合市场规律。四是部分地区营商环境声誉未根本改观。营商环境是企业家“用脚投票”选择承接地的重要因素。从全国工商联2020年“万家民营企业评价营商环境”的结果看，东部省市总体表现占优，中部地区排名不断上升，东北地区排名有所退步，这与中部地区是近年来唯一实现企业迁移“净流入”的地区、东北企业加速“失血”向外迁移的现状相吻合。虽然东北地区为改善营商环境开展大量工作，但企业对营商环境问题反映仍然强烈，负面印象仍未消除。部分企业反映，东北地区一些基层干部仍然存在“官本位”思想，主动为市场主体考虑和服务的意识非常欠缺，习惯讲“我管的企业”，以帮扶或检查的名义影响企业经营，显著制约企业转移和投资的积极性。

（三）环境和土地容量不足成为承接产业转移的“硬约束”

环境和土地的增量指标是吸引许多产业从东部地区向中西部、东北地区转移的重要动因。随着承接产业转移规模的增加，中西部、东北地区对能耗、排放、建设用地等指标的需求越来越大，但这些地区原有工业体量相对较小，能耗、建设用地的总量指标基数偏低，导致每年新增指标规模有限，远不能满足近年来承接大体量产业项目建设的需求。调研发现，合肥、赣州等地的大部分产业园区已无工业用地可供，大量在谈或已签约的重点产业项目无法推进。赣州龙南经开区反映，全区已签约引进的重大产业项目“十四五”期间预计需新增能耗总量32.18万吨标准煤，但由于能耗基数较低，2021年省市下达的能耗总量指标仅1.64万吨标准煤。还有企业负责人提出，由于建设用地不足，当地政府迟迟难以招引上下游配套企业，导致企业被迫从其他地区的供应商购买物料、原材料，难以实现“聚企成链、聚链成群”，抬高供应链综合运行成本。一位地方同志表示，“当前发达地区和我们的环保压力和标准相同，这本身与产业梯度转移的导向存在矛盾，先进地区不想要的项目，其他地区也很难承接落地”。

（四）“激励相容”的跨区域产业协作机制尚未形成

当前产业转出地和承接地之间的合作机制主要建立在对口帮扶、扶贫协作机制基础上，产业转移的信息不对称、需求不匹配、利益不协调，导致转出地和承接地意愿相左。从转出地的意愿看，东部地区推动产业转移的积极性不高，如上海市大力发展先进制造业、总部经济，产业链配套环节大多辐射至江苏、浙江，对皖江示范区的带动和影响有限；江苏主要在省内推动产业从苏南向苏北转移，已建成一大批南北共建园区；浙江不支持产业外迁。合肥新站区负责招商的同志表示，为“保住”地方GDP，上海、浙江等发达地区也要留住制造业，江苏等地甚至都想把转出去的制造业“引回去”。合肥高新技术产业开发区管委会负责人说，“以前我们过去对接产业转移时还很受欢迎，现在他们一些低端产业已经转移出去了，再过去招引高科技或新兴产业基本都要‘吃闭门羹’，根本不欢迎我们”。从承接地的意愿看，中西部、东北地区既需要能够带动产业集群发展的“航母型”高新技术企业，也青睐于经营效益好、技术含量高、环境成本小的优质企业，不欢迎“两高一剩”产业项目。安徽江北新兴产业集中区相关人员指出，“东部地区希望通过‘腾笼换鸟’转走的产业，我们也不愿意承接”。从承接转移企业的实际情况看，目前中西部、东北地区引进的龙头带动项目仍然偏少，转入的高新技术企业多为加工服务型中小企业。东北地区主导产业集中在装备制造、石化、冶金等能源和重化工领域，上下游产业链延伸不足，本地配套率、深加工率较低，终端消费产品少，不仅难以吸引龙头企业和项目，部分本地企业反而向产业配套体系更加完善的地区外迁。赣州龙康经开区电子信息、现代轻纺等产业由于缺乏龙头企业，产业链延伸拓展困难，长期未形成完整的上下游配套产业。

（五）“追大求热”引致各地“血拼政策”和同质竞争

随着招商引资需求和强度加大，区域间争抢日趋“白热化”。一些地区在地方财力、资源禀赋、产业配套等条件不成熟的情况下对“明星企业”大招大揽，存在政策攀比、互相抬价的情况，诱发转移企业“自抬身价”。调研座谈中铜陵市招商部门反映：“现在招引目标企业就是看谁给的政策力度大，有的企业提出落户的条件是零价供地、修建标准厂房、完善生活配套、配备企业通勤车和协助招工，几乎就是‘拎包入住’，还要有税收优惠支持。”为了尽量满足企业要求，有的地区甚至被迫突破招商政策底线，大规模举债搞园区建设。盲目承接产业项目严重加大了财政支出负担，加上长期缺少税收贡献，给地方造成了难以承受之重。赣州市一位负责招商的同志无奈地说，这几年之所以招商还比较顺利，背后是政府付出的重大代价。截至目前，赣州南康经开区已累计为132家工业项目供地12127亩，加上在谈拟签约项目用地量，园区已无地可供。近年来5G、新能源汽车、芯片、工业互联网、数字经济等新兴产业领域迎来爆发性增长，一些地区不经过科学论证过度追求“热门产业”，导致承接项目重复建设、产业结构趋于同质化。当前，国家、省市承接产业转移政策效应逐渐消散，财政专项支持资金、土地指标单列、环境容量指标单列等方面的支持已经退坡或取消，一些未经过科学论证而招引落地的“热门”产业项目迟迟未能发育成长，出现“一哄而上”又“一哄而散”的局面，占有大量项目建设用地，成为地方政府招引新项目的沉重包袱。

三、政策建议

（一）加强产业梯度转移和重大生产力布局的顶层设计

以“东数西算”工程为参照，遵循“主体集中、区域集聚”的产业转移思路，加强对关键领域重大生产力布局的顶层设计。充分考虑中西部、东北地区的资源禀赋比较优势，引导带动相关产业向中西部优势地区有序布局，避免出现恶性竞争和重复建设。适时研究出台新时代促进产业转移的指导意见，从国家层面明确产业转移的总体思路、原则、方向和路径，建立健全产业跨地区转移承接的政策保障、信息共享、长效激励和效果评估等机制，同时为各地招商引资、承接产业转移的竞争行为设置底线原则，严禁债务风险偏高、生态环境相对脆弱、不具备承接产业转移配套条件的地方政府跟风“拍板”出台招商政策、盲目上大工程大项目，扭转“血拼”“哄抢”的无序招商局面。适应产业梯度有序转移的要求，在强化产业承接地基础设施建设、制定环保和土地指标、推进人才队伍建设、完善配套服务等方面制定差别化的优惠政策，特别是在国家碳达峰碳中和战略部署中统筹考虑中西部、东北地区的产业结构特征，产业发展基础和能源消耗结构等因素，研究推行“有梯度”的环保政策，支持有条件的地区适时探索实施产能指标与能耗指标同步置换政策。

（二）重点培育一批承接产业转移的区域增长极

以各地承接产业转移示范区为基础，立足现有产业发展基础加快承接产业转移，不断提升产业集聚化、链群化发展水平，推动区域经济高质量发展。支持西部和东北地区的新区、经济技术开发区、高新技术产业开发区等产业园区依托其良好的经济社会发展条件、基础设施条件和产业链配套条件，成为承接东部、中部地区产业梯度转移的重要阵地。选取区域中心型、交通枢纽型、稀缺资源富集型等不同类型的若干地区，围绕其核心优势打造一批高质量承接产业转移样板区。鼓励地方政府立足现有的产业基础和配套条件，瞄准首位产业、特色产业实施全产业链精准招商，充分缩短承接产业转移的“真空期”，确保重大产业项目早投入、早起势、早成规模、早出效益，打造形成特色优势产业集群，实现与其他地区的差异化竞争和错位发展。针对稀土、半导体等战略性行业的产能，建立国家统筹、地方引导、企业主体的推进机制，引导重点供应商、生产企业在资源富集的中西部、东北地区有序集聚发展。

（三）降低企业制度性成本和生产经营成本

牢固树立“人人都是营商环境、事事都是营商环境”工作理念，全面对标东部地区，实施中西部、东北地区改善营商环境专项行动，打造与东部发达地区“无差别”的营商环境，实现“发达地区能做到的，我们都要做到”，切实改善企业对部分地区营商环境的固有负面印象，扭转地方形象声誉。深入推进“放管服”改革，清理废除妨碍统一市场和公平竞争的规定和做法，强化知识产权保护，全面对接国际高标准市场规则体系，稳步推进制度型开放。持续深化商事制度改革，优化各类市场主体的准入环境，鼓励地方对重大产业转移项目建立绿色审批渠道。引导地方制定实施长期有效的产业政策，用政策的连续性实现市场预期的稳定性，避免企业准入标准、奖补政策享受条件、园区产业指导目录等迭代变动过快。全面落实好已经出台的各类减税降费措施，依法规范征税收费，坚决防止和纠正收“过头税费”。支持各地围绕降低企业土地、劳动力、电、气、水等要素成本开展“自选动作”、因地制宜出台政策举措，降低企业生产经营成本。

（四）强化承接产业转移的要素保障

统筹用好中央预算内投资、财政转移支付、专项基金等各类财政资金，支持承接产业转移示范区在基础设施建设、能源保障、污染治理等方面加大建设力度。鼓励国家开发银行等政策性银行向承接产业转移示范区给予政策性资金支持。更好发挥各类产业投资基金作用，通过市场化运作模式投资产业转移项目、共建产业合作园区。强化重大项目要素保障，完善承接产业转移的土地利用保障机制，探索建立“标准化”供地管理机制。加强中西部、东北地区人才培育和引进的政策支持，积极推进产教融合，引导本地高校、科研院所根据产业需求定制化培养人才、设立专业学院和学科。通过落户奖励、补贴等方式把优秀人才留在发展相对落后的承接地，推动人才从东部发达地区向中西部、东北地区合理流动。支持中西部、东北地区开展电力体制改革，降低企业用能成本。

（五）建立完善产业转移协作机制

探索多种形式的跨区域产业协同机制，充分激发东部地区主动推动产业向中西部、东北地区转移的内生动力。支持粤港澳、长三角等发达地区与中西部、东北地区建立产业转移对话机制和跨区域合作试验区，在经济指标跨区域流动、税收分享、重大基础设施合作共建、重大约束性指标联动考核等方面探索可复制、可推广的经验做法，完善利益共享和成本共担机制，破解产业转出地和承接地之间“剃头挑子一头热”难题。推广“飞地经济”等产业园区合作模式，允许共建园区各方将相应经济指标按比例计入政府考核体系，探索由转出地政府以土地租借等形式对承接地土地进行开发建设的模式，吸引东部地区产业园区到中西部、东北地区设立分园。畅通区域间资源交流通道，研究形成产业转移省际政府合作机制、高层常态化互访机制和定期协商制度，支持东部地区在中西部、东北地区建设科技成果异地产业化基地，选拔干部和科技人才到欠发达地区交流；支持有条件的中西部、东北地区在东部地区建设“反向飞地”，依托东部地区的科创、人才、总部经济等富集资源开展科技研发、创新孵化和招商活动，把“飞地”的科技成果输送到中西部、东北地区进行产业化、商业化落地，实现“研发孵化在外地、生产落地在当地”的新型产业转移。

第十五章　关于中西部地区承接产业转移面临的困境和对策建议

中西部地区是国内大循环的战略腹地，推动中西部地区承接产业转移，实现东中西互动、产业链畅通，对构建新发展格局具有重要意义。2020年9月，国家发改委政研室联合宏观院、信息中心组成调研组，赴重庆和湖南长株潭地区开展实地调研，发现一些地区充分利用自身优势，积极承接东部发达地区产业转移，取得了积极成效，积累了一些经验做法，但也存在产业承接支撑不足、非理性招商、无序承接产业转移等问题，亟待通过创新机制和加大政策支持，规范和促进中西部地区承接产业转移，畅通国内大循环。

一、中西部地区承接产业转移面临多重困难

（一）产业“西移”与劳动力“东转”反向而行

近年来，中西部地区“筑巢引凤”，承接东部地区产业转移

加快，但劳动力人口却持续向东部发达地区转移。湖南、重庆是东部地区产业转移的重要承接地，2019年湖南株洲、重庆两地从东部地区引进项目共计384个，投资总额达2478亿元。但同年湖南、重庆常住人口中劳动力人口（16~59岁）比重分别比上年下降0.79%、0.04%。调研了解到，长株潭地区84%的企业反映用工存在困难，其中技术人员约占总缺口的26%。株洲市相关人士介绍，“株洲起步早、职校多，这几年培养了大量技术人才，但人才外流严重”。重庆OPPO公司相关部门负责人说，“现在最大的困难就是用工问题，每次招工都感觉很困难，可以想象其他中小企业肯定更困难”。

（二）中西部承接和东部转出产业适配性不强

中西部与东部地区都倾向于经营效益好、技术含量高、环境成本小的优质产业项目，不欢迎“两高一剩”产业项目。株洲负责招商相关人员指出，目前产业承接的项目很多都是小打小闹，东部地区希望通过“腾笼换鸟”转走的产业，中西部地区往往也不愿意承接，导致“想要的企业要不来、想进园区的企业进不去”。从承接企业的质量看，中西部地区需要能够带动产业集群发展的“航母型”高新技术企业，但转入的高新技术企业大多还是中小规模的加工服务型企业。目前重庆市仅有2家独角兽企业转移落户。株洲市包装营销产业有150多家企业，但规上企业总数不到1/3，年产值超过30亿元的行业“领头羊”不愿意转移到中西部，基本都留在长三角、珠三角地区。从转入产业与当地产业链的匹配度看，中西部地区承接的产业项目往往不能与当地优势产业链形成配套协同的耦合关系。比如，湘潭市规划打造15条工业新兴优势产业链，着力通过承接产业项目实现补链延链强链，但目前已经或有意向转移过来的企业与15条产业链关联度较低，技术经济联系不紧密，尚未形成良性循环的产业生态圈。

（三）承接大规模产业转移优势不明显

当前，中西部地区推动优质项目落地的手段有限，承接东部地区产业转移的规模较小，尚不具备大规模承接产业转移的能力。综合成本优势趋弱。相比东部沿海地区，一些中西部地区的工业企业到户综合电价、劳动力成本、物流成本并不低于东部地区，企业社保负担相对较重。比如，近10年来重庆规上工业企业每百元收入的平均成本由过去低于全国近1元转为高1.3元；重庆养老保险缴费费率20%，高于广东等东部省区14%的费率。要素支撑能力不足。中西部地区面临园区用地指标紧缺、融资环境受限等问题。据株洲市驻外招商小分队反映，东部地区的牛仔服装产业目前向中西部地区转移的意愿强烈，但其单个项目用地需求至少在1000亩以上，株洲市很难满足其用地需求；配套的年洗水能力要达到10万吨以上，而株洲芦淞洗水工业园年洗水能力仅有1万吨。融资方面，长株潭地区中小企业资金需求满足度不足35%。环境容量约束趋紧。株洲市承接了广东佛山市部分陶瓷业转移，但全市没有新增排放指标，一定程度上挤占了其他产业的发展空间。

二、中西部承接产业转移存在一些不规范行为

个别地方政府和一些企业的主观行为使得中西部地区承接产业转移难上加难。

一方面，“政策血拼”容易引发地方沉重债务负担。近年来，部分中西部地区仍以GDP增长和赶超发展为主要导向，在承接产业转移过程中，通过极度优惠政策吸引东部“明星企业”“热门产业”落户。随着各地招商引资需求和强度加大，区域之间争抢日趋“白热化”，诱发个别企业“狮子大开口”。调研座谈中有人反映：“有的企业提出落户的条件是零价供地、修建标准厂房、完善生活配套、配备企业通勤车和协助招工，几乎就是‘拎包入住’，还要有税收优惠支持。”为了尽量满足企业要求，有的地区甚至被迫突破招商政策底线，大规模举债搞园区建设。调研发现，为发展总部经济和招引总部企业，个别地区与东部省份达成“不平等”的税收分成协议，企业转入后产生的税收80%要返给东部省份，仅20%可留在当地。盲目承接产业项目严重加大了财政支出负担，加上长期缺少税收贡献，给地方造成了难以承受之重。一位负责招商的同志无奈地说，这种状况就是“白刀子进红刀子出”。

另一方面，部分企业存在“掠夺式”套利的投机行为。有的企业利用支持政策套取国家补贴，有基层人员反映，个别企业到长株潭地区投资就是找国家和地方要补贴，之前人工智能比较火就去投人工智能，现在有钱的企业又都改投芯片。有的企业“扮装套利”，通过营销新概念、虚假包装项目等手段进入园区，利用

扩大生产规模、夸大投资回报等方式圈占土地，占而不建、建而不产，却依然享受地价和税收等优惠政策，不仅没有为地方经济做贡献，反而变成政策红利的“掠夺者”。有的企业“反复挪窝”意在“政策优惠期”，某知名企业落户重庆，享受“三免两减半”政策，在优惠期满应履行纳税承诺时多次要求当地政府为其优惠政策“续杯”，否则，将会向政策更丰厚的其他西部地区转移生产基地。这种情况在长株潭地区也不少见，有地方官员风趣地说，“引进企业，我们本来是想吃一剂补药，却是吃了一副泻药”。

三、对策建议

产业转移既是市场行为，也需要加强顶层设计，发挥好政府作用，解决市场失灵问题。要尊重产业发展和布局规律，发挥各地比较优势，着力解决地方恶性竞争、重复建设、资源浪费等问题，通过创新机制和加大政策支持，加快推动中西部地区有序承接产业转移。

（一）探索建立跨区域产业协作机制

遵循“主体集中、区域集聚”的产业转移思路，对关键性行业的重点产能，在全国进行科学布局。对龙头企业、领军企业和骨干企业等，以大型国企为重点，探索实行“窗口指导”，引导其向中西部优势地区布局。创新产业园区合作开发模式，协商建立成本分担和利益共享机制，允许共建园区各方将相应经济指标按比例计入政府考核体系。畅通科技成果转移转化通道，支持建设科技成果异地产业化基地。探索由转出地政府以土地租借等形式对承接地土地进行开发建设，吸引发达地区产业园区来承接地设立分园。鼓励东部地区开发区、战略投资者和中央直属企业与承接地园区共同出资成立项目公司，对投资成立的新园区进行开发建设与招商运营管理。

（二）规范引导招商引资政策转变

设置地方政府招商引资政策底线，限制债务风险较高、财政保基本地区的公共投资和财政补贴等扩张性政策。强化对地方政府不公平竞争审查和督导，清理和规范地方政府不合规定的财税、金融和土地政策。支持地方政府在体制机制创新、提高放管服能力等方面先行先试，加快复制推广先进地区经验。鼓励地方政府通过提升生产性服务业配套水平和强化生活服务保障进行差异化竞争。

（三）加快缩小东中西部产业支持政策差距

加快复制推广东部沿海地区开放政策，在中西部地区增设自由贸易试验区、国家级开发区、综合保税区、国家产业转移示范区、国家级产业集群示范区、产业转型升级示范区等开放平台。加快中欧班列、陆海新通道等国际贸易大通道建设，提高西部地区与“一带一路”沿线国家的联通水平，给予沿边重点口岸、边境城市、经济合作区在人员往来、加工物流等方面的特殊政策。

参考文献

阿尔弗雷德·韦伯，1997. 工业区位论［M］. 李刚剑，陈志人，张英保，译. 北京：商务印书馆.

蔡翼飞，王业强，2015. 探寻西部地区增长之源：基于工业化进程与潜在增长率的分析［J］. 开发研究（4）：105–110.

曹洪华，闫晓燕，洪玡，2008. 西部主体功能区产业布局：基于产业梯度转移理论的思考［J］. 资源开发与市场，24（4）：339–342.

陈国亮，2010. 新经济地理学视角下的生产性服务业集聚研究［D］. 杭州：浙江大学.

陈红儿，2002. 区际产业转移的内涵、机制、效应［J］. 内蒙古社会科学（汉文版），23（1）：16–18.

陈计旺，1999. 区际产业转移与要素流动的比较研究［J］. 生产力研究（3）：65–68.

陈建军，2002. 中国现阶段的产业区域转移及其动力机制［J］. 中国工业经济（8）：37–44.

陈建军，2007. 长江三角洲地区产业结构与空间结构的演变［J］. 浙江大学学报（人文社会科学版），37（2）：88–98.

陈生萍，2008. 国外农业电子商务的发展以及对我国的启示［J］.

农业图书情报学刊，20（9）：112–114，154.

陈淑嫱，2017. 福建省制造业与生产性服务业融合与互动研究［J］. 沈阳农业大学学报（社会科学版），19（4）：397–402.

陈晓涛，2007. 产业演进论［D］. 成都：四川大学.

陈殷，李金勇，2004. 生产性服务业区位模式及影响机制研究［J］. 上海经济研究（7）：52–57.

成艾华，赵凡，2018. 基于偏离份额分析的中国区域间产业转移与污染转移的定量测度［J］. 中国人口 · 资源与环境，28（5）：49–57.

程钦良，刘明，李哲，2017. 产业承接、结构调整与西部地区制造业发展：从西部大开发到丝绸之路经济带建设的文献综述［J］. 兰州财经大学学报，33（3）：56–64.

崔雷，王惠芬，2009. 基于模块化企业的供应链重构研究［J］. 科技管理研究，29（4）：194–196.

大卫 · 辛奇 – 利维，菲利普 · 卡明斯基，伊迪斯 · 辛奇 – 利维，2011. 供应链设计与管理［M］. 季建华，邵晓峰，译. 北京：中国人民大学出版社.

戴宏伟，2008. 产业转移研究有关争议及评论［J］. 中国经济问题（3）：3–9.

戴述初，1993. 论发展第三产业对建立社会主义市场经济体制的重要作用［J］. 湖北大学学报（哲学社会科学版）（3）：6–10.

道格拉斯 · C · 诺思，2008. 制度、制度变迁与经济绩效［M］. 上海：上海人民出版社.

狄乾斌，王萌，张健，2015. 基于GWR模型的中国生产性服务业空间差异的影响因素分析［J］. 软科学，29（7）：21–24.

丁洪福，赵丽洲，2018. 制造业与生产性服务业协调发展测度研究：兼析辽宁省地区经济影响的分析［J］. 价格理论与实践（6）：151–154.

董小君，2014. 通过国际转移化解过剩产能：全球五次浪潮、两种模式及中国探索［J］. 经济研究参考（55）：3–18，53.

段杰，阎小培，2003. 粤港生产性服务业合作发展研究［J］. 地域研究与开发，22（3）：26–30.

樊文静，2013. 中国生产性服务业发展悖论及其形成机理［D］. 杭州：浙江大学.

冯根福，刘志勇，蒋文定，2010. 我国东中西部地区间工业产业转移的趋势、特征及形成原因分析［J］. 当代经济科学，32（2）：1–10.

付保宗，2008. 中国产业区域转移机制问题研究［M］. 北京：中国市场出版社.

付丽茹，2012. 供应链合作关系演进路径及影响因素［J］. 中国流通经济，26（10）：51–55.

高觉民，李晓慧，2011. 生产性服务业与制造业的互动机理：理论与实证［J］. 中国工业经济（6）：151–160.

戈力，2013. 国内外产业转移理论的研究综述［J］. 商场现代化（20）：190–191.

龚静，尹忠明，2018. 增加值核算体系下我国服务贸易出口的国际分工地位与竞争力研究：基于世界投入产出数据库的上游度指数与显示性比较优势指数分析［J］. 国际商务（对外经济贸易大学学报）（5）：73–84.

郭进，徐盈之，2015. 城镇化扭曲与服务业滞后：机理与实证研究［J］. 财经研究，41（12）：118–128.

郭元晞，常晓鸣，2010. 产业转移类型与中西部地区产业承接方式转变［J］. 社会科学研究（4）：33–37.

国家发展改革委宏观院和农经司课题组，2016. 推进我国农村一二三产业融合发展问题研究［J］. 经济研究参考（4）：3–28.

何龙斌，2009. 我国区际产业转移的特点、问题与对策［J］. 经济纵横（9）：55–58.

贺天龙，伍检古，2010. 珠三角生产性服务业集聚的实证研究［J］. 中国市场（41）：66–69.

洪涛，2013. 农产品电子商务及其模式创新［J］. 北京财贸职业学院学报，29（6）：10–13，38.

胡安俊，孙久文，2014. 中国制造业转移的机制、次序与空间模式［J］. 经济学（季刊），13（4）：1533–1556.

胡春燕，2013. 基于信息技术革命的新业态和新模式演化机理及效应［J］. 上海经济研究，25（8）：124–130.

胡天石，2005. 中国农产品电子商务模式研究［D］. 北京：中国农业科学院.

胡天石，傅铁信，2005. 中国农产品电子商务发展分析［J］. 农产品市场周刊，22（5）：28–29.

黄汉权，任继球，2020. 全球化大变局下中国须因势利导产业转移［N］. 中国经济时报，2020–08–03（4）.

黄林秀，欧阳琳，2015. 经济增长过程中的产业结构变迁：美国经验与中国借鉴［J］. 经济地理，35（3）：23–27.

黄钟仪，2009. 产业转移：东部的趋势及西部的选择：以重庆为例［J］. 经济问题（7）：117–120.

贾俊敏，史岩，刘颖，2011. 电子商务的发展对企业营销的影响［J］. 中国商贸（15）：111–112.

贾勇，李冬姝，田也壮，2011. 生产性服务业演化研究：基于产业互动的研究视角［J］. 中国软科学（S1）：180–186.

江波，李江帆，2013. 政府规模、劳动—资源密集型产业与生产服务业发展滞后：机理与实证研究［J］. 中国工业经济（1）：64–76.

江小涓，李辉，2004. 服务业与中国经济：相关性和加快增长的潜力［J］. 经济研究（1）：4–15.

姜长云，2011. 发展农业生产性服务业的模式、启示与政策建议：对山东省平度市发展高端特色品牌农业的调查与思考［J］. 宏观经济研究（3）：14–20.

姜华，2006. 我国农产品电子商务发展现状·问题和对策研究［J］. 安徽农业科学，34（19）：5124–5126.

姜霞，2015. 我国产业转移新趋势与湖北承接行业选择实证研究［J］. 科技进步与对策（11）：50–54.

蒋倩，2015. 美国农产品电子商务模式对中国的启示［J］. 世界农业（10）：170–173，184.

金碚，2008. 中国工业改革开放30年［J］. 中国工业经济（5）：5–13.

金玉然，初宇平，刘洪玉，2009. 金融危机下的企业供应链重构战略研究［J］. 中国市场（23）：21–24.

科尔尼，2006. 重构供应链［J］. 当代经理人（9）：102–108.

蓝梦婕，2014. Local Harvest探索小而美的生鲜电商之路［J］. 农产品市场周刊（11）：47–48.

李爱香，2008. “产业品牌化、品牌产业化”打造产业集群：以浙江省嘉兴市为例［J］. 企业经济（5）：134–137.

李国平，杨开忠，2000. 外商对华直接投资的产业与空间转移特征及其机制研究［J］. 地理科学，20（4）：102–109.

李俊江，李一鸣，2016. 我国承接国际产业转移的新趋势及对策［J］. 经济纵横（11）：82–86.

李蕾，2018. 制造业升级对服务业发展的影响与启示［J］. 区域经济评论（6）：54–62.

李铜山，2011. 我国现代农业服务业发展研究［J］. 农业经济（3）：

41–43.

李晓，刘正刚，2017. 基于区块链技术的供应链智能治理机制［J］. 中国流通经济，31（11）：34–44.

李晓华，2019. 服务型制造：先进制造业与现代服务业深度融合的新业态［N］. 经济日报，2019–06–04（12）.

李学鑫，苗长虹，2006. 产业转移与中部崛起的思路调整［J］. 湖北社会科学（4）：72–75.

李政世，全优（翻译），2011. 韩国电子商务的发展研究［J］. 战略决策研究，2（5）：19–29.

林毅夫，蔡昉，李周，2019. 中国的奇迹：发展战略与经济改革：增订版［M］. 上海：格致出版社

刘利刚，2021. 全球供应链会快速撤离中国吗？［EB/OL］［2019–02–25］. http://news.huodongjia.com/251695.html.

刘刚，2011. 中小企业人力资源管理的问题与对策［J］. 河南机电高等专科学校学报，19（5）：50–52.

刘红光，张婕，朱忠翔，等，2019. 金融危机前后全球产业贸易转移定量测度分析［J］. 经济地理，39（1）：96–103.

刘军，吉敏，2011. 产业聚集理论研究述评［J］. 经济问题探索（8）：34–39.

刘明宇，芮明杰，姚凯，2010. 生产性服务价值链嵌入与制造业升级的协同演进关系研究［J］. 中国工业经济（8）：66–75.

刘曙华，沈玉芳，2007. 生产性服务业的区位驱动力与区域经济发展研究［J］. 人文地理（1）：112–116.

刘勇，江飞涛，贾俊生，2013. 中国工业与服务业相互关系之实证研究［J］. 中山大学学报（社会科学版），53（1）：203–208.

刘重，2006. 现代生产性服务业与经济增长［J］. 天津社会科学（2）：

89–92.

卢根鑫，1997. 国际产业转移论［M］. 上海：上海人民出版社：16–17.

卢海清，2018. 电子商务背景下供应链技术创新协同研究［J］. 商业经济研究（3）：116–118.

芦千文，姜长云，2016. 我国农业生产性服务业的发展历程与经验启示［J］. 南京农业大学学报（社会科学版），16（5）：104–115.

罗建华，邱先裕，2005. 国际产业转移与中国区域经济的发展［J］. 山西科技（1）：8–10.

罗军，冯章伟，2018. 制造业对外直接投资与全球价值链地位升级［J］. 中国科技论坛（8）：76–82，91.

罗知，齐博成，2021. 环境规制的产业转移升级效应与银行协同发展效应：来自长江流域水污染治理的证据［J］. 经济研究，56（2）：174–189.

吕政，刘勇，王钦，2006. 中国生产性服务业发展的战略选择：基于产业互动的研究视角［J］. 中国工业经济（8）：5–12.

马光明，2022. 中国低端制造业的分类筛选、国内转移及其影响因素研究［J］. 经济问题探索（1）：112–133.

马君彦，2016. 现代服务业对国民经济的贡献分析［J］. 现代经济信息（6）：329.

马海霞，2001. 区域传递的两种空间模式比较分析：兼谈中国当前区域传递空间模式的选择方向［J］. 甘肃社会科学（2）：30–32.

马克思，1983. 资本论：第1卷［M］. 北京：中国社会科学出版社.

马士华，林勇，陈志祥，2000. 供应链管理［M］. 北京：机械工业出版社.

马歇尔，2005. 经济学原理［M］. 廉运杰，译. 北京：华夏出版社.

马子红，胡洪斌，2009. 中国区际产业转移的主要模式探究［J］. 生产力研究（13）：141–143.

迈克尔·波特，2002. 国家竞争优势［M］. 李明轩，邱如美，译. 北京：华夏出版社.

毛蕴诗，汪建成，2002. 大企业集团扩展路径的实证研究：对广东40家大型重点企业的问卷调查［J］. 学术研究（8）：5–8

穆建新，2009. 从劳动力转移到产业转移［J］. 现代经济探讨（11）：75–79.

宁吉喆，2020. 对冲克服新冠肺炎疫情影响　巩固发展经济长期向好趋势［J］. 宏观经济管理（5）：1–6.

潘未名，1994. 跨国公司的海外生产对母国产业空心化的影响［J］. 国际贸易问题（12）：14–18，13.

庞博慧，2012. 中国生产服务业与制造业共生演化模型实证研究［J］. 中国管理科学，20（2）：176–183.

彭本红，周叶，2008. 企业协同创新中机会主义行为的动态博弈与防范对策［J］. 管理评论，20（9）：3–8，63.

彭连清，詹向阳，2007. 我国东、中、西部产业发展环境与区域转移分析［J］. 兰州学刊（9）：70–73.

R·科斯，A·阿尔钦，D·诺斯，1994. 财产权利与制度变迁：产权学派与新制度学派译文集［M］. 刘守英，等译. 上海：上海人民出版社.

阮建青，石琦，张晓波，2014. 产业集群动态演化规律与地方政府政策［J］. 管理世界（12）：79–91.

沈怡宁，2019. 农村电商发展现状及增收效应影响因素研究：基于浙江省桐乡市“淘宝村”的实证分析［J］. 福建茶叶，41（10）：83–86.

石东平，夏华龙，1998. 国际产业转移与发展中国家产业升级［J］. 亚太经济（10）：5–9.

石奇，2004. 集成经济原理与产业转移［J］. 中国工业经济（10）：5–12.

石永强，邹卫华，张智勇，等，2012. 基于国际分工的核心企业产业转移供应链重构研究［J］. 科技管理研究，32（19）：126–132，140.

司春林，段秉乾，钱桂生，2005. 供应链上下游企业合作研发模式选择：宝钢大众激光拼焊项目案例分析［J］. 研究与发展管理，17（2）：77–82，98.

宋大强，2021. 生产性服务业发展的经济影响：一个文献综述［J］. 现代经济探讨（3）：97–104.

苏华，2001. 产业转移理论与实践认识的两个误区［J］. 兰州大学学报（社会科学版），29（1）：139–142.

苏华，夏蒙蒙，2014. 产业转移动因及分析框架研究综述［J］. 合作经济与科技（13）：21–23.

苏晶蕾，2018. 生产性服务业集聚对我国制造业升级的影响研究［D］. 长春：东北师范大学.

苏尼尔·乔普拉，彼得·迈因德尔，2017. 供应链管理［M］. 6版. 陈荣秋，译. 北京：中国人民大学出版社.

孙浩进，2011. 国际产业转移的演化与福利改进［J］. 云南社会科学（3）：55–58.

孙华平，黄祖辉，2008. 区际产业转移与产业集聚的稳定性［J］. 技术经济（7）：74–76.

孙晓华，郭旭，王昀，2018. 产业转移、要素集聚与地区经济发展［J］. 管理世界，34（5）：47–62，179–180.

孙翊，王铮，熊文，等，2010. 中国高技术产业空间转移模式及动力机制研究［J］. 科研管理，31（3）：99–105.

谭介辉，1998. 从被动接受到主动获取：论国际产业转移中我国产业发展战略的转变［J］. 世界经济研究（6）：65–68.

谭黎阳，杨航英，2017. 我国服务业产能利用率及其影响因素研究：

基于DEA和FGLS的实证分析［J］. 价格理论与实践（6）：141-144.

汤维祺，吴力波，钱浩祺，2016. 从“污染天堂”到绿色增长：区域间高耗能产业转移的调控机制研究［J］. 经济研究，51（6）：58-70.

唐珏岚，2004. 国际化大都市与生产性服务业集聚［J］. 世界经济与政治（11）：64-65.

陶良虎. 国内外产业转移与中部地区产业承接问题研究［J］. 理论月刊，2010（1）：5-11.

同黎娜，2006. “濮院毛衫”的8大解读［N］. 中国服饰报，2006-04-07（A12）.

万千欢，千庆兰，陈颖彪. 广州市生产性服务业影响因素研究［J］. 经济地理，2014，34（1）：89-93.

王崇锦. 我国农产品电子商务模式研究［D］. 武汉：华中师范大学，2013.

王刚. 国际产业转移实践对我国国际产能合作的借鉴［J］. 中国商论，2017（26）：79-80.

王佳元. 现代供应链：演变特征与发展战略［J］. 宏观经济研究，2019（7）：98-106.

王娟，2016. 大数据应用对供应链管理价值提升的分析与研究［J］. 物流科技，39（2）：131-132.

王恕立，滕泽伟，刘军，2015. 中国服务业生产率变动的差异分析：基于区域及行业视角［J］. 经济研究，50（8）：73-84.

王文，孙早，2017. 制造业需求与中国生产性服务业效率：经济发展水平的门槛效应［J］. 财贸经济，38（7）：136-155.

王先庆，1998. 产业扩张［M］. 广州：广东经济出版社.

王晓，2020. 国际产业转移的影响分析［J］. 中国金融（4）：67-69.

王玉春，2015. 借鉴美国模式破解中国生鲜O2O难题［J］. 中国农村科技（12）：70–73，77.

王玉玲，2017. 中国生产性服务业与制造业的互动融合：理论分析和经验研究［D］. 上海：海社会科学院.

王云平，2013. 产业转移问题研究的有关观点综述［J］. 经济管理，35（6）：175–187.

魏玥，2019. 国际产业转移与国际产能合作：以日本产业转移为例［D］. 上海：华东师范大学.

文华，2016. “互联网”视角下的供应链体系优化［J］. 当代经济管理，38（9）：12–19.

吴冰，2005. 基于知识创新的供应链柔性研究［D］. 上海：同济大学.

吴冰，刘义理，赵林度，2008. 供应链协同知识创新的激励设计［J］. 科学学与科学技术管理，29（7）：120–124.

吴传淑，2015. 国外生鲜电商发展模式探析［J］. 世界农业（5）：136–138，150.

吴福象，蔡悦，2014. 中国产业布局调整的福利经济学分析［J］. 中国社会科学（2）：96–115，206.

吴山，夏杰长，2010. 中国现代服务业发展的推进思路［J］. 经济与管理，24（4）：24–30.

席强敏，陈曦，李国平，2015. 中国城市生产性服务业模式选择研究：以工业效率提升为导向［J］. 中国工业经济（2）：18–30.

肖文，樊文静，2011. 产业关联下的生产性服务业发展：基于需求规模和需求结构的研究［J］. 经济学家（6）：72–80.

谢瑞武，2015. 关于特大中心城市推进“菜篮子”工程建设的实践探索：以成都市为例［J］. 农业经济问题，36（7）：97–101.

谢舒，于勤，2003. 传统农村中介组织的信息电子网络化改造：澳大利亚农业高速发展的启示［J］. 重庆工商大学学报（社会科学版），20

（1）：79–81.

谢正阳，周海波，胡汉辉，2014. 产业转移中要素资源的空间错配与经济效率损失：基于江苏传统企业调查数据的研究［J］. 中国工业经济（12）：130–142.

熊彼特，2012. 熊彼特：经济发展理论［M］. 邹建平，译. 北京：中国画报出版社.

徐建伟，王岳平，付保宗，2017. 改革开放以来我国工业发展的阶段性特征与未来展望［J］. 经济纵横（3）：83–89.

徐云松，冯毅，2013. 稳定物价需从“菜篮子工程”抓起［J］. 经济论坛（10）：167–169.

徐志华，杨强，申玉铭，2016. 区域中心城市服务业发展综合评价及其影响因素［J］. 地域研究与开发，35（3）：40–45.

许树辉，2009. 基于供应链嵌入视角的企业空间组织研究［D］. 上海：华东师范大学.

许崴，魏攀，2011. 国内外产业转移相关理论研究综述［J］. 金融理论与教学（4）：64–67.

许宪春，2000. 90年代我国服务业发展相对滞后的原因分析［J］. 管理世界（6）：73–77.

许志端，施云，2010. MGT公司：跨国工厂转移的供应链重构［J］. 管理案例研究与评论（4）：306–324.

宣烨，胡曦，2018. 生产性服务业与制造业关系的演变：从“需求依附”走向“发展引领”［J］. 南京财经大学学报（6）：93–98.

杨帆，2018. 生产性服务业发展的动力机制与空间效应研究进展［J］. 地理科学进展，37（6）：750–760.

杨帆，叶嘉安，2013. 中国生产性服务业发展与空间分布［J］. 热带地理，33（2）：178–186.

杨璐，2019. 柔性生产：中国女装为何不可能转移到东南亚［J/OL］. 三联生活周刊（8）［2019-09-23］. https://www.lifeweek.com.cn/article/69362.

杨倩霞，2017. 桐乡市政府在现代物流业发展中的职能研究［D］. 西安：西北大学.

杨秋海，2007. 信息技术对供应链管理的影响［J］. 中国市场（41）：84-85.

杨仁发，2013. 生产性服务业发展、制造业竞争力与产业融合［D］. 天津：南开大学.

杨三根，段钢，2005. 现代物流业的发展和全球供应链管理：一个新兴古典经济学分析框架［J］. 世界经济研究（9）：48-52.

姚战琪，2019. 服务业对外开放对我国产业结构升级的影响［J］. 改革（1）：54-63.

叶飞，孙东川，张红，2013. 面向虚拟企业合作伙伴选择的新过程框架结构研究［J］. 系统工程理论与实践，23（11）：88-94.

叶琪，黄茂兴，2018. 全球制造业转移及其对国际竞争格局变动的影响［J］. 经济研究参考（51）：61-70.

余朝庆，2016. 关于产业转移理论的研究综述［J］. 时代金融（09）：219，223.

余得生，刘俊，2017. 欠发达地区生产性服务业发展的影响因素研究：以江西省为例［J］. 企业经济，36（1）：135-141.

张传意，张杰，徐振宇，2016. 我国产业转移研究进展述评［J］. 商业经济研究（24）：176-179.

张公嵬，梁琦，2010. 产业转移与资源的空间配置效应研究［J］. 产业经济评论，9（3）：1-21.

张国胜，杨怡爽，2014. 我国制造业内发生了区域间的产业梯度转移吗：基于“五普”与“六普”的数据比较［J］. 当代财经（11）：92-102.

张洪增，1998. 论我国产业结构调整的困境及抉择［J］. 中共浙江省委党校学报（2）：16–22.

张虎，韩爱华，2018. 中国城市制造业与生产性服务业规模分布的空间特征研究［J］. 数量经济技术经济研究（9）：96–109.

张金丽，史红亮，2008. 大型超市生鲜供应链的重构［J］. 中国市场（19）：84–85.

张可云，2001. 区域大战与区域经济关系［M］. 北京：民主与建设出版社.

张倪，2020. 中日韩合作迈向开放新时代［J］. 中国发展观察（Z1）：38–39，43.

张霞，张岐山，2012. 软时间窗和匹配运输下的供应链配送网络优化［J］. 武汉理工大学学报（信息与管理工程版），34（4）：526–530.

张昕，2018. 中德生产性服务贸易发展现状与国际竞争力比较研究［J］. 价格月刊（11）：45–54.

张颜，杨美芬，黄琳珊，等，2017. "互联网"时代下专业市场转型升级研究：以嘉兴濮院羊毛衫专业市场为例［J］. 商场现代化（1）：4–6.

张燕生，2020. 疫情后将面对一个不同的世界和中国［EB/OL］.（2020–04–22）［2022–09–19］. http://www.cciee.org.cn/Detail.aspx?newsId=17802&TId=689.

张哲，2014. 美国农产品电子商务发展及对我国的启示［J］. 中国商贸（25）：115–117，119.

赵峰，姜德波，2011. 产业转移的诱因分析与趋势预测：以长三角为例［J］. 学术研究（10）：62–67.

赵宏图，2019. 从国际产业转移视角看"一带一路"："一带一路"倡议的经济性与国际性［J］. 现代国际关系（3）：38–45.

赵建吉，茹乐峰，段小微，等，2014. 产业转移的经济地理学研究：

进展与展望［J］. 经济地理（1）：1–6.

赵景峰，杨承佳，2019. 生产性服务进口对中国制造业升级的影响研究［J］. 经济纵横（3）：102–113.

郑金蓬，2011. 电子商务对供应链管理的影响［J］. 中国科技博览（36）：62.

郑鑫，陈耀，2012. 运输费用、需求分布与产业转移：基于区位论的模型分析［J］. 中国工业经济（2）：57–67.

郑秀恋，葛宝山，2016. 信息环境下中国供应链信息管理的演进趋势［J］. 情报科学（10）：128–133.

郑燕伟，2000. 产业转移理论初探［J］. 中共浙江省委党校学报（3）：19–22.

钟韵，阎小培，2003. 我国生产性服务业与经济发展关系研究［J］. 人文地理（5）：46–51.

周建频，杜文，2016. 动态供应链重构的分形模式研究［J］. 北京工业大学学报，32（10）：925–930.

周江洪，陈翥，2009. 论区际产业转移力构成要素与形成机理［J］. 中央财经大学学报（2）：66–70.

周静，2014. 生产性服务业与制造业互动的阶段性特征及其效应［J］. 改革（11）：45–53.

周驷华，万国华，2016. 信息技术能力对供应链绩效的影响：基于信息整合的视角［J］. 系统管理学报，25（1）：90–102.

朱伟明，2010. 浙江服装产业集群的博弈与升级［D］. 苏州：苏州大学.

朱一梵，2019. 人民财评：服务业对经济发展影响力日益凸显［EB/OL］. 人民网，（2019–07–24）［2022–09–19］http://opinion.people.com.cn/n1/2019/0724/c1003–31253608.html.

朱战国，孙林岩，吴瀛峰，2010. 基于服务距离限制和匹配运输的工厂选址问题［J］. 运筹与管理，19（2）：40–44.

祝新，2011. 我国生产性服务业发展的影响因素与发展策略研究［J］. 生产力研究（2）：108–109，205.

自然邦，2014. 美国生鲜电商探索农产品电商小而美之路［J］. 科技致富向导（28）：17.

邹积亮，2017. 产业转移理论及其发展趋向分析［J］. 中南财经政法大学学报（6）：51–56.

AGERON B, GUNASEKRAN A & SPALANZAN A, et al., 2012. Sustainable supply management: An empirical study [J]. International Journal of Production Economics, 140(1): 168–182.

ANGELL L C, KLASSEN R D, 1999. Integrating environmental issues into the mainstream: An agenda for research in operations management [J]. Journal of Operations Management, 17(5): 575–598.

ATTARAN M, ATTARAN S, 2007. Collaborative supply chain management: The most promising practice for building efficient and sustainable supply chains [J]. Business Process Management Journal, 13(3): 390–404.

BHAGWATI J, 2010. Banned aid: why international assistance does not alleviate poverty [J]. Foreign Affairs, 89(1): 120–125.

BURGESS K, SINGH P J & KOROGLU R, et al. , 2006. Supply chain management: A structured literature review and implications for future research [J]. International Journal of Operations and Production Management, 26(7): 703–729.

CAMPBELL J L, 2007. Why would corporations behave in socially responsible ways? An institutional theory of corporate social responsibility [J]. Academy of Management Review, 32(3): 946–967.

CHANG M L, CHENG C F & WU W Y, 2012. How buyer–seller relationship quality influences adaptation and innovation by foreign MNCs' subsidiaries [J]. Industrial Marketing Management, 41(7): 1047–1057.

CHEN I J, PAULRAJ A, 2004. Towards a theory of supply chain management: The constructs and measurements [J]. Journal of Operations Management, 22(2): 119–150.

CHEN S J, HUANG E Z, 2007. A systematic approach for supply chain improvement using design structure matrix [J]. Journal of Intelligent Manufacturing, 18(2): 285–299.

CHOPRA S, MEINDL P, 2001. Supply Chain Management Strategy, Planning and Operation [M]. Upper Saddle River: Prentice Hall.

CHRISTOPHER M, 1994. Logistics and supply chain management: Strategies for reducing costs and improving services [J]. Journal of the Operational Research Society, 45(11): 1341.

CLARKSON M, 1995. A stakeholder framework for analyzing and evaluating corporate social performance [J]. The Academy of Management Review, 20(1): 92–117.

COFFEY W J, 1992. Producer services and systems of flexible production [J]. Urban Studies, 29(6): 857–868.

COOPER M C, ELLRAM L M, 1993. Characteristics of supply chain management and the implications for purchasing and logistics strategy [J]. International Journal of Logistics Management, 4(2): 13–24.

COOPER M C, ELLRAM L M & GARDNER J T, et al., 1997. Meshing multiple alliances [J]. Journal of Business Logistics, 18(1): 67–89.

COOPER M C, LAMBERT D M, PAGH J D, 1997. Supply chain management: More than a new name for logistics [J]. International Journal of

Logistics Management, 8(1): 1–14.

CORBETT C J, KLASSEN R D, 2006. Extending the horizons: Environmental excellence as key to improving operations [J]. Manufacturing and service operations management, 8(1): 5–22.

COURVILLE S, 2004. Use of indicators to compare supply chains in the coffee industry [J]. Greener Management International(43): 93–105.

COUSINS P D, MENGUC B, 2005. The implications of socialization and integration in supply chain management [J]. Journal of Operations Management, 24(5): 604–620.

COX A, 1999. Power, value and supply chain management [J]. Supply Chain Management: An International Journal, 4(4): 167–175.

CUMINGS B, 1984. The origins and development of the Northeast Asian political economy: Industrial sectors, product cycles, and political consequences [J]. International Organization, 38 (1): 1–40.

DANIELS P W, 1985. Service Industries: A Geographical Appraisal [M]. London: Methuen.

DANIELS P W, KONG C H & HUTTON T, 2005. Service Industries and Asia Pacific Cities [M]. London: Routledge.

DAO V, LANGELLA I & CARBO J, 2011. From green to sustainability: Information technology and an integrated sustainability framework [J]. Journal of Strategic Information Systems, 20(1): 63–79.

DARNALL N, JOLLEY G J & HANDFIELD R, 2008. Environmental management systems and green supply chain management: Complements for sustainability? [J]. Business Strategy and the Environment, 17(1): 30–45.

DAVENPORT T H, PRUSAK L, 1993. Blow up the corporate library [J]. International Journal of Information Management, 13(6): 405–412.

DEN D C, 2000. The development and innovation of supply chain management [J]. World Standardization and Quality Management(9): 9–11.

DEV N K, SHANKAR R & GUNASEKARAN A, et al., 2016. A hybrid adaptive decision system for supply chain reconfiguration [J]. International Journal of Production Research, 54(23): 7100–7114.

DUNNING J H, 1988. The eclectic paradigm of international production: A restatement and some possible extensions [J]. Journal of International Business Studies , 19(1): 1–31.

EATWELL J, 1982. Whatever happened to Britain?: The economics of decline [M]. London: Duckworth.

ELLISON G, GLAESER E L & KERR W R, 2010. What causes industry agglomeration? Evidence from coagglomeration patterns [J]. American Economic Review, 100(3): 1195–1213.

ELLRAM L M, TATE W L & BILLINGTON C, 2004. Understanding and managing the services supply chain [J]. Journal of Supply Chain Management, 40(3): 17–32.

ELSBACH K D, CABLE D M & SHERMAN J W, 2010. How passive “face time” affects perceptions of employees: Evidence of spontaneous trait inference [J]. Human Relations, 63(6): 735–760.

FROHLICH M T, WESTBROOK R, 2001. Arcs of integration: An international study of supply chain strategies [J]. Journal of Operations Management, 19(2): 185–200.

GLAESER E L, KOHLHASE J E, 2004. Cities, regions and the decline of transport costs [J]. Regional Science, 67 (3): 197–228.

GRUBEL H G, WALKER M A, 1991. The dominance of producers services in the US economy [J]. PSL Quarterly Review (44): 176.

GUERRIER P, MELICIANI V, 2005. Technology and international competitiveness: The interdependence between manufacturing and producer services [J]. Structural Change and Economic Dynamics, 16(4): 489–502.

HAN S S, QIN B, 2009. The spatial distribution of producer services in Shanghai [J]. Urban studies, 46(4): 877–896.

HANSEN N, 1990. Do producer services induce regional economic development? [J]. Journal of Regional Science, 30(4): 465–476.

HERGUERA I, LUTZ S, 2003. The effects of subsidies to product innovation on international competition [J]. Economics of Innovation New Technology, 12(5): 465–480.

HOFFMAN J M, MEHRA J M, 2000. Efficient consumer response as a supply chain strategy for grocery businesses [J]. International Journal of Service Industry Management, 11(4): 365–373.

HOULIHAN J B, 1985, International supply chain management [J]. International Journal of Physical Distribution & Materials Management, 15(1): 22–28.

HOYT J, HUQ F, 2000. From arms–length to collaborative relationships in the supply chain: An evolutionary process [J]. International Journal of Physical Distribution and Logistics Management, 30(9): 750–764.

ILLERIS S. 1996. The service economy: A geographical approach [M]. Chichester: John Wiley & Sons.

KANAME A, 1961. A theory of unbalanced growth in the world economy [J]. Review of World Economics , 86(2): 196–217.

KARL, J L, OLANDER L O & HENNING M S, 2009. Producer services: growth and roles in long–term economic development [J]. The Service Industries Journal, 28(4): 463–477.

KE S, HE M & YUAN C, 2014. Synergy and Co–agglomeration of Producer Services and Manufacturing: A Panel Data Analysis of Chinese Cities [J]. Regional Studies, 48(11): 1829–1841.

KEN B, ROHIT V, 2009. Operations & Supply Chain Management: World Class Theory and Practice [M].北京：清华大学出版社.

KIM J D, LEE S C, 2016. Determinants and dimensions of supply chain evolution path [J]. Journal of International Trade & Commerce, 12(1): 91–104.

KLODAWSKY F, 2001. Recognizing social and economic rights in neo–liberal times: Some geographic reflections [J]. Canadian Geographer, 45(1): 167–172.

KLOOSTERMAN R C, 2010. This is not America: embedding the cognitive–cultural urban economy [J]. Geografiska Annaler: Series B, Human Geography , 92(2): 131–143.

KOJIMA K, 1978. Direct foreign investment: A Japanese Model of Multinational Business Operations [M]. New York: Praeger.

KRALJIC P, 1983. Purchasing Must Become Supply Management [J]. Harvard Business Review, 61(5): 109–117.

KRUMME G, HAYTER R, 1975. Implications of Corporate Strategies and Product Cycle Adjustments for Regional Employment Changes[M]. London: Wiley.

KUMAR A, OZDAMAR L & ZHANG C N, 2008. Supply chain redesign in the healthcare industry of Singapore [J]. Supply Chain Management , 13(2): 95–103.

LEWIS W A, 1978. The Evolution of the International Economic Order [M]. New Jersey: Princeton University Press.

LI X, HU J, 2012. Business impact analysis based on supply chain’s knowledge sharing ability [J]. Procedia Environmental Sciences, 12(2): 1302–1307.

MEIXELL M J, GARGEYA V B, 2005. Global supply chain design: A literature review and critique [J]. Transportation Research Part E: Logistics and Transportation Review, 41(6): 531–550.

MENTZER J T, DEWITT & KEEBLERl, 2001. Defining supply chain management [J]. Journal of Business Logistics, 22(2): 1–25.

MOYART L, 2005. The role of producer services in regional development: What opportunities for medium-sized cities in Belgium [J]. The Service Industries Journal, 25(2): 213–228.

OLIVER R K, WEBBER M D, 1982. Supply-chain management: logistics catches up with strategy [J]. Outlook, 5(1): 42–47.

OUARDIGHI F E, SIM J E & KIM B, 2016. Pollution accumulation and abatement policy in a supply chain [J]. European Journal of Operational Research, 248(3): 982–996.

OZAWA T, 1993. Foreign direct investment and structural transformation: Japan as a recycler of market and industry [J]. Business and Contemporary World(2): 129–150.

POWER D, 2008. Adoption of supply chain management enabling technologies: comparing small, medium and larger organizations [J]. Operations and Supply Chain Management: An International Journal (1): 31–42.

PREBISCH R, 1959. Commercial policy in the underdeveloped countries [J]. The American Economic Review, 49(2): 251–273.

RAMANI G, KUMAR V, 2008. Interaction orientation and firm performance [J]. Journal of Marketing, 72(1): 27–45.

RIDDLE D I, 1987. Service-led growth: The role of the service sector in world development [J]. Southern Economic Journal, 53(4): 1064.

ROCHE E M, 2001. Place to space: migrating to eBusiness models [J]. Journal of Global Information Technology Management, 4(3): 70–71.

RODRIGUEZ–DÍAZ M, ESPINO–RODRÍGUEZ T F, 2006. Redesigning the supply chain: reengineering, outsourcing, and relational capabilities [J]. Business Process Management Journal, 12(4): 483–502.

SCOTT C, WESTBROOK R, 1991. New strategic tools for supply chain management [J]. International Journal of Physical Distribution & Logistics Management, 21(1): 23–33.

SEHGAL V, 2010. Supply Chain as Strategic Asset: The Key to Reaching Business Goals [M]. New York: Wiley.

SHANG W F, BUSINESS S O & University Z, 2015. Coordination and contract negotiation of profit sharing in dual–channel supply chain [J]. Systems Engineering, 33(7): 43–51.

SHAPIRO R D, 1984. Get Leverage from Logistics [J]. Harvard Business Review, 62(3): 119–126.

SIMATUPANG T M, SRIDHARAN R, 2004. A benchmarking scheme for supply chain collaboration [J]. Benchmarking, 11(1): 9–30.

SIMATUPANG T M, WRIGHT A C & SRIDHARAN R, 2013. The knowledge of coordination for supply chain integration [J]. Business Process Management Journal, 8(3): 289–308.

STARE M, 1999. Determinants of producer services development in Slovenia [J]. Eastern European Economics, 37(6): 54–70.

STEVENS G C, 1989. Integrating the supply chain [J]. International journal of physical distribution & materials management, 19(8): 3–8.

VERNON R, 1966. International investment and investment trade in the product cycle [J]. Quarterly Journal of Economics (80): 190–207.

XIE W, JIANG Z & ZHAO Y, et al., 2014. Capacity planning and allocation with multi-channel distribution[J]. International Journal of Production Economics, 147(1): 108–116.

XUE X, ZHANG J & HUANG B, 2010. Analysis of Service-centric Cluster Supply Chain Alliance: A Case Study of JCH [C]// 5th IEEE Asia-Pacific Services Computing Conference, APSCC 2010, 6–10 December 2010, Hangzhou, China, Proceedings. 347–354.

YI H, YANG F F, YEH A, 2011. Intraurban location of producer services in Guangzhou, China [J]. Environment and Planning, 43(1): 28–47.

YU C M, LIAO T J & Lin Z D, et al., 2006. Formal governance mechanisms, relational governance mechanisms, and transaction-specific investments in supplier-manufacturer relationships [J]. Industrial Marketing Management, 35(2): 128–139.

ZÄPFEL G, MISSBAUER H, 1993. New concepts for production planning and control [J]. European Journal of Operational Research, 67(3): 297–320.

ZHANG Z, ZHENG Q & YANG L, 2010. Supply chain reengineering for industrial transfer [C]// 2010 2nd International Conference on Information Science and Engineering. [v.1].:IEEE: 680–683.